La falsa bonanza

PENÍNSULA ATALAYA

Miguel Sebastián

La falsa bonanza

Cómo hemos llegado hasta aquí y cómo intentar que no se repita

ediciones península

Primera edición: octubre de 2015

Ediciones Península,
Av. Diagonal 662-664
08034 Barcelona
edicionespeninsula@planeta.es
www.edicionespeninsula.com

ĀTONA VÍCTOR IGUAL S. L. - fotocomposición
EGEDSA - impresión
DEPÓSITO LEGAL: B-19.624-2015
ISBN: 978-84-9942-423-1

A José Luis Rodríguez Zapatero,
deseando que pronto resulte habitual que se le dediquen libros

ÍNDICE

INTRODUCCIÓN

NO ERA BONANZA, ERAN EXCESOS

Se han escrito muchos libros sobre la crisis económica vivida por España y otros países. Sobre sus causas, sus consecuencias y sobre cómo salir de ella. Éste no es uno de ellos. No es un ensayo sobre la crisis y sus posibles soluciones. Se centra fundamentalmente en el periodo 1998-2008 y termina justo con la crisis de Lehman Brothers, que certifica la erupción de la crisis financiera global. La obra abarca la década previa al estallido de la Gran Recesión, lo que se ha venido en calificar como los años de la «bonanza», los años del «milagro económico español» o el «España va bien». La primera vez que Aznar pronunció esa frase famosa fue en primavera de 1997, apenas un año después de haber ganado las elecciones generales. En esas mismas fechas se anunciaba la boda de la infanta Cristina con un entonces desconocido campeón de balonmano llamado Iñaki Urdangarin. Y el «España va bien» se convirtió en el eje del discurso político de Aznar en toda su primera legislatura y en la segunda, la de la mayoría absoluta. Lo paradójico es que, probablemente, cuando la pronunció por primera vez en 1997, la frase era verdad. La economía española se había ajustado tras una crisis grave y se hallaba camino de la estabilización. Un ajuste iniciado en 1993, tras sucesivas devaluaciones de la peseta y después de una fuerte subida del déficit público y del paro. Pero lo que vino después poco tuvo que ver con una situación estable o sostenible. El país empezó a acumular grandes excesos que ocultaban fuertes desequilibrios, que con el tiempo nos iban a pasar la factura que ahora estamos pagando.

Pocos economistas y ningún político alertaron entonces de esos excesos. El Partido Popular, lógicamente, mantenía el «España va bien». El Partido Socialista estaba ensimismado en sus problemas internos. Después de trece años de Gobierno había sido derrotado en 1996, en parte por la economía y en parte por los casos de corrupción que se conocieron en ese tiempo y, tras unas primarias novedosas y pioneras, con Josep Borrell a la cabeza, que fueron finalmente truncadas, Joaquín Almunia asumió un breve liderazgo de dos años que culminó en una severa derrota y en la primera mayoría absoluta del Partido Popular, cuyo *leitmotiv* fue siempre el buen manejo de la situación económica frente a la «desastrosa gestión socialista».

Tampoco nadie en los mercados financieros parecía mostrar ninguna inquietud por esa acumulación de excesos. A finales de los años noventa tuve la suerte y el honor de dirigir el Servicio de Estudios más importante del sector privado español, el del entonces Banco Bilbao Vizcaya, heredero del histórico Servicio de Estudios del Banco de Bilbao. Me invitaron a participar en el Consejo Editorial del diario *Expansión*. Era probablemente el único foro donde se debatía sobre la economía española, que en general no era objeto de interés por su «buena marcha» y su ausencia de impacto sobre la evolución de los mercados, que eran el foco de atención de la mayoría de los analistas. En una presentación que hice en 2002 afirmé que el siguiente Gobierno lo iba a tener muy difícil y que iba a recibir una «herencia envenenada», por los desequilibrios de la economía española. Mi buen amigo y gran economista José Luis Feito levantó la mano y dijo: «Oye, para herencia recibida la del Gobierno del PP en 1996», lo que provocó una ovación alborozada y unánime de los presentes. Era difícil combatir ese sentimiento colectivo. En el verano de 2003, bajo el liderazgo de José Luis Rodríguez Zapatero, a quien había conocido de forma casual un par de años antes, el PSOE me encargó la coordinación del Programa Económico socialista para las elecciones generales de 2004.

Acepté el encargo de manera desinteresada, pero pedí que se montara un equipo de jóvenes economistas que hicieran de núcleo duro y que filtraran y dieran coherencia a las opiniones de cientos de expertos militantes y simpatizantes. En ese núcleo, que bautizamos «Economistas 2004», había jóvenes recién graduados del Centro de Estudios Monetarios y Financieros (CEMFI), algunos ex alumnos míos y un joven economista militante del PSOE, de la confianza de Pepe Blanco, llamado Pedro Sánchez. Fue una vivencia enriquecedora, sobre todo para los que nunca habíamos tenido experiencia política y debíamos dar el salto de los estudios teóricos y académicos a las propuestas concretas de política económica. Es decir, «de las musas al teatro», que solía decir Goirigolzarri cuando trabajamos juntos en el BBVA. Lo más llamativo de esa época no era el debate de las diferentes medidas de política económica, sino la discusión del diagnóstico. Nuestro discurso sobre la situación de la economía española no sólo chocaba con la visión gubernamental del «España va bien». Chirriaba en nuestro propio partido y también en el resto de la sociedad. La primera vez que me presentó Jesús Caldera, entonces el coordinador del programa electoral, ante un enorme sanedrín de economistas próximos al PSOE, dijo que «el peso económico del programa electoral no iba a ser muy relevante, dado que la economía iba bien, y que el programa iba a ser eminentemente político».

Esa intervención me dejó un tanto descorazonado y no pude reprimir un «parece mentira, Jesús, que hasta tú mismo te has contagiado del discurso oficial». Pero no era sólo Jesús. Me atrevería a decir que era buena parte del partido y la totalidad de la sociedad española, sin distinción de profesión, cualificación, ideología o estatus económico o social. Pese a ello, y gracias al apoyo de Zapatero, Blanco y Sánchez, conseguí colocar el diagnóstico en el programa electoral para las elecciones generales de 2004, que llevaba el título «Merecemos una España mejor» y en cuya primera página de su capítulo económico «Hacia una economía más productiva» decía algo que ahora suena premonitorio:

Los elevados tipos de interés y la elevada inflación han deteriorado la rentabilidad real de nuestro ahorro. Ello, unido a la cultura del culto al ladrillo y la escasa sensibilización sobre los retos futuros asociados al envejecimiento de nuestra población han fomentado el desahorro y el endeudamiento. Así, la economía española está utilizando recursos financieros del futuro, de la renta futura, para financiar gasto del presente. No es exagerado afirmar que la economía española está «viviendo del futuro».

Este libro no pretende ser acusatorio. Ni mucho menos exculpatorio. Por el contrario será un libro crítico y, en su justa medida, autocrítico. Pero no se trata de ajustar cuentas con nadie, ni siquiera con uno mismo. Se trata de entender qué nos pasó como país, para intentar que no nos vuelva a ocurrir algo así en el futuro. Ni a nosotros, ni a las generaciones futuras, ni a otros países que puedan vivir algo parecido.

Es lógico que las sociedades que atraviesan periodos de gran sufrimiento por el desempleo y la recesión económica sientan una especie de alivio colectivo cuando la actividad y el empleo se recuperan. Y que no quieran ni oír hablar de dificultades estructurales, de desequilibrios o de crecimiento sostenible. Pero ése es precisamente el caldo de cultivo para que pueda volver a repetirse una situación parecida.

Por eso este libro trata de ofrecer un sistema de alerta temprana y de buscar herramientas que nos impidan volver a caer en los mismos errores del pasado reciente. Es cierto que, si el diagnóstico a tiempo es difícil, porque nadie quiere plantearse tocar la economía cuando ésta aparentemente va bien, las herramientas concretas son incluso más complicadas, porque formamos parte de una unión económica y monetaria en la que deliberadamente hemos cedido buena parte de nuestra soberanía sobre la política económica: monetaria, cambiaria, industrial, financiera e incluso fiscal.

Esta crisis también nos ha enseñado que, pese a formar parte de espacios supranacionales, en ocasiones tendremos que resolver nuestros problemas por nosotros mismos, a pesar de disponer de exiguas herramientas para ello. Por tanto, deberemos ser nosotros mismos los que evitemos que reaparezca un modelo insostenible, improductivo, precario y desequilibrado. España no podrá avanzar hasta que no abandone el discurso de la «herencia recibida» y el de la supuesta superioridad de unos gestores frente a otros. Y no podrá construir un nuevo modelo productivo que nos acerque a los países más avanzados del mundo si antes no pone en cuestión de forma colectiva el periodo de «falsa bonanza» que siguió a nuestra rápida incorporación al euro. Tiene que ser una autocrítica colectiva, como país, en la que deben participar tanto los partidos políticos implicados en la falsa bonanza como los nuevos partidos que ahora están surgiendo en nuestro panorama político, además de los agentes sociales y la sociedad civil. En definitiva, hasta que no comprendamos y aceptemos que el periodo de presunta bonanza en realidad fue un periodo de grandes excesos, que no pudimos o supimos corregir, y que ahora estamos pagando con la crisis económica más profunda y más duradera desde la Guerra Civil.

Si conseguimos llegar a ese acuerdo, al margen de las discrepancias políticas e ideológicas que tienen cabida en cualquier democracia, habremos sentado las bases para lograr un país más moderno, más avanzado, más justo y más sostenible. Si no lo logramos, correremos el riesgo de tropezar en la misma piedra. Y que volvamos a exhibir, con autocomplacencia no exenta de soberbia, el «España vuelve a ir bien».

1

LOS EXCESOS MACROECONÓMICOS

Las cosas no ocurren por arte de magia o por irrupción espontánea. El hecho de que la crisis económica mundial y el desplome del sistema financiero global afectaran de manera tan drástica a la economía española y trajeran tan terribles consecuencias en forma de encarecimiento de la deuda soberana, derrumbe del mercado inmobiliario, crecimiento insoportable del desempleo, sequía crediticia y destrozo del tejido productivo, no fue una cuestión de casualidad o mala suerte. Ocurrió en otros países, cierto es, pero en pocos sitios con la virulencia con que atacó a España.

Muy al contrario, todo ello no fue sino fruto de una serie de debilidades endémicas que padecía nuestra economía en ese fatal año 2008. A pesar de que los indicadores macroeconómicos (o algunos de ellos) parecían brillantes (superávits presupuestarios, tasas de desempleo históricamente bajas, crecimiento continuado...), nuestro equilibrio era precario y, como se demostraría enseguida, cualquier movimiento inesperado podía terminar provocando un cataclismo.

Porque lo cierto es que, más allá de la aparente bonanza, si uno observaba ciertos datos macroeconómicos de aquel momento que a nadie parecían interesar, y lo hacía desde una perspectiva dinámica, esto es, analizados en su evolución a lo largo de los años, hubiera descubierto algunos síntomas que merecían auténtica preocupación.

Particularmente, fueron dos nuestros grandes excesos macroeconómicos que allanaron el camino para el desastre; dos excesos macroeconómicos que ahora resultan perfectamente identificables, pero que entonces fueron minusvalorados o simplemente ignorados: en primer lugar, un elevadísimo nivel de deuda privada, cuestión clave que vertebrará en buena medida este libro; y en un segundo lugar, el muy alto déficit por cuenta corriente que reflejaba nuestra balanza exterior en aquel momento, aspecto del que entonces también se hablaba muy poco.

Es, pues, momento de profundizar en esos excesos del pasado para comprender mejor lo que vino después, nuestro presente, y quién sabe si nuestro futuro.

Exceso de deuda privada

La acumulación de la deuda privada que padecía España en 2008, y que fue alimentándose a lo largo de los años previos fruto de toda una serie de prácticas excesivas concretas, va a ser uno de los ejes centrales de este libro porque es la cuestión nuclear que nos permite entender el porqué nos ha ocurrido lo que nos ha ocurrido.

Es muy ilustrador observar la composición de nuestra deuda, tanto pública como privada, en el periodo que va desde la anterior crisis económica de 1993 y cuya semilla se remonta a 1989, en que empezaron a gestarse desequilibrios, hasta la que se produjo en el año 2008. La siguiente tabla, acompañada de un gráfico, muestra la cuantía y composición de esta deuda a lo largo de esos periodos.

En 1989, la deuda total de España ascendía hasta prácticamente el 200% del Producto Interior Bruto (PIB), y su composición consistía, redondeando, en un 150% del PIB de deuda privada, y en algo menos del 50% de deuda pública (incluidas aquí las empresas públicas, tales como RENFE o RTVE). Entre las diferentes deudas privadas, cerca del 94% sobre el PIB correspondía a las empresas no financieras, algo más del 40% a las familias y sólo un 16% del PIB a las instituciones financieras.

Tabla 1.1. Resumen de deuda pública y privada (en % del PIB)

	Deuda total	Deuda privada	Deuda sociedades no financieras	Deuda instituciones financieras	Deuda familias e ISFLSH*	Deuda AAPP y empresas públicas
1989 inicio	197,5	151,1	93,5	16,4	41,2	46,4
promedio 1989-1997	208	148,1	92,7	13,9	41,5	60
1997 final	226,4	147,4	92,9	11	43,5	79
2008 inicio	430,3	384,5	195,5	100,3	88,8	45,7
factor de multiplicación de deuda 2008/1997	1,9	2,6	2,1	9,1	2,0	0,6

Fuente: Banco de España y elaboración propia
* Instituciones sin fines de lucro al servicio de los hogares

Gráfico 1.1. Evolución deuda total (en % del PIB) y su composición: 1989-2013

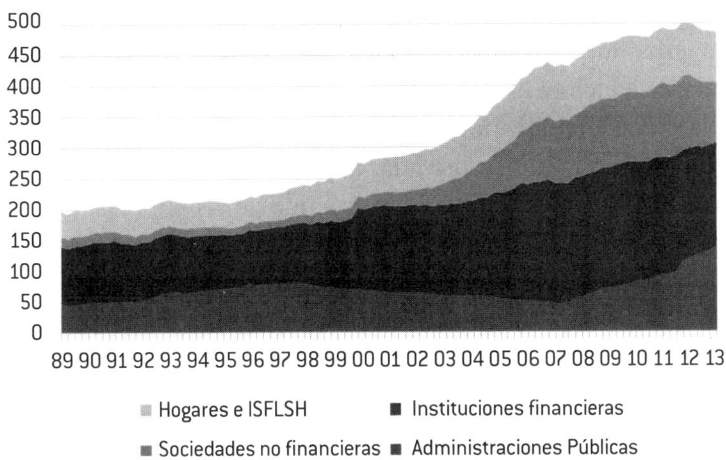

Fuente: Banco de España

Entre 1989 y 1997 también tuvo lugar una crisis económica (1992-1993) y nuestra primera burbuja inmobiliaria de la democracia (1988-1991), pero, durante la misma, aquellos datos de finales de los años ochenta no habían cambiado muy significativamente. La deuda global había subido algo, hasta el 226%, pero la parte correspondiente a la deuda privada incluso había descendido (por debajo del 150%), aumentando la deuda pública hasta el 60%. La de las familias y la de las empresas no financieras se mantenían muy estables y la de las instituciones financieras incluso había bajado. Es decir, los cambios en esas magnitudes de endeudamiento no habían resultado demasiado importantes, y en 1998 nos disponíamos a entrar en el euro con una economía relativamente saneada, en la que podía preocupar más la cuestión de la deuda pública, que había subido en esos años, que la deuda privada, que incluso había perdido peso relativo en el total de nuestra deuda.

Sin embargo, a partir de 1998 estas tendencias experimentaron un cambio radical. Fue entonces cuando comenzaría el problema del endeudamiento privado. A título de ejemplo, en 1998 éste ya experimentaría una desviación histórica: un 10% de aumento en sólo un año. Ello debería haber sido una primera señal de alarma, dada la estabilidad mostrada en todos los años anteriores, incluyendo los años de la crisis de 1992-1993. Pero no recuerdo a nadie que hiciera el más mínimo comentario sobre este ratio de deuda privada en relación al PIB.

Dentro de la deuda privada, la primera que mostró indicios de crecimiento significativo fue la deuda de las familias, que comenzó a crecer fuertemente incluso antes de la entrada en el euro, lo cual, como veremos en capítulos siguientes, estuvo asociado a la burbuja inmobiliaria que empezaba a hincharse también justo entonces, favorecida por distintos factores como la caída de los tipos de interés, el incremento de volumen de préstamos bancarios para compensar la caída de márgenes por la reducción de dichos tipos y la fuerte llegada de inmigrantes que demandaban más vivienda y bienes de consumo duradero (de estos factores se hablará largo y tendido más adelante, así como de, evidentemente, la burbuja inmobiliaria).

Por su parte, la deuda de las empresas comenzaría a crecer con algo más de retraso, y no empezaría a notarse hasta 1999, una vez incorporados a la moneda única.

Transcurridos diez años, en 2008, en los prolegómenos del estallido de la crisis económica mundial, la deuda total de España se había situado en el 430% del PIB, es decir, que se había multiplicado por 1,9, casi duplicado, en apenas una década. Si este ritmo es llamativo, lo realmente significativo fue la evolución de la composición de esta deuda a lo largo del periodo 1998-2008.

La deuda privada ascendería hasta el 384% del PIB, es decir, que multiplicaría por 2,6 (casi triplicándose) su ratio sobre la renta nacional. Por el contrario, el peso de la deuda pública se redujo hasta algo más de la mitad con respecto a los niveles de 1997. Es decir, un 46% del PIB con un factor de multiplicación de 0,6). Las empresas no financieras y familias ofrecían un factor de multiplicación de algo más de 2, para alcanzar el 195% y el 89% del PIB respectivamente. Pero es en el caso de las instituciones financieras donde detectamos un factor multiplicador realmente alarmante en este periodo: nada menos que el 9,1, para situar la deuda de las mismas en un 100% del PIB. En los siguientes capítulos analizaremos los motivos que explican estos perfiles de endeudamiento. Parece evidente que el sector financiero, que multiplicó por diez su ratio de deuda, requerirá de especial comentario a la hora de analizar los excesos cometidos e identificar los motivos de haber llegado al punto que hemos llegado.

La conclusión de esta rápida mirada a datos y cifras en aquel periodo entre crisis es bastante sencilla: el problema no estaba tanto en la deuda pública como, claramente, en la deuda privada. El primer gran exceso macroeconómico fue, en consecuencia, un exceso de deuda privada que nadie miró porque en aquel momento parece que sólo se tenía ojos para vigilar, controlar y monitorizar la deuda pública, que era objeto de un límite concreto, dentro de las condiciones del Tratado de Maastricht para el acceso a la moneda única.

Deuda buena, deuda mala

Además de una serie de comportamientos que iremos desgranando a lo largo de las próximas páginas que nos condujeron a ese exceso de deuda privada, hay que alertar ya aquí de un factor de índole «intelectual» o «ideológico», que sin duda influyó en el hecho de que se estaba mirando donde no se debía. O, si se quiere, se dejó de mirar donde se debía.

Se ha vivido durante décadas bajo el peso de la teoría dominante en círculos económicos lanzada, por ejemplo, desde el Consenso de Washington,[1] de corte presuntamente neoliberal, de que la deuda privada es «buena» y la deuda pública es «mala».

La lógica de tal postulado viene dada por el hecho de que la deuda privada resulta de una decisión óptima de las familias y empresas que buscan lo mejor para sí mismas y, por tanto, lo mejor para el conjunto del país. La deuda es una señal de que las empresas privadas asumen un riesgo, pero este riesgo también lleva consigo una inversión, y que lo hacen buscando nuevas oportunidades de negocio; de manera que hay un criterio de rentabilidad que generará retornos futuros y será, a la larga, buena para ellas y para el conjunto de la sociedad. Sin embargo, y máxime después de la reciente crisis económica mundial, tal postulado se ha comprobado más que discutible, una falacia que sirve además de trampa para dar pie a actuaciones excesivas e irresponsables. Una deuda privada excesiva es, sin duda, nociva, y máxime

1. El Consenso de Washington se refiere a un conjunto de diez instrumentos de política económica de inspiración presuntamente liberal como fórmulas para garantizar la estabilidad macroeconómica y la expansión de las fuerzas del mercado.

si termina a la larga convirtiéndose en deuda pública, como ha sucedido en el caso de la deuda de los bancos en buena parte de los países de la OCDE. Porque los rescates bancarios no son más que eso: convertir deudas privadas en deuda pública.

El caso es que en España nadie miró nunca el estado de la deuda privada. El motivo posiblemente es porque aquí nunca habíamos tenido un problema de deuda privada. Ni siquiera cuando en 1989 se fijaron por vez primera los tipos de cambio al incorporarse España al Sistema Monetario Europeo[2] tres años después de su entrada en la Unión Europea en 1986. En esos años también hubo burbuja, déficit exterior y excesos, pero éstos eran más bien protagonizados por el sector público. Los responsables de la política económica de aquellos años (1989-1993) o no habían entendido o no habían querido entender que, con la fijación del tipo de cambio y la consiguiente entrada de capitales del exterior, se debería haber llevado una política fiscal más restrictiva.

Y, en efecto, lo que preocupaba era la deuda pública. En lo que respecta a ésta, en 1992, durante la primera crisis que padecimos desde nuestra incorporación a Europa, era efectivamente superior a la de los países de nuestro entorno; sin embargo, en 2007, justo antes de estallar la crisis económica global, estábamos muy por debajo de, por ejemplo, la deuda pública de Francia y Alemania. Es decir, en su tránsito por el euro (1999-2007), Alemania había elevado su deuda pública en 5 puntos sobre su PIB, Francia la había subido otros 5 puntos, mientras que España la había recortado en casi 30 puntos (del 64 al 36% del PIB). A la mitad. Puede que alguien diga que incluso esa fuerte bajada fue insuficiente, y que todavía debíamos habernos ajustado más, dado que parte de nuestros ingresos públicos eran resultado de una

2. El SME era un sistema de bandas de fluctuación de las divisas europeas y que los bancos centrales se comprometían a mantener con intervenciones a costa de sus reservas de divisas. La credibilidad de dichas bandas y, por tanto, del sistema, saltó por los aires en septiembre de 1992, unos días después del final de los Juegos Olímpicos de Barcelona.

burbuja inmobiliaria y, por tanto, no eran sostenibles. Pero lo cierto es que nosotros redujimos la deuda pública de forma notable y Alemania y Francia la elevaron, y que nuestro grave problema estaba, lo repetiremos una vez más, en la deuda privada.

Tabla 1.2. Deuda pública tras la incorporación del euro

Deuda pública (% PIB)				
	Alemania	Francia	Italia	España
1998	60	59	114	64
2007	65	64	103	36

Fuente: FMI

Gráfico 1.2. Deuda pública tras el euro y antes de la crisis (% PIB)

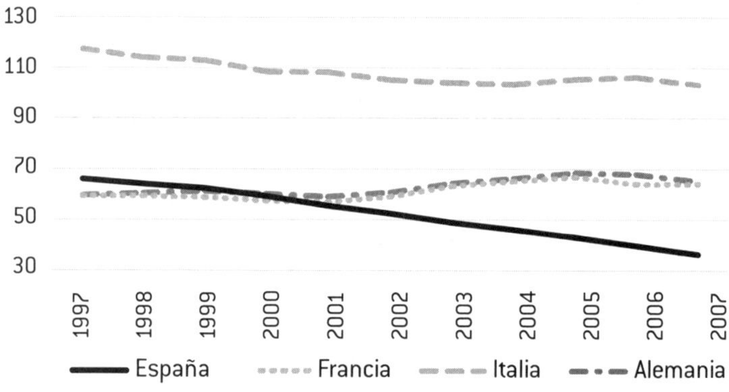

Fuente: FMI

En España, dentro de la deuda privada, lo que quizá llegó a mirarse un poco, aunque muy poco, fue la deuda de las familias, y sólo unas pocas voces alertaron de una posible burbuja inmobiliaria; pero de lo que nadie alertó fue de un posible problema de deuda de las empresas privadas. Ni de las financieras ni de las no financieras.

Hasta que todo esto estalló con la crisis económica. Con todo, no fue hasta bien entrada esta crisis que comenzó a reconocerse que nuestro problema era de deuda privada y no de deuda pública, que esto no había sido consecuencia de habernos gastado como Estado «lo que no teníamos». Cuando se decía que habíamos vivido por encima de nuestras posibilidades acusando de algún modo al Estado de bienestar de nuestros males, se debería haber aclarado que era la deuda privada la que realmente nos estaba aniquilando. Una deuda privada que era fruto de prácticas poco previsoras muy específicas y de excesos muy concretos, estando las responsabilidades en quienes no supieron ver o no quisieron ver la burbuja que se estaba gestando, y permitieron y favorecieron su creación, o se enriquecieron con ella.

Exceso de déficit exterior

El primer gran exceso macroeconómico y que tanto habría de determinar nuestro comportamiento durante la crisis iniciada en 2008 fue, por tanto, la deuda privada. Pero no fue el único. Resulta necesario citar un segundo exceso macroeconómico, relacionado con el anterior: el relativo al elevado déficit por cuenta corriente, o acumulación de deuda externa, que padecía España. Otro exceso sobre el que la política económica, ni los analistas privados, ni las agencias de *rating*, ni los organismos internacionales tampoco supieron poner el foco adecuado.

El gráfico 1.3 nos muestra la evolución de nuestro saldo por cuenta corriente entre los años 1980 y 2012, y de él se pueden extraer bastantes conclusiones interesantes.

Gráfico 1.3. Saldo cuenta corriente (% PIB)

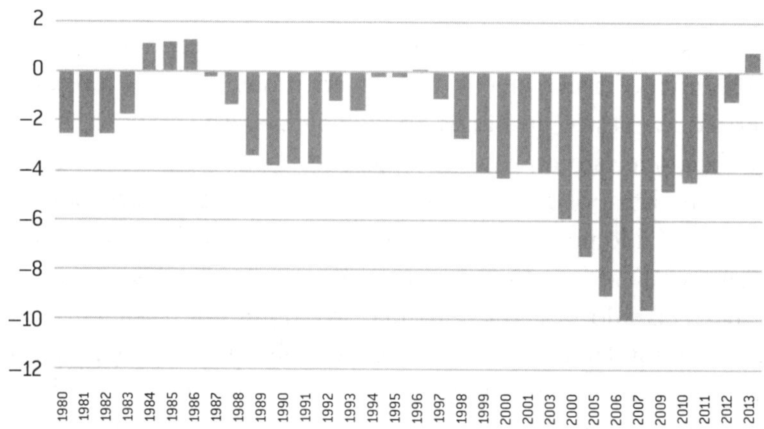

Fuente: Banco de España

Se puede apreciar que, hasta nuestra entrada en el euro, España había sido tradicionalmente un país con déficit por cuenta corriente,[3] pero a unos niveles más o menos razonables: el promedio de déficit desde comienzos de los años ochenta hasta 1998 fue un 1,4% del PIB. En los años de la crisis económica de finales de la década de los ochenta y principios de los noventa, este déficit había crecido un poco con respecto a los años anteriores, hasta alcanzar valores cercanos al 4% del PIB; sin embargo, en los años inmediatamente anteriores a la entrada en el euro (1996-1998) se había vuelto a suavizar sustancialmente, e incluso se registró un mínimo superávit externo en el año 1997.

Sin embargo, con la entrada en el euro se produjo una masiva llegada de capitales, lo cual trajo consigo como contrapartida un déficit por cuenta corriente que a la larga resultaría verdadera-

3. La balanza por cuenta corriente incluye la balanza comercial (exportaciones menos importaciones de bienes), la balanza de servicios (que incluye los ingresos y pagos por el turismo), la balanza de rentas (tanto de inversiones en cartera como directa) y la balanza de transferencias (por ejemplo, a la UE).

mente excesivo.[4] Dicho déficit exterior saltaría hasta cerca del 10% en el año 2008, justo antes del estallido de la crisis, con un promedio del 6% entre los años 1997 y 2008 (es decir, se cuadriplicó con respecto al periodo precedente).

Recuerdo que Zapatero, una vez estallada la crisis, se lamentaba con amargura de que los economistas que le asesorábamos le habíamos alertado de cuestiones como la burbuja inmobiliaria, o del problema de la productividad, de la escasa innovación y de la importancia de la estabilidad presupuestaria y la reducción de la deuda pública, pero que no le advertimos de esta cuestión del déficit por cuenta corriente. Zapatero tenía razón. Y los economistas debemos reconocer que hubo un lamentable descuido en este tema.

¿El motivo de nuestro descuido? Pues posiblemente que nos amparábamos en una teoría económica que nos decía que dentro de la Unión Europea el déficit por cuenta corriente es irrelevante. Los defensores de ese argumento, otra falacia como la mencionada anteriormente sobre la bondad de la deuda privada, siempre ponían el mismo ejemplo: «Nadie sabe ni tiene en cuenta cuál es el déficit por cuenta corriente de, pongamos por caso, la Comunidad Autónoma de Murcia. ¿A quién le importa? Esto es así porque pertenece a una unión monetaria, que es el conjunto de España, y sea cual sea su déficit exterior regional no va a padecer por sí misma problemas de financiación». Y lo mismo podía decirse del déficit corriente de Nebraska, por poner un ejemplo de un estado de Estados Unidos. Esta teoría se trasladaba en aquel momento a la Unión Monetaria Europea, a la zona euro. Los déficits por cuenta corriente, que habían sido un factor limitativo del crecimiento español desde los años sesenta, dejaban de ser importantes.

Y esto no era una ocurrencia de los economistas académicos. No hay más que ver lo que decía la propia Comisión Europea en

4. Un déficit por cuenta corriente se tiene que financiar con flujos de capital del exterior o, si se quiere, con aumentos de la deuda externa.

1990 en un seminal informe titulado «One market, one money»,[5] que venía a explicar que con la moneda única las restricciones de las balanzas de pagos desaparecerían y que no habría problemas financieros derivados de la existencia de déficit por cuenta corriente frente a otros Estados miembros de la Unión Monetaria. Como había desaparecido el riesgo de devaluación, era lógico que los inversores en una unión monetaria con perfecta movilidad de capitales acudieran a los países con una mayor rentabilidad esperada para sus inversiones. Este déficit respondía, según esa teoría, sencillamente al interés de los inversores extranjeros por invertir en nuestros países, y eso vendría a ser necesariamente bueno, una señal de confianza. Es decir, era la avalancha de capitales exteriores, atraída por la bondad de nuestra evolución económica, la que provocaba ese «apunte contable irrelevante» llamado déficit por cuenta corriente de un Estado particular de la zona euro.

Sin embargo, a la postre no fue irrelevante. Este exceso fue ignorado porque esa teoría económica genérica no tiene en cuenta las particularidades del diseño de la Unión Monetaria Europea: que en ausencia de una verdadera unión política y fiscal, y cuando el Banco Central es independiente de los gobiernos, pero indiferente a la suerte de los diferentes países, el déficit exterior nacional puede volver a ser importante. Aquella teoría puede ser verdad si existe un Banco Central que se preocupe de todos los países por igual, lo cual no ha ocurrido en nuestra experiencia reciente. El Banco Central Europeo (BCE) no acudió, durante la crisis de deuda soberana, al rescate de los países frente a sus acreedores externos, y la deuda propia de cada país tuvo que hacer frente en solitario al juicio implacable de los mercados. En el caso de Estados Unidos sí pasa eso. Para la Reserva Federal, Iowa es tan relevante como Nueva York y los mercados financieros nunca atacarían la deuda de un estado sólo

5. Comisión Europea, «One market, one money», en *European Economy*, octubre de 1990.

porque tuviera un déficit por cuenta corriente. Esas diferencias de diseño entre Estados Unidos y la zona euro volverán a aparecer varias veces en este libro. Y probablemente sean uno de los motivos por los que los norteamericanos han salido de la crisis antes que nosotros.[6] La zona euro, en cambio, no representa una unión monetaria real.

El caso es que la gran falacia de que «el déficit por cuenta corriente es irrelevante» también la hemos descubierto a posteriori. Demasiado tarde. Pero espero que nunca más la olvidemos. Ésa ha sido una amarga lección: aunque estemos en una Unión Monetaria, este déficit también requiere ser vigilado. Y reaccionar ante él. Nosotros no lo hicimos.

Excesos que son suma de excesos

Lo que ahora se ve de forma muy clara es que, en su momento, no se prestó atención a las señales de alerta de la deuda privada o del déficit por cuenta corriente, como no se tuvieron en cuenta una serie de prácticas, también excesivas, relativas a los mercados financieros y la concesión de crédito, el mercado inmobiliario, las políticas de internacionalización de las empresas o los excesos energéticos o en infraestructuras, entre otros. Fueron estas prácticas las que conformaron el panorama de precario equilibrio en que nos hallábamos en 2008.

Nuestros excesos macroeconómicos fueron, pues, la suma de toda una serie de excesos que no supimos o no quisimos ver, prevenir, ni atajar. La combinación y agregación de todo ello terminaría estallando con la crisis internacional y por eso nos afectó con particular gravedad.

Pero ¿qué provocó que llegáramos a esa situación y por qué

6. Al empezar el año 2015, la zona euro todavía no había recuperado el nivel de PIB real que tenía en 2008, antes del estallido de la crisis, mientras que Estados Unidos lo había superado en más de un 10%.

permitimos que pasara? Como apuntaba desde el principio del capítulo, las cosas no ocurren porque sí, siempre hay causas que las originan. Es nuestra responsabilidad saber detectarlas, diagnosticarlas y tratar de prevenirlas para el futuro. Ir al origen, causa y raíz de nuestros problemas es un ejercicio necesario y, en buena medida, ése es también el propósito de este libro.

2

DESENCADENANTES DE UNA TORMENTA PERFECTA

La situación en que nos encontrábamos al llegar a 2008 tenía su origen, sin lugar a dudas, en una ceguera previa y en una serie de actuaciones por parte del sector privado y por parte de la política económica durante la década anterior que se han comprobado, a posteriori, muy desafortunadas.

Es por eso por lo que resulta tan valioso acudir a la situación de la economía española en los años 1996-1997 para explicar muchas de las cosas que ocurrieron en los años siguientes y que se gestaron en este periodo, en el que coincidieron una serie de factores independientes entre sí pero que, combinados, provocaron lo que podemos calificar como la «tormenta perfecta de deuda» que vino a continuación. Son factores que afortunadamente son irrepetibles, al menos en esa magnitud, pero que en aquel momento, en el año 1996, estaban muy arraigados en nuestra realidad.

Para que llegaran a producirse toda esa serie de excesos que se produjeron, hubo dos factores históricos clave. Dos desencadenantes, a los que me refiero con el expresivo término inglés de *triggers*,[1] que actuaron como facilitadores de los excesos por venir.

Se trata, en primer lugar, de la entrada de España en la moneda única; y en segundo lugar, de las previsiones demográficas que se hicieron públicas para nuestro país en aquellos años. Am-

1. Literalmente, gatillos o detonadores.

bos elementos, de partida completamente independientes, pero que luego puestos en combinación, dieron lugar a una serie de comportamientos que, como decíamos, abonaron el terreno para los excesos que siguieron.

EL PRIMER *TRIGGER*: LA ENTRADA EN EL EURO

Nos situamos en el año 1996, cuando España se dispone a acometer la entrada en la moneda única. Un año en el que España ya había salido de la crisis de 1993, pero cuyas lecciones no fueron aprendidas en profundidad, porque el diagnóstico político que se había hecho es que había habido una «mala gestión de la crisis» y que el cambio político de 1996 llevaba consigo el cambio de los gestores. Y el problema estaba resuelto. Muerto el perro, se acabó la rabia. Nunca se profundizó en las lecciones de la crisis de 1993. Pero ¿cuáles fueron esas lecciones? Y, si las hubiéramos aprendido, ¿nos habríamos ahorrado parte de los excesos posteriores?

Una crisis anterior

La crisis de 1989 tuvo mucho que ver con la entrada de España en el Sistema Monetario Europeo. En ese momento, España, mientras fijaba su tipo de cambio dentro de un proceso gradual que culminaría con una integración en la Unión Monetaria, conseguía ofrecer una imagen hacia el exterior de que no había riesgo de devaluación excesiva de la peseta, pues ésta había quedado limitada a fluctuar dentro de unas bandas. Ese menor riesgo teórico de devaluación hacía atractiva la posibilidad de invertir y atraer capitales.[2] Se produjo, por

2. Al devaluarse o depreciarse la moneda nacional, los inversores extranjeros pierden por dos motivos: pierde valor su inversión inicial y pierden valor los flujos de rentas de su inversión cuando se convierten en su propia moneda.

tanto, un flujo masivo de capitales que provocaron una desestabilización y la formación de una burbuja, fundamentalmente inmobiliaria.

En todo caso, el tamaño de esta burbuja fue mucho menor que la que vendría años después, y las consecuencias de esta crisis serían también menores. Pero también en ese momento se habló de gran crisis económica y, de hecho, en el año 1993 se produjo un crecimiento negativo de la economía española, algo que no había ocurrido desde el Plan de Estabilización de 1959. Es lógico que entonces se viviera como una crisis muy grave, porque efectivamente así lo fue (aunque nada comparado con lo que padeceríamos después). Pero de esa crisis empezó a salirse rápidamente y en 1994 ya hubo crecimiento positivo y reducción del desempleo.

En aquel momento, la economía se ajustó en parte gracias a las devaluaciones de la peseta (una opción que no existiría después en la siguiente crisis de 2008, al estar España ya dentro de la Unión Monetaria, con el tipo de cambio irreversible) pero, como de costumbre, con unas elevadísimas tasas de desempleo cercanas a las de la Gran Depresión norteamericana, de aproximadamente el 25% de la población activa.

Es decir, el origen del *boom* y de la burbuja inmobiliaria fueron similares: la fijación del tipo de cambio y la fuerte entrada de capitales del exterior. De hecho, en 1991 España llegó a ser el país del mundo con más reservas de divisas, pues el Banco de España tenía que intervenir para evitar la apreciación de la peseta, que estaba sujeta a bandas de fluctuación, tanto por arriba como por abajo.[3] Pero era una fortaleza con pies de barro. Esas reservas se evaporaron rápidamente cuando empezaron los ataques especulativos contra la peseta en 1992, y el Banco de España tuvo que intervenir, pero en sentido contrario, vendiendo todas sus reservas acumuladas en el *boom*. En septiembre de 1992, a los pocos días de la clausura de los brillantes Juegos

3. Para evitar una sobreapreciación de la peseta, el Banco de España tenía que vender pesetas y comprar divisas, que iban a sus reservas.

Olímpicos de Barcelona, cuando en los oídos de los españoles todavía se tatareaba el *Amigos para siempre* de Los Manolos, los ataques especulativos contra la peseta, la lira y la libra hicieron saltar por los aires el Sistema Monetario Europeo (SME). La lira y la libra abandonaron el mecanismo, y la peseta permaneció, pero con unas bandas tan amplias que en la práctica supusieron su desaparición. El ajuste fue severo. El PIB cayó,[4] las quiebras y suspensiones de pagos se multiplicaron y el desempleo se disparó hasta llegar al 24,5% en el primer trimestre de 1994. Pese a su magnitud, la salida de dicha crisis fue bastante rápida gracias a las sucesivas devaluaciones del tipo de cambio y la recuperación de la confianza internacional tras el ajuste fiscal y para 1996 una atmósfera de cierto optimismo volvería a instalarse en el país.[5]

Antiguos focos de preocupación

La tabla 2.1 ofrece datos ilustrativos de ese periodo clave que comprende los años entre 1996 y 1998, cuando nos preparábamos para integrarnos en el euro.

En el año 1996 la economía ya crecía a una tasa del 2,4%, que se incrementaría hasta el 4% en 1997; la inversión en construcción en 1996 todavía era negativa, porque salíamos del pinchazo de una burbuja inmobiliaria (desde luego, muy pequeña si la comparamos con la magnitud de que la vendría después), pero en 1997 ya era positiva; la inversión en equipo crecía el 8% en 1996 y prácticamente el 11% en 1997, gracias al *boom* de las exportaciones que siguió a las devaluaciones; y el consumo de los hogares crecía por encima del 2% en 1996 y del 3% en 1997, con los salarios reales y el empleo creciendo y el paro reduciéndose.

4. En 1992 el PIB real apenas creció un 0,8% y en 1993 un -1,1%.

5. En 1994 el PIB ya creció un 2,4%, y lo hizo otro 2,8% en 1995 y 2,4% en 2006.

Tabla 2.1. La economía en 1996-1998

	(crecimiento en % y ratios PIB)		
	1996	1997	1998
PIB real	2,4	4	4,3
Inversión en construcción	–1,9	2,3	7,8
Inversión en equipo	8,1	10,8	14,5
Consumo hogares	2,2	3,2	4,4
IPC	4,7	3,6	1,9
Salario /hora	5,3	4	2,8
Empleo	2,6	3,3	4,1
Paro (tasa)	22,2	20,8	18,7
Saldo exterior/PIB	–0,2	0,3	0,8
Déficit público/PIB	–4,9	–3,2	–2,7
Deuda pública/PIB	68,1	66,6	64,6
Deuda privada/PIB	142	147	159

Fuente: INE y Banco de España

Es decir, que en su conjunto, la economía española atravesaba en 1996 un momento bastante dulce después de unos duros años de crisis. La mejor medida del ajuste que se había producido es que el déficit exterior se había reducido hasta el -0,2% en 1996, pero incluso se alcanzó un superávit externo en 1997.

La deuda privada estaba en el 142% del PIB, es decir, que estaba incluso por debajo de la deuda privada en la Unión Europea (eso, como hemos visto, es la gran diferencia con la situación actual). En cambio, teníamos un grave problema de deuda pública, efectivamente, que alcanzaría un nivel del 68% en el año 1996. Es decir, todo el foco de atención, tanto nacional como internacional, estaba puesto en la deuda pública, pero no había ningún síntoma de problema de deuda privada. La burbuja inmobiliaria que se había creado entre 1989 y 1993 fue de mucho menor tamaño que la que padeceríamos después, y estuvo provocada por unas fuertes entradas de capital extranjero, sin que hubiera una política fiscal o crediticia lo suficientemente restrictiva para contrarrestarla. Nótese que la política monetaria ya había tenido sus manos bastante atadas por la cuasi fijación del tipo de cambio como resultado de nuestra entrada en el SME. Las bandas de fluctuación de la peseta impedían subir mucho los tipos de interés, pues ello hubiera apreciado la peseta y habría roto las bandas «por arriba» (aunque con la crisis se rompieron «por abajo»). Por tanto, en aquellos años ya debimos haber aprendido la lección de que, cuando se produce una avalancha de capitales exteriores que genera una burbuja inmobiliaria y crediticia y el margen de actuación de la política monetaria es limitada, hay que actuar con contundencia con la política fiscal y con medidas regulatorias y fiscales que frenen la expansión inmobiliaria y/o crediticia. Porque lo que vino después no es que «la política monetaria nacional tuviera límites en sus márgenes de actuación» sino que, sencillamente, la política monetaria nacional dejaba de existir completamente, al entrar en el euro y ceder toda nuestra soberanía al BCE.

Es cierto, en cualquier caso, que la deuda privada, como hemos visto, no se hinchó durante la expansión de 1989-1992, lo que nos impidió aprender esa lección. ¿Dónde estaba, por tanto, puesto el foco de la economía en el año 1996?

Los puntos débiles de nuestra economía estaban en dos variables que van de la mano, como son el déficit público y la deuda pública (4,9% de déficit en 1996, ascendiendo la deuda pública hasta el 68%, con una tendencia al alza en los años anteriores, por culpa del déficit público).[6] Hay que tener en cuenta además que, ya en ese año 1996, se lanzaban los requisitos de Maastricht para entrar en la Unión Monetaria que nos imponía un máximo de déficit del 3%, y un máximo de deuda del 60%. Es lógico que

6. En ausencia de privatizaciones, la deuda pública al final de un año es básicamente la deuda existente al final del año anterior más el déficit público a lo largo de ese año.

el foco político y mediático estuviera en esas variables y posiblemente ésa es la razón de que ese foco perdurara en todos los años venideros. De hecho, España fue el socio del euro que se tomó más en serio el problema del déficit y deuda pública, probablemente porque había aprendido esa amarga lección de la crisis de 1993.

Pero, además del déficit público y de la deuda pública, había otras dos variables sobre las que también se situaba el foco de preocupación en 1996: la inflación y el desempleo.

Gráfico 2.1. Convergencia de España con los países de la Unión Europea, de acuerdo con los criterios del Tratado de Maastricht

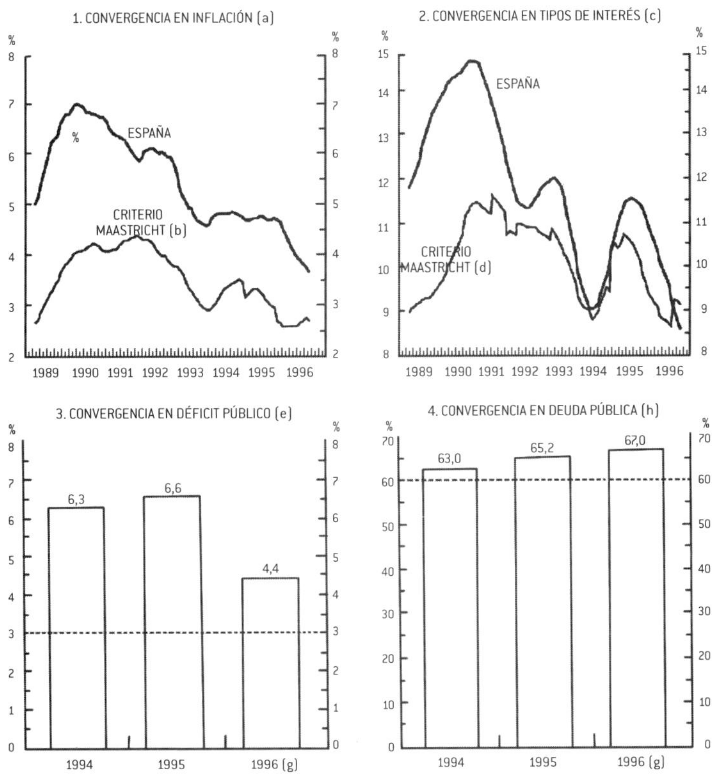

Fuente: Banco de España

La inflación era un problema especialmente preocupante de nuestra economía en ese año. Habíamos salido de la crisis con una devaluación, lo cual había llevado consigo un cierto proceso inflacionario,[7] que provocaba que este requisito tampoco se cumpliera con respecto a las exigencias de Maastricht (estábamos en el 4,7% de inflación y el objetivo era un máximo del 1,5% por encima de la media europea, es decir, en torno a un 2,5%).

Así pues, cuando el eje de nuestra política económica se centró en el (prácticamente) único objetivo de entrar en el euro y, en consecuencia, en conseguir cumplir los objetivos de Maastricht, el que se pusiera el foco en el déficit y la inflación estaba justificado. Era, sin duda, lo más urgente. Pero no era lo único importante. Porque no se trataba sólo de acceder al euro, sino de que nos fuera bien una vez dentro. Las reformas estructurales, como la de nuestro mercado de trabajo, que sufría el desempleo más elevado de Europa, o preparar a nuestro país no sólo para entrar en el euro, sino para navegar con éxito la travesía de la moneda única, quedaron aparcadas. En aquel entonces, sólo Miguel Boyer pondría en nuestro país objeciones a la entrada en el euro y todo lo que ello implicaba, pero nadie le hizo caso e incluso fue duramente criticado. Entramos en el euro sin apenas debate nacional. Como si no fuera una decisión irreversible suficientemente importante. Por el contrario, en otros países sopesaron mejor los riesgos y, por ejemplo, los británicos, los suecos y los daneses sí lo consideraron y optaron por quedarse fuera de la moneda única. Los ingleses habían aprendido bien la lección de la experiencia de la libra en el SME. Nosotros no.

El caso es que en España, temas como la deuda privada o la productividad, o la dualidad del mercado de trabajo, eran completamente invisibles. Nadie hablaba de ellos ni se tenían en cuenta. Esa ceguera nos perjudicaría enormemente en el futuro.

7. Al devaluarse la moneda, los precios de los bienes importados, por ejemplo el petróleo, se encarecen, lo que impacta sobre el IPC.

Todo por entrar en el euro: privatizaciones y déficit tarifario

Con el foco puesto de manera casi obsesiva sobre la deuda pública y la inflación, las medidas para reducir rápidamente esas variables pasaban por las privatizaciones. Dicho y hecho, Aznar y su Gobierno emprendieron a toda prisa una radical política de privatizaciones. Buena parte de los sectores estratégicos fueron privatizados: carburantes, electricidad, telecomunicaciones, banca, tabaco, industria agroalimentaria, etc. Esas privatizaciones tuvieron dos características especiales: la primera, que se hicieron sin apenas debate público. Piénsese, por ejemplo, en que buena parte del sector público en Europa se mantiene en manos públicas, incluso en países económicamente muy liberales, como Finlandia u Holanda. Y, en segundo lugar, que se vieron acompañadas por una toma del poder económico por personas muy cercanas o directamente miembros relevantes del Partido Popular. En un libro muy famoso en la época,[8] Jesús Mota narra todas las vicisitudes de este proceso privatizador.

Se había colocado a todo el país en la dirección de entrar en el euro, y hay que reconocer que en ese aspecto ese Gobierno lo hizo muy bien mediáticamente, porque convencieron mayoritariamente, o embaucaron, a empresas, medios de comunicación, economistas, etc., en una cruzada repleta de optimismo, como si algo maravilloso fuera a acontecer para la economía española. Como si la entrada en el euro fuera la panacea que iba a resolver todos nuestros problemas sin ningún sacrificio. La Tierra Prometida.

En relación al déficit público, poco había que hacer. La bajada de los tipos de interés por la desaparición del riesgo de tipo de cambio hizo que la carga de la deuda se redujera considerablemente sin prácticamente imponer ningún recorte de gasto público. Y el crecimiento económico hizo el resto. La principal

8. Jesús Mota, *Aves de raPPiña*, Temas de Hoy, Barcelona, 2001.

política de contención la había emprendido el Gobierno socialista en 1994, y quedó afianzada con la prórroga del presupuesto en 1996, que supuso su contención en términos nominales en una economía que crecía un 2,5% real con una inflación cercana al 5%. Es decir, un crecimiento nominal del 8% que rápidamente erosionaba los ratios de déficit y deuda sobre el PIB. Nótese que, en la situación actual, de estancamiento real y deflación, el ajuste del déficit ha sido mucho más complicado y doloroso, precisamente por la ausencia de este crecimiento nominal.[9]

De cara a la inflación, y esto es muy importante para lo que vendría luego, en 1997 se aprobó una ley para el sector eléctrico (la llamada «Ley Piqué»), que presuntamente liberalizaba un sector en vías de privatización completa, pero que incluía dos figuras extrañas que han perdurado hasta la fecha. Una era crear la figura del déficit tarifario, por la cual se permitía que el sistema eléctrico tuviera unos costes por encima de sus ingresos y, la otra, una compensación a las eléctricas por la liberación del sector, comprometiéndose a pagarles durante más de una década los llamados costes de transición a la competencia (CTC). Todo ello permitía a las empresas eléctricas generar y distribuir la electricidad con un precio por debajo de su coste. Pero sus costes quedaban reconocidos a futuro. La idea de todo esto era «ustedes bajen la luz y ya se lo pagaremos».

El precio de la electricidad es una variable que entonces estaba casi totalmente regulada y que tenía una influencia significativa sobre el conjunto de los precios, sobre el IPC, y un efecto «señal» sobre el resto de los precios. Y es por ahí por donde se actuó. Se vendió que una liberalización del mercado eléctrico había abaratado las tarifas, pero en realidad se trataba de posponer unos costes que provocarían los excesos energéticos que tan graves consecuencias conllevarían más tarde (más adelante dedico

9. El crecimiento nominal es aproximadamente la suma del crecimiento real y la inflación.

un capítulo específico a la cuestión energética). El déficit tarifario fue un hábil artilugio para reducir la inflación a corto plazo y entrar en el euro sin que las compañías eléctricas perdieran nada, ya que se les reconocía los costes que se les habría de pagar a futuro. De algún modo, no era sino una manera de pedir prestado a los consumidores de electricidad del futuro, a cambio de entrar en el euro.

Y, en efecto, en 1998 la tozuda inflación que impedía nuestra convergencia bajaría hasta el 1,9% gracias en buena medida a la fórmula del déficit tarifario. También el ratio de deuda pública se consiguió bajar del 68% al 64% gracias en parte a las privatizaciones, y gracias en parte al crecimiento nominal de la economía. En 1998 España conseguía cumplir los requisitos que se le imponían desde Maastricht y estaba lista para integrarse en el euro. El objetivo de la política económica se había conseguido. Aleluya.

Descuidos en la agenda

Habíamos conseguido cumplir y entrar en el euro actuando machaconamente sobre esos dos ejes de la política económica: el déficit público y la inflación. Sin embargo, nos habíamos olvidado de todo lo demás. El resto de las cuestiones no figuraban en la agenda, y nos habíamos olvidado de variables que no hay que dejar de tener en cuenta nunca, tales como la deuda privada y el déficit por cuenta corriente, o la productividad y el modelo de crecimiento.

Pero claro está, si lo que nos impedía entrar en el euro iba bien, parecía que todo lo demás también iría bien.

Además, mucho de lo que se abandonó en ese momento no se dejó de abandonar hasta por lo menos el año 2007. Recuerdo que cuando en aquel año yo hice campaña por la alcaldía de Madrid, insistía constantemente en el problema de la deuda de los madrileños, en este caso, la deuda municipal. Pero desde mi propio partido se me dijo que olvidara «ese asunto de la deuda» durante la campaña, porque «nadie lo entendía», «nadie lo veía como un problema», y que «no llevaba a ningún lado». ¡En 2007 nadie veía la deuda como un problema!

Obviamente, diez años antes, entre 1996 y 1997, la ceguera era todavía mucho mayor. Se cumplían los requisitos para entrar en el euro y se habían alcanzado los dos objetivos establecidos; la economía seguía creciendo mucho y el paro bajando; todo era euforia y optimismo.

Sin embargo, se estaban cometiendo grandes barbaridades en relación al consumo energético, el modelo productivo, la burbuja inmobiliaria y la deuda privada, como el tiempo nos demostraría. Tampoco a nadie le parecía interesar el déficit por cuenta corriente, o la realidad del mercado de trabajo y la productividad, porque si hay empleo y está creciendo, esas cuestiones parece que dan igual.

Así que finalmente se entró en el euro, lo cual además trajo consigo dos consecuencias fundamentales para nuestra economía. En primer lugar, la fijación del tipo de cambio con Alemania y otros diez países europeos, lo que provocó una avalancha de capitales exteriores, y esta vez, a diferencia de 1989, se trataba de una fijación irreversible, porque ya no recuperaríamos nunca la posibilidad de contar con una política monetaria propia. Ahora, la fijación del tipo de cambio era irreversible, como acabamos de decir, por lo que la avalancha de capitales lógicamente iba a ser mucho mayor que la que ocurrió a partir de 1989. Cuanto más fijo el tipo de cambio, mayor la avalancha de capitales.

Y en segundo lugar, con la moneda única se produjo una drástica caída de los tipos de interés, a corto y largo plazo, por la desaparición del riesgo de tipo de cambio y por una percepción de menor riesgo de *default*. De hecho, los bancos estaban preocupados con la entrada en el euro porque veían reducir los márgenes empresariales: porque la diferencia entre el tipo del pasivo (lo que ellos pagan a los depositantes) y el del activo (lo que ellos cobran a quienes conceden créditos) se reducía tanto que sus márgenes de intermediación se estrechaban. Pero esa preocupación duraría poco. ¿Cómo lo resolvieron? Con volumen. Si era cierto que se reduciría el beneficio por euro prestado, iban a incrementar a toda pastilla y en gran cuantía el volumen de los créditos, algo que pronto les reportó grandes beneficios.

Así pues, nos encontramos ante la fijación rígida e irreversible del tipo de cambio, combinada con la descomunal caída de los tipos de interés, que incentivaría a los bancos a incrementar el volumen de los créditos concedidos para compensar la reducción de los márgenes, y una fuerte avalancha de entrada de capitales del exterior. ¿El resultado? El primer gran desencadenante de la burbuja de deuda privada que habría de llegar.

SEGUNDO *TRIGGER*: EL HORIZONTE DE LA DESPOBLACIÓN

En 1996 la ONU publicó un informe con sus previsiones de población y sus consecuencias económicas en el mundo de cara a los próximos cincuenta años. Con respecto a España las previsiones eran muy llamativas: se estimaba que nuestra población iba a decrecer en torno a diez millones de personas para el año 2050; es decir, que se iba a perder casi una cuarta parte de la población en apenas medio siglo, una previsión sin duda bastante alarmante por su magnitud y su rapidez. Sería también España para ese año 2050 el país con la población más envejecida del mundo (se estimaba que el 37% de la población tendría más de sesenta y cinco años).

Los siguientes gráficos de evolución de población y tendencias de acuerdo a lo que se preveía en aquel 1996 aportan los datos que sustentaban la amenaza de despoblación que se cernía sobre nuestro país, aunque esas previsiones se cambiarían drásticamente diez años después, en 2006, con un error de previsión de casi un 50%.

Gráfico 2.2. Previsiones demográficas en 1996 y en 2006

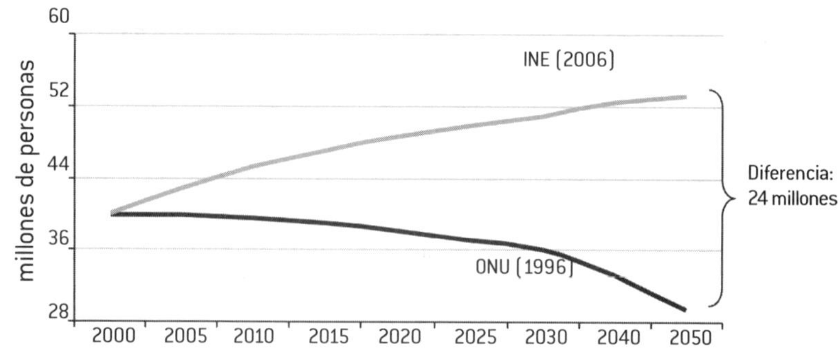

Fuente: ONU e INE

En efecto, los demógrafos españoles también alertaron sobre el problema de la población española. Quitando la crisis de principios de siglo XX, la gripe de 1918 y la Guerra Civil, la mayor caída de población en España se estaba produciendo desde finales de los ochenta hasta la segunda mitad de los noventa. Y, acorde a las previsiones que hacía la ONU, esa tendencia iba a ser un auténtico desastre demográfico.

Gráfico 2.3. Crecimiento de la población española (%, media 3 años)

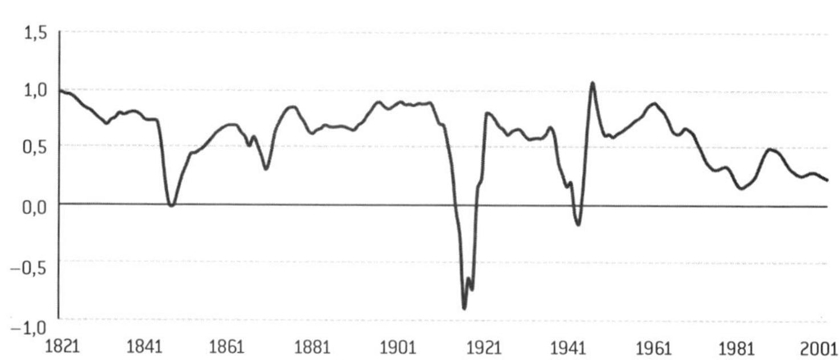

Fuente: Maddison e INE

Finalmente, esta tendencia cambió radicalmente gracias al fenómeno de la inmigración que comenzaría a producirse masivamente poco después de ese año 1996, pero eso ya fue como consecuencia de la reacción ante estas perspectivas y las actuaciones que se emprendieron de facilitar la entrada de inmigrantes, como veremos a continuación.

El origen de estas previsiones partía de la muy baja tasa de fertilidad (número de hijos por mujer) de España, que se situaba en poco más de uno en aquel momento, y con previsiones de que fuera en los próximos años incluso por debajo de uno (la más baja de los países de la OCDE). Hay que tener en cuenta que la tasa de reposición se sitúa en alrededor de dos (de hecho, algo por encima).

La cuestión es que todo esto provocó que, con toda lógica, saltaran todas las alarmas entre los agentes políticos y económicos, siendo la situación especialmente sensible a nivel económico para los sectores no comerciables: aquellos que no exportan y dependen del mercado interior.

En los sectores comerciables, como por ejemplo la industria del automóvil o agroalimentaria o el turismo, esta preocupación demográfica es menor, puesto que sus productos son exportables y dependen de la población mundial, no la doméstica. Sin embargo, el panorama demográfico anunciado en 1996 representaba una seria amenaza para los sectores no comerciables, principalmente los sectores de servicios, que venden sus productos en el mercado interior, y entre los que cabe encuadrar los sectores de las *utilities*, esto es, los sectores de agua, gas, electricidad. También el sector de la telefonía cabría incluirlo, especialmente en aquella época en la que se trataba principalmente de telefonía fija, así como los sectores financieros, puesto que los bancos vendían principalmente sus servicios a la población local.

Es decir, que estamos hablando precisamente de algo que afectaba a los sectores productivos con las empresas más fuertes de la economía española. Porque si este panorama era similar en otros países europeos, a aquellos con un mayor peso de la industria les afectaría menos. Pero en España los sectores fuertes estaban precisamente en el sector de los no comerciables, muy dependientes de la población interior y que tenían un importante efecto arrastre sobre el resto de la economía, y una gran influencia sobre los medios de comunicación y los gestores políticos. Nuestra reacción ante este panorama demográfico pudo haber sido apostar por la industria, por el sector comerciable, por las exportaciones. Pero no. Se optó por invertir fuera y por traer gente a nuestro país.

Es lógico que con este panorama demográfico saltaran las alarmas, sobre todo entre los estrategas a largo plazo de estas empresas. Pero la reacción y actuación ante una variable tan relevante como la población fue, sin duda, excesiva.

La amenaza sobre los ingresos futuros ante las expectativas de la caída de la población empujaría a las grandes empresas de estos sectores de las *utilities* y los servicios financieros, es decir, a las que se lo podían permitir, a irse fuera en busca de oportunidad de negocio. Principalmente, fue significativo el caso de la banca, ya amenazada por la entrada en el euro, el descenso de los tipos de interés y la reducción de márgenes.

El resultado fue que se produjo una enorme inversión de grandes empresas españolas en el exterior en busca de países con fuerte crecimiento de la población, principalmente América Latina, donde era más fácil el aterrizaje por compartir lengua, hábitos culturales y fuertes vínculos institucionales. Esta salida al exterior en principio no tiene por qué ser en absoluto algo negativo, puesto que ayuda al proceso de internacionalización de nuestras empresas y de nuestra economía, pero, como con todo, y es una idea en la que veo necesario ir insistiendo permanentemente, las cosas son buenas si no se llega a los excesos, y la nuestra es una historia demasiado marcada por determinados excesos.

La internacionalización masiva que se produjo en este momento fue uno de esos excesos. Este proceso de internacionalización por parte de estas empresas resultó excesivo porque se hizo a costa de un enorme endeudamiento; no es algo que se hiciera a través de recursos ociosos o excedentes, sino a costa de deuda y de inversión en el interior. Esto se abordará con detalle en otro capítulo.

Pero es que hubo además otra consecuencia de estas previsiones demográficas tan alarmantes. Ante el horizonte de despoblación, se abrieron las puertas a la inmigración. Se facilitó enormemente la entrada de inmigrantes en nuestro país, lo cual no tiene por qué ser malo para una nación, pero si no se produce de una forma escalonada y gradual, puede convertirse también en un problema.

Gráfico 2.4. Crecimiento de la población en España y en la UE

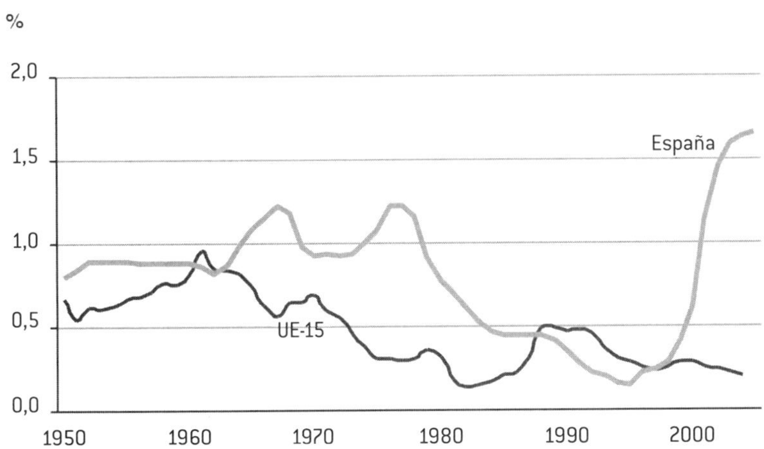

Fuente: INE

El fenómeno de la inmigración masiva tuvo un doble impacto: primero, abaratar drásticamente los costes laborales (sobre todo en el sector de la construcción, pero también en el de los servicios); y segundo, se convirtió en un elemento impulsor de la demanda interna de vivienda, lo cual alimentaría la burbuja inmobiliaria, al elevar la expectativa de ganancia en los precios de la vivienda.

Por todo ello esas previsiones de población que efectuó la ONU por 1996 y ese horizonte que se atisbaba de despoblación se convirtieron en otro mecanismo para endeudarse, el otro gran *trigger* o desencadenante de la burbuja de deuda privada e inmobiliaria que habría de llegar inmediatamente después.

Una combinación explosiva

En resumen, nos encontramos, por tanto, con el hecho de que se juntaron dos cuestiones que en principio no tenían nada que ver, como son la entrada en el euro por un lado, y las previsiones demográficas de crecimiento poblacional negativo para España en los próximos años, por otro. Dos sucesos completamente independientes pero que coincidieron de forma fatal en el tiempo.

Las consecuencias del primero fueron, por un lado, que se abandonaron las reformas estructurales tras el esfuerzo realizado en las políticas monotemáticas anti-déficit y anti-inflación para poder entrar en la moneda única y, por otro, se asistió impasible a una entrada masiva de capitales extranjeros, a una caída de los tipos de interés y a una necesidad de aumentar el volumen de crédito nacional para garantizar los resultados del sector financiero.

El segundo desencadenante trajo como consecuencias la huida de nuestras grandes empresas al exterior en busca de población —a costa de endeudamiento (también gozaron de facilidades fiscales) y renunciando a la inversión en el interior— y la entrada masiva de inmigrantes, lo cual abarataba los costes laborales e incrementaba la demanda de vivienda y crédito.

Los efectos comenzaron a notarse inmediatamente, ya desde el año 1998, antes incluso de la entrada *de iure* en la moneda única. Se estaba cocinando un cóctel explosivo cuyos ingredientes apuntaban todos directamente en la misma dirección: al muy fuerte incremento de nuestra deuda privada.

Es cierto que, en todo caso, en sí mismos, la entrada de España en el euro, o los factores demográficos citados, no podrían ser identificados como los desencadenantes que años después darían lugar a la profunda crisis económica que hoy padecemos, si no fuera en virtud a su conjugación con una serie de factores muy particulares y muy propios de nuestro país.

Los siguientes capítulos son la crónica de esos excesos que nos llevaron a padecer tan cruelmente los efectos de una crisis económica y financiera que empezó global, pero que se cebó especialmente con España. Es el momento de pasar a analizar esos excesos concretos que se vieron impulsados por los desencadenantes expuestos y que, por una serie de factores propios de nuestra economía, nos condujeron a esa situación de vulnerabilidad marcada por un problema grave de deuda privada, unos excesos que nos convirtieron en las víctimas propicias de un gran desastre.

3

EL EXCESO DE CRÉDITO

Los grandes excesos macroeconómicos que explican la especial vulnerabilidad de nuestra economía en el momento del estallido de la crisis financiera global de 2008 fueron, a su vez, resultado y suma de toda una serie de excesos que estaban relacionados entre sí y que se fueron acumulando a lo largo de ese periodo que transcurre entre 1998 y 2008. Al establecer un orden en la descripción de esos excesos, no pretendo insinuar que hay una relación de causalidad secuencial entre ellos. Pero sí creo que el primero que es conveniente analizar es el del exceso de crédito. Y lo es no solo por aparecer estrechamente vinculado a la gran deuda privada que nos situó en una posición de extrema debilidad con el estallido de la crisis financiera, sino porque sirvió de carburante al resto de los excesos. Porque el crédito actúa de correa de transmisión de otros desequilibrios. Sin el exceso de crédito no hubiera habido burbuja inmobiliaria, ni energética, ni de deuda corporativa no financiera. Además, es necesario abordarlo para aportar una explicación a la enorme deuda acumulada por los bancos, que vimos en el primer capítulo. Y entronca directamente con el ya conocido episodio de la burbuja inmobiliaria y que tanto ha marcado nuestro pasado más reciente. Es decir, cuestiones todas ellas que resultan fundamentales para entender cómo hemos llegado hasta aquí.

Pero... ¿es que no es positivo que se conceda crédito?

Conviene recordar que lo que aquí estamos analizando es una serie de excesos, es decir, actuaciones que en sí mismas no tienen por qué ser negativas, y de hecho son positivas, pero que llevadas a cabo en demasía o de manera mal controlada, se convierten en un exceso con consecuencias eminentemente perjudiciales. Lo que en dosis razonables es positivo, en dosis excesivas se convierte en un problema. Esto será una constante en las cuestiones que vamos a abordar en los próximos capítulos. El problema, por supuesto, es que va a ser siempre complicado definir qué es un exceso o cuantificarlo. Y la cuantificación siempre será polémica y discutible. Pero llevarla a cabo contribuye a identificar el problema, a proponer medidas correctoras. En definitiva, a abrir el debate. Muchas voces, y muchas veces, no creían que hubiera tales excesos. Hasta que el colapso de la economía afloró todos los desequilibrios que, hasta entonces, se habían considerado ejercicios teóricos o académicos discutibles.

El caso del crédito es paradigmático, porque el hecho en sí de que haya crédito en una economía es, sin duda, positivo. El crédito aporta beneficios personales y sociales, tales como:

- Ayudar a suavizar los planes de consumo de las familias, especialmente en lo que se refiere a bienes duraderos (por ejemplo, la compra de un automóvil o electrodomésticos), es decir, aquellos bienes de consumo que duran varios periodos, y de los que las personas disfrutan de sus servicios a lo largo del tiempo, pero cuyo importe total tiene que ser desembolsado, al concesionario o al comercio de electrodomésticos, en un único pago a la entrega del mismo. Y para muchas familias ello requiere la concesión de un crédito, para evitar tener que renunciar a consumir parte del resto de los bienes de consumo en el año en que hagan esa compra, vender otros activos si los tuvieran o simplemente renunciar a ese consumo del bien duradero. El crédito ayuda a realizar esos planes y mejora el bienestar de los consumidores. Por ejemplo, en España el 80% de las compras de vehículos se hacen a crédito.

- Resolver problemas de liquidez de familias y empresas, que tienen activos pero no son líquidos, y necesitan crédito para hacer frente a sus proyectos de consumo, que son compatibles con su riqueza o renta permanente. Por ejemplo, sería absurdo que las familias tuvieran que vender una parte de su vivienda para comprar un automóvil nuevo. El crédito posibilita esa compra sin tener que vender el activo.
- Facilitar la inversión de las empresas, que tienen que desembolsar una importante suma de dinero para comprar nueva maquinaria, ampliar su planta productiva o introducir mejoras tecnológicas o en sus canales de distribución. Las empresas irán pagando este préstamo con los retornos de su inversión. Y el crédito posibilita que exista esta inversión productiva, que además genera empleo y renta nacional.
- Posibilitar la inversión en vivienda por parte de la mayoría de las familias. La vivienda no se considera estadísticamente un bien de consumo, sino de inversión. Y esta inversión requiere de crédito prácticamente para todos los compradores, tanto de vivienda nueva como de segunda mano. La existencia de crédito facilita la creación de hogares y el desarrollo de los proyectos personales.
- Aumentar la velocidad de intercambios reales entre agentes económicos, evitando que se rompan las cadenas de pago (los llamados créditos puente), y haciendo que sean más rápidas las transacciones económicas y que éstas no se entorpezcan por culpa de la falta de liquidez. Casi todas las transacciones reales llevan consigo desfases, en la entrega o ejecución de los proyectos. El crédito ayuda a que no se paralice la actividad, por lo que muchos economistas equiparan el crédito con «el lubricante de una maquinaria», que posibilite el buen funcionamiento de los engranajes.
- Permitir que funcione el «multiplicador monetario»: el

dinero de los ahorradores, que podría haber quedado inactivo si se hubiera guardado, por ejemplo, debajo de un colchón, puede sin embargo ser usado por otras personas que lo necesiten temporalmente (familias), o para invertir en negocios que a la larga estimularán el crecimiento económico (empresas). Esto produce una multiplicación del dinero, ya que, al mismo tiempo que el cliente del banco que ha pedido el crédito lo está usando en sus asuntos, el ahorrador no pierde su dinero porque en cualquier momento puede ir al banco donde depositó su dinero y retirarlo sin problema. Y esto es así porque el banco tiene en su poder el dinero de muchos depositantes.

- Posibilitar el negocio de los bancos. Los créditos forman parte del activo de las instituciones financieras, junto con las reservas en su caja, sus depósitos en el Banco Central, el valor de sus inmuebles y maquinaria, el de sus participaciones industriales, su cartera de deuda pública y los intangibles. Por el contrario, los depósitos de los clientes constituyen parte de su pasivo, además de sus recursos propios (el dinero que aportan los socios o los accionistas), su propio endeudamiento mediante préstamos (interbancario) o su apelación a los mercados (fondos, emisiones de deuda). En la banca tradicional y en una economía cerrada al exterior, las entidades pueden dar créditos en función de estos depósitos, con un multiplicador que depende del coeficiente de caja o de reserva y de otros coeficientes legales fijados por la regulación. Los bancos generan ingresos recurrentes, además de por las comisiones que cobran a sus clientes, por el diferencial de tipos entre el activo (lo que cobran por sus créditos) y el pasivo (lo que pagan a sus depositantes), que es lo que se conoce como el «margen de intermediación».

En una situación normal o estable, como ocurrió en España en las décadas anteriores (aunque habíamos padecido crisis bancarias, por ejemplo, cabe recordar el caso Banesto, nunca habían tenido la dimensión y profundidad de la que se produjo en 2008), el crecimiento del crédito se financiaba al 100% con el volumen de depósitos captados. Así fue de hecho hasta 1998, en vísperas de nuestra entrada en el euro.

La explosión de crédito en España

En los siguientes gráficos se puede apreciar que los créditos crecían de la mano de los depósitos durante décadas, e incluso estuvieron por debajo de los mismos en no pocos años. En cualquier caso, tal y como señala el gráfico 3.1, siguieron un perfil prácticamente paralelo durante décadas. Es a partir de 1997 cuando ambas curvas se distancian muy notablemente.

Es cierto que la apertura de la economía española al exterior y la innovación financiera posibilitan que se amplíe ese *gap*, puesto que los bancos pueden captar recursos no sólo vía depósitos sino apelando a la liquidez abundante y barata del mercado interbancario[1] y, especialmente, a los mercados de capitales internacionales. Pero esos procesos deberían ser graduales. Por el contrario, lo que ocurrió, por su magnitud, no puede explicarse a partir de un proceso gradual ni de innovación financiera, que ya había comenzado dos décadas antes, ni mucho menos por la apertura de nuestra economía al exterior, dado que España estaba plenamente integrada en el espacio europeo desde 1986.

1. España llegó a tener una posición neta interbancaria de cerca de -200.000 millones de euros.

Gráfico 3.1. Créditos y depósitos en España (millones de €)

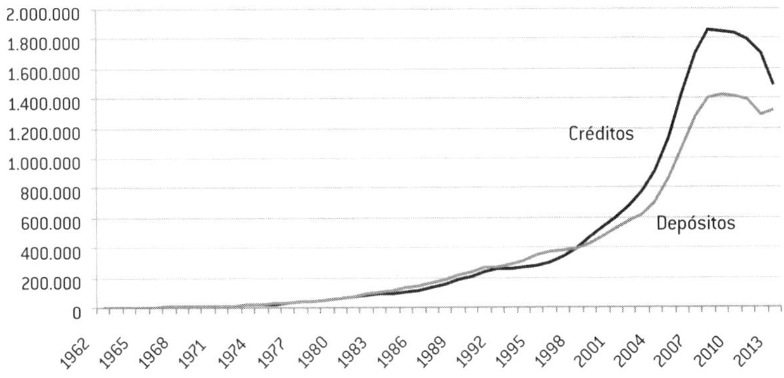

Fuente: Banco de España

Pero, de nuevo, la cuestión es determinar si, efectivamente, la aceleración del crédito a partir de 1996 y el creciente endeudamiento de las entidades financieras supusieron un exceso y tratar de cuantificarlo.

Hay dos formas complementarias de abordar estos gráficos y poder concluir si ha habido un «exceso de crédito» o no. Una de ellas es mediante el *gap* de actividad a Otros Sectores Residentes (OSR): familias, empresas no financieras y sector público. Es decir, el diferencial entre los pasivos depositados y los créditos concedidos, tal y como se recoge en el gráfico 3.2. Dicho *gap* se mantuvo prácticamente a cero durante décadas, y fue incluso positivo en los años ochenta y noventa, es decir, los depósitos superaban entonces a los créditos. En definitiva, los créditos crecían en la medida en que lo hacían los depósitos, por lo que los bancos, para conceder créditos, no tenían que apelar a su propio endeudamiento o a financiarse en los mercados exteriores mediante la captación de fondos.

No obstante, con la entrada en el euro, este *gap* fue adquiriendo cada vez valores más fuertemente negativos hasta alcanzar un máximo de casi 729.000 millones en abril de 2008, en vísperas del estallido de la crisis. De hecho, si hubiera que modelizar la evolución temporal de dicho *gap*, claramente habría que ajustar una curva exponencial, lo que sin duda es un indicador de un excesivo crecimiento, que situaba a la banca y a la economía española en una situación de enorme debilidad si estallaba una crisis financiera.

Gráfico 3.2. *Gap* de actividad OSR: depósitos-créditos (millones de €)

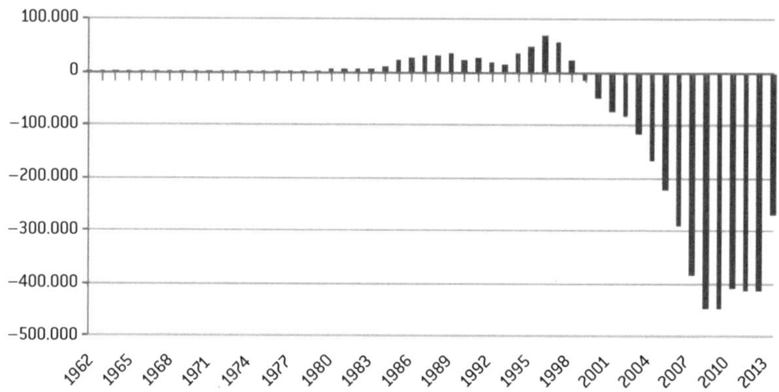

Fuente: Banco de España

Otra forma quizá más precisa de evaluar el exceso de crédito es a partir del ratio entre las dos variables, créditos sobre depósitos, tal y como se recoge en el gráfico 3.3.

Observando el ratio, y al contrario de los gráficos anteriores, éste nos permite detectar cuatro fases claramente diferenciadas. Una, desde 1989 hasta la entrada en el euro, en la que el ratio estuvo en torno a la unidad (mismos créditos que depósitos). Una segunda fase desde 1998 hasta 2000, que coincide con la entrada en el euro, en la que el ratio se dispara rápidamente hasta 1,30. Posteriormente se entra en una fase de un cierto estancamiento del ratio hasta 2003. Y, a partir de esa fecha, se vuelve a producir

Gráfico 3.3. Ratio créditos/depósitos

Fuente: elaboración propia a partir del Banco de España

una escalada en el ratio de los créditos en relación a los depósitos, hasta alcanzarse un máximo de 1,71 en octubre de 2007. En esa fecha, por cada euro depositado se concedían 1,71 euros de crédito. Curiosamente, como veremos más adelante en este libro, estas cuatro etapas o fases coinciden con las que se detectan al analizar una variable en principio totalmente independiente, como es la inversión española en el exterior, tal y como explico en el capítulo sobre los excesos de la internacionalización.

Si procediésemos a la modelización temporal de este ratio, veríamos que tiene lugar un cambio estructural a partir de 1998. Y desde esa fecha en adelante, incluso suponiendo una tendencia lineal creciente, habría dos periodos por encima de esa tendencia: uno coincidiendo con la entrada en el euro y otro entre los años 2004 y 2007. Más adelante aportaremos una explicación a este segundo periodo del exceso de crédito.

Pero merece la pena detenerse un poco en los datos que muestran estos gráficos. Ahí vemos que, a partir de 1998, con la entrada en el euro, se producen dos hechos, que están interrelacionados pero que son distintos.

En primer lugar, se produjo a lo largo de todo el periodo 1998-2007 un muy fuerte crecimiento del crédito. En 1996, éste ascendía a 311.000 millones, mientras que para 2008 se alcanzaron ya los 1.869.000 millones. Es decir, que se multiplicó por 6 (como referencia para la comparación, en ese mismo periodo el PIB nominal se multiplicó por 2,2).

Y, en segundo lugar, se produjo también un fuerte crecimiento del diferencial entre créditos concedidos y depósitos captados, lo que se conoce como el «*gap* de actividad». Es decir, no sólo aumentaba fuertemente el crédito, sino que cambiaba el modo en que los bancos lo financiaban. Ahora, además de la captación de fondos por parte de los clientes, la estrategia consistía en endeudarse, tanto frente al exterior a través del mercado interbancario (que en realidad no fue tan grande como se piensa), como en el mercado de capitales.

Hay que tener en cuenta que este proceso de crecimiento del crédito queda incluso enmascarado por lo que se conoce como la «titulización», un proceso por el cual las instituciones financieras agrupan un conjunto de sus préstamos y venden las participaciones en el retorno de esos créditos, sacándolo de su activo. Al agrupar esos préstamos, los compradores (en su mayoría inversores institucionales) pensaban que la probabilidad de impago del conjunto era baja y que, al venderse a un precio razonable, el producto ofrecía una buena rentabilidad. Además, el colateral o respaldo a esos títulos era la vivienda, cuyo precio subía sin parar. Claro que, para que este sistema no entrara en problemas, era crucial que no hubiese ninguna «burbuja de precios», es decir, que no hubiera una burbuja inmobiliaria, porque si ésta se pinchaba, el valor de ese colateral se desinflaría y se hundirían los precios de esos títulos. Fue lo que finalmente ocurrió, entrando todo el sistema financiero en graves problemas. Pero, en cualquier caso, si el volumen asociado a estas «titulizaciones» se computara como créditos, lo que hemos cuantificado como explosión crediticia se hubiera incluso quedado corta.

La tabla 3.1 muestra cómo este fenómeno de incremento de crédito, aun siendo generalizado para toda la economía, comenzó antes en el caso de las familias que en el de las empresas. La compra de vivienda como primera o segunda residencia se convirtió en la inversión estrella de los hogares y la conformación de la burbuja de precios animó a promotores, constructores y empresarios de otros sectores a sobreendeudarse para participar en la «fiesta inmobiliaria» en el mercado nacional y para expandir sus negocios en el exterior, algo que se intensificó sobre todo al final del periodo, en parte como consecuencia de una excesiva internacionalización financiada en cierta medida con deuda, como veremos en el capítulo 5 de este libro.

Tabla 3.1. Financiación a hogares y empresas:* crecimiento interanual (%)

	Hogares	Empresas	Total
Dic 97	13,9%	9,3%	11,2%
Dic 98	18,3%	13,5%	15,6%
Dic 99	19,4%	19,4%	19,4%
Dic 00	17,5%	19,3%	18,5%
Dic 01	12,5%	17,7%	15,4%
Dic 02	16,1%	11,5%	13,5%
Dic 03	18,9%	14,3%	16,3%
Dic 04	20,1%	13,9%	16,7%
Dic 05	20,8%	22,3%	21,6%
Dic 06	19,6%	28,4%	24,4%
Dic 07	12,3%	18,3%	15,6%
Dic 08	4,1%	7,3%	5,9%

* Préstamos, bonos corporativos, préstamos del exterior, saldos titulizados

Fuente: Banco de España

En efecto, el crédito a las familias ya crecía a ritmos cercanos al 20% en 1998, algo que no ocurrió para las empresas hasta

1999. Asimismo, el máximo crecimiento del crédito a las familias, fundamentalmente hipotecario, tiene lugar en 2004-2005. Por el contrario, el pico de la financiación a las empresas tiene lugar en 2006. Más adelante encontraremos una explicación a este diferente ritmo de crecimiento.

Desde el punto de vista de las instituciones financieras, la carrera por el crédito tenía además un componente que se «autoalimentaba», como ocurre en la mayoría de las burbujas. Se trataba de mantener a toda costa la cuota de mercado no sólo en los créditos, sino también en los depósitos. La estrategia comercial de las entidades financieras era la siguiente: te concedían el crédito en unas condiciones buenas y a cambio trasladabas a esa entidad tu nómina, tus domiciliaciones, tus depósitos, en suma. Por tanto, la «guerra por el activo» era también una «guerra por el pasivo».

Hasta aquí los hechos descritos y la posible cuantificación de lo que se puede considerar un «exceso de crédito», esperando que esa cuantificación, sin duda discutible y polémica, pueda utilizarse como mecanismo de alerta, bien para otros países, bien para futuras generaciones de nuestro propio país. Lo que pretendo con este libro no es que ésta sea la cuantificación correcta del exceso. Sino llamar la atención para que haya UNA cuantificación del exceso, por parte de las autoridades regulatorias, de las académicas, de los profesionales del sector, de los analistas financieros y, en definitiva, de la sociedad.

A continuación expongo brevemente cuáles fueron los factores determinantes en esa burbuja de crédito que se produjo en España. Son múltiples y diversas las causas que facilitaron y potenciaron ese exceso de crédito. Dentro de las causas macroeconómicas el protagonismo lo tiene que asumir la propia política monetaria que llevó a cabo el Banco Central Europeo en la primera década de la existencia del euro. No sólo la fenomenal expansión monetaria llevada a cabo, sino también sus consecuencias sobre la depreciación del tipo de cambio exterior de la moneda única en los primeros años de su andadura, que echaron más gasolina al fuego de la demanda agregada. Continuaremos después con las causas de tipo microeconómico, referidas a la industria financiera global y europea, para terminar con diferentes factores microeconómicos relacionados con nuestro propio sistema financiero, como su escasa regulación, la excesiva bancarización, la caída de los márgenes, la ausencia de la dación en pago, las cláusulas suelo o el incremento de la competencia bancaria.

LAS CAUSAS MACROECONÓMICAS: UN TRAJE EUROPEO DEMASIADO AMPLIO PARA TODOS

De entre todas las causas macroeconómicas para explicar la burbuja de crédito, sin duda, la más relevante es la política monetaria seguida por el BCE nacido en 1999.

Con la incorporación de España a la moneda única se perdió la «soberanía monetaria». Es decir, los tipos de interés oficiales ya no los iba a fijar el Banco de España sino el Banco Central Europeo. Desde el primer momento fue patente que se iba a disponer de dinero barato y abundante, sobre todo en comparación con lo que había sido la política monetaria seguida por el Banco de España en la época de Mariano Rubio y Luis Ángel Rojo. Conviene recordar que en el periodo 1985-1990 el promedio de los tipos de interés oficiales había sido un 13,3% y en el periodo 1991-1995 un 10,9%. En 1996 los tipos del Banco de España bajaron al 7,6%, en 1997 al 5,5% y en 1998, el último año de la soberanía monetaria española, al 4,3%. Todo ello, en parte, por la necesaria convergencia con los países del núcleo europeo. Pero también por presiones del vicepresidente económico de la época para que el Banco de España recortara sus tipos.[2] Habiendo trabajado en dicha institución durante casi cinco años, mantenía y mantengo buenas relaciones personales con muchos de los profesionales de esa casa. Todavía re-

2. Artículo de Victoria Carvajal Hoyos publicado en *El País* el 2 de octubre de 1996: «Rato insiste en que deben bajar los tipos de interés»: http://elpais.com/diario/1996/10/02/economia/844207203_850215.html

cuerdo los comentarios de indignación que hacían en privado los responsables y cuadros medios del Banco de España ante las presiones del Gobierno salido de las urnas en 1996, y que según los responsables de la política monetaria suponían una flagrante violación de la Ley de Autonomía del Banco de España aprobada por el Gobierno socialista en 1994. Sin duda, el Gobierno del PP quería desde su llegada adelantar «la fiesta» de los tipos de interés incluso antes de que se iniciara la moneda única.

Y así fue cuando, en enero de 1999, se estrenó la Unión Monetaria Europea, el euro, con unos tipos de interés del 3%, diez puntos porcentuales por debajo de lo que habían estado en España apenas cinco años antes, pese a que la inflación apenas se había recortado en tres puntos y a que la economía había acelerado su crecimiento (recuérdese que la economía tuvo en 1993 el peor crecimiento desde 1959 y, pese a ello, los tipos oficiales se situaron en el 11% en ese año de crisis). Aunque la moneda física (billetes y monedas) no se introdujo hasta 2002, el verdadero impacto macroeconómico y crediticio tuvo lugar a partir de 1999 e incluso un año antes.

Pero lo más gordo vendría luego. En el gráfico 3.4 se presenta la historia de los tipos oficiales de la zona euro desde su creación hasta mediados de 2015.

El lector puede pensar que, al menos en una primera etapa, los tipos de interés del BCE no fueron tan bajos y, por tanto, la política monetaria no fue tan expansiva como para explicar la burbuja de crédito que se produjo. De hecho, los tipos bajaron al 2,5% en 1999 pero, a partir de 2000, volvieron a subir hasta alcanzar casi el 5%. Unos tipos mucho más altos que los que tenemos ahora, cercanos a cero. Pero para poder hacer una valoración de cuán expansiva o restrictiva es una política monetaria, no basta con comparar los tipos de interés de unos periodos con otros. Hay que tener en cuenta variables económicas clave, como la inflación o la posición cíclica de la economía. La herramienta básica para poder llevar a cabo esta evaluación es estimar lo que se conoce como la «regla de Taylor».[3]

3. Véase, por ejemplo, J. Taylor, «Discretion versus Policy Rules in

Gráfico 3.4. TIPOS OFICIALES DEL BCE

Fuente: elaboración propia

Lo que dice básicamente esta regla es que los tipos de interés oficiales nominales deben ser iguales a unos tipos reales a largo (generalmente se considera el 2%) más unas expectativas de inflación más una corrección al alza si la inflación se desvía del objetivo del Banco Central, en nuestro caso el 2%, y a la baja en caso contrario, y otra corrección al alza si la economía está en un *boom* económico (*output gap* positivo) o a la baja si la economía está en recesión (*output gap* negativo).[4] A partir de aquí podríamos calcular cuál hubiera sido el tipo de interés de España o de cualquier país, si hubiera permanecido fuera de la Unión Monetaria, como el Reino Unido, Suecia y Dinamarca, en función de su posición cíclica y de su tasa de inflación. Es evidente que, aunque utilicemos el mismo tipo de interés real (el 2%) y el mismo objetivo de inflación, el 2% del BCE, los tipos de

Practice», *Carnegie-Rochester Conference Series on Public Policy*, vol. 39, 1993, pp. 263-267.

4. Formalmente, la regla de Taylor es $i=r+\pi+0{,}5(\pi-\pi^*)+0{,}5$ (*output gap*), donde π y π^* son respectivamente la inflación observada y el objetivo de inflación, i es el tipo de interés oficial, r es el tipo de interés real, generalmente el 2%, y el *output gap* es una medida del ciclo económico.

interés de España y de Alemania siguiendo la regla de Taylor, hubieran sido bien diferentes. Y también es obvio que el BCE sólo puede utilizar unos tipos de interés, que son comunes a toda la zona euro. Lo que en lenguaje de los economistas se ha venido en denominar «un traje de una talla única para individuos con diferentes envergaduras».[5] La pregunta que nos hacemos es: los tipos de interés que siguió el BCE, ¿se parecían más a los que hubiera seguido la regla de Taylor para Alemania? ¿O para España? ¿O quizá para una situación intermedia?

En el gráfico 3.5 se presentan los tipos de interés coherentes con la regla de Taylor para España y para Alemania, respectivamente, así como los tipos de interés oficiales efectivamente seguidos por el BCE para el periodo 1999-2008, es decir, desde que se creó el euro hasta que estalló la crisis, el periodo que hemos calificado de «falsa bonanza».

Gráfico 3.5. Reglas de Taylor y tipos del BCE

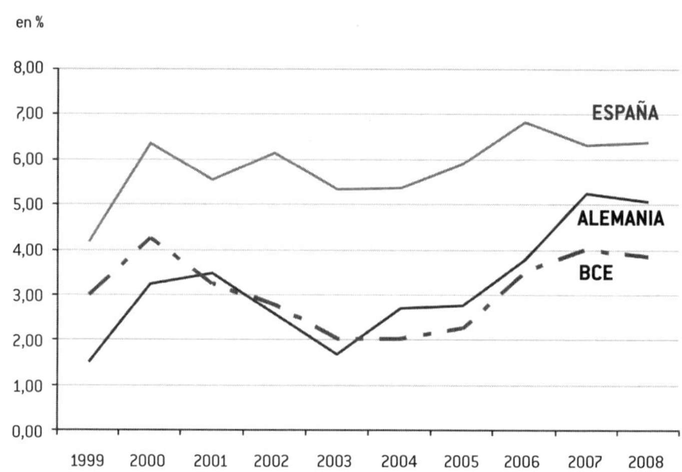

Fuente: elaboración propia

5. Véase, por ejemplo, F. Nechio, «Monetary Policy When One Size Does Not Fit All», *FRBSF Economic Letter*, vol. 18, Federal Reserve Bank of San Francisco, 2011.

Lo primero que llama la atención es que, en general, los tipos de interés del BCE seguían la política monetaria que le convenía a Alemania, pero estaban muy por debajo de lo que le convenía a España, que hubieran sido unos tipos oficiales en el rango del 5 al 7%. Es cierto que los *output gap* (que reflejan la posición cíclica de la economía española) no habrían sido los que realmente se observaron si los tipos de interés hubieran sido los de la regla de Taylor, pues éstos hubieran enfriado la demanda y, por tanto, la economía.[6] Por tanto, más que la evolución temporal de los tipos de interés, lo que refleja la regla de Taylor es el tipo de interés conveniente para cada periodo, dada la inflación y la posición cíclica de la economía. Pero, en cualquier caso, si se hubieran aplicado estas reglas a la economía española estando fuera del euro, los tipos de interés hubieran sido 3 puntos porcentuales (300 pb) más altos de lo que efectivamente fueron, lo cual hubiera servido de freno para el exceso de crédito y las burbujas inmobiliaria y de deuda corporativa que siguieron.

Lo segundo que llama la atención es que, dentro de este periodo de diez años, encontramos tres subperiodos bien diferenciados. En una primera fase, desde 1999 a 2001, los tipos del BCE estaban a medio camino de los que le resultaban convenientes a España (como país representativo de la periferia del euro) y los que le resultaban convenientes a Alemania (país representativo del núcleo central del euro). Esto es lo que se ha venido en llamar el problema de «un mismo traje (los tipos de interés del BCE) para diferentes tallas (las distintas condiciones cíclicas e inflacionarias de España y Alemania)», un problema congénito a toda unión monetaria con fuertes divergencias económicas entre los países. Sin embargo, en una segunda fase, hasta 2003, los tipos del BCE eran prácticamente los que correspondían a la regla de

6. Una regla de Taylor para España teniendo en cuenta estos impactos dinámicos se encuentra en «Was ECB's Monetary Policy in 1999-2006 appropriate for Spain?» de Patricia Cuesta, trabajo de fin de grado dirigido por Miguel Sebastián, Universidad Complutense de Madrid, 2015.

Taylor para Alemania, y por tanto, agravaban el problema del «único traje» que sufría la economía española. Pero lo más llamativo es que a partir de 2003 y hasta 2007 el Banco Central Europeo aplicó su regla sin tener en cuenta, no ya la posición intermedia, sino ni siquiera las condiciones de la economía alemana. Es decir, eligió unos tipos de interés más bajos incluso de lo que le convenía a la propia Alemania.

Ya no era un problema de «un mismo traje para diferentes tallas». El problema es que el traje era demasiado amplio para todos los Estados miembros. Es decir, los tipos oficiales eran demasiado bajos y, por tanto, la política monetaria excesivamente expansiva para todos los países, incluida Alemania. Nótese que este periodo coincide con el segundo *boom* crediticio de la economía española que hemos visto en los datos de la primera parte de este capítulo. Esta segunda oleada en la explosión de los créditos en relación a los depósitos puede achacarse sin lugar a dudas a esta aceleración monetaria de la zona euro, que agravó el problema de «la misma talla para todos» que había sufrido España desde que se unió al euro.

En la tabla 3.2 se resume de forma cualitativa y, a partir de unas estimaciones coherentes con la regla de Taylor, el tono de la política monetaria del BCE, tanto para el conjunto de la zona euro como para España en particular.

Tabla 3.2. Tono de la política monetaria del BCE

	Para la zona euro	**Para España**
1999-2001	Apropiada	Expansiva
2001-2003	Moderadamente expansiva	Muy expansiva
2003-2007	Expansiva	Tremendamente expansiva
2008-2013	Contractiva	Muy contractiva

Fuente: elaboración propia

De esta tabla, que compartirán buena parte de los economistas, destacan dos hechos llamativos. El primero, que la política monetaria ha sido expansiva o muy expansiva para España en todo el periodo de la falsa bonanza. Y lo segundo, fijándonos solamente en la zona euro, que el BCE ha llevado una política monetaria inapropiada en prácticamente once de sus quince años de historia. Aunque en este libro no se aborda la crisis y las políticas seguidas desde que estalló la misma, conviene recordar que el BCE, que había sido tremendamente expansivo en los nueve primeros años de su historia, giró de forma brusca en el peor momento. Así, en julio de 2008, dos meses antes de la caída de Lehman Brothers, y tres meses después del colapso de Bear Stearns, subió los tipos de interés para «frenar las tensiones inflacionistas». En el penúltimo capítulo de este libro volveremos a recordar esta época. Pero no está de más señalar aquí que el BCE, que se ha dedicado a dar lecciones a todos los países de la zona euro, en especial en los primeros años de la crisis de deuda soberana (2010-2011) y bajo el mandato de Jean-Claude Trichet, haga en algún momento una autocrítica de la política monetaria llevada a cabo en todo el periodo. La propia institución saldría reforzada de esa autocrítica, y sentaría las bases para poder enfocar una segunda fase en la historia del euro que tuviera más credibilidad y apoyara la difícil supervivencia de la moneda única.

Esa política monetaria expansiva tuvo, además, dos consecuencias. Por un lado, su transmisión a todos los tipos de interés y al coste de financiación de la economía y, por otro, la depreciación del tipo de cambio del euro. Ambas contribuyeron a exacerbar los excesos que sufrieron países como España.

La caída de la rentabilidad de la deuda, pública y corporativa

Si antes, al referirnos a la política monetaria europea, identificábamos la facilidad para conseguir dinero barato en virtud de los tipos de interés a corto, a la hora de evaluar la facilidad de conseguir crédito a bajo coste hemos de apuntar también a los tipos de interés a largo, que son los que afectan a la deuda del Estado y de las empresas. Se ha hablado mucho en los últimos años de un concepto como la prima de riesgo (hasta muy recientemente se trataba de un concepto completamente desconocido para la mayoría de la población, pero que se popularizaría con la llegada de la crisis). Una prima de riesgo que en la bonanza era nula o incluso negativa.[7] Ello indica que tampoco los mercados financieros detectaban ningún problema de sostenibilidad de la situación económica de los países, ni siquiera en un horizonte de diez años. Eran tiempos en los que, en parte como arrastre hacia abajo de toda la curva de tipos, como consecuencia de la política monetaria expansiva, se produjo una caída de las rentabilidades de la deuda, tanto pública como privada, lo cual asimismo favoreció la explosión de la cantidad demandada de crédito, sobre todo a las empresas no financieras cuyo coste de financiación estaba estrechamente ligado a la rentabilidad de la deuda pública, tanto en sus créditos bancarios como en su financiación en los mercados de capitales.

Un euro débil, más madera para la burbuja

Hay otra cuestión que hay que tener en cuenta desde que nació la Unión Monetaria Europea, y es la de la debilidad de la moneda única durante el periodo de la falsa bonanza. Algo que también terminó resultando otro factor determinante para que en España se produjera ese exceso de crédito del que venimos hablando. Y es que, como consecuencia de esa política monetaria nefasta, el euro ha estado demasiado depreciado cuando lo necesitábamos más fuerte, y demasiado apreciado desde que comenzó la crisis, cuando nos hubiera interesado su depreciación, para

7. Una prima de riesgo negativa significa que los tipos de interés que paga el bono alemán son más altos que los que paga el bono español.

haber evitado que todo el ajuste recayese en la llamada «devaluación interna».

El gráfico 3.6 muestra la cotización del euro respecto al dólar a lo largo de sus quince años de historia, desde su creación hasta 2014.

Gráfico 3.6. Cotización euro/dólar

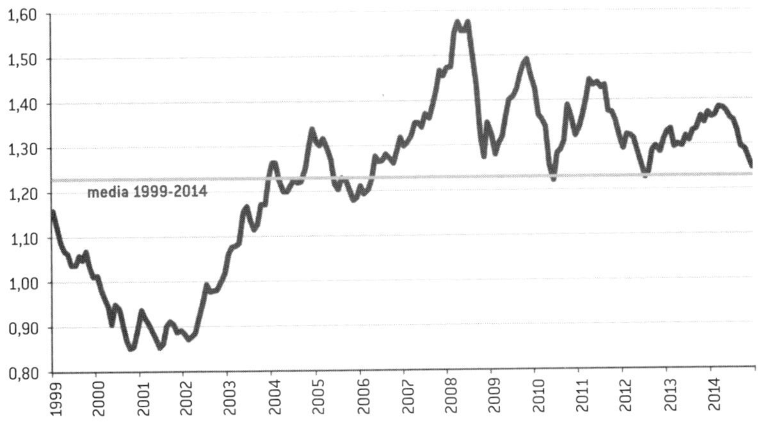

Fuente: Banco de España

El promedio histórico desde que se creó el euro es de 1,23 dólares, aunque en sus primeros años, entre 1999 y 2003, fue de 0,99; y sólo un poco más, del 1,08, hasta 2006.

Este euro barato acentuó la avalancha de capitales a países de la zona euro con menor capital y en los que se esperaba una mayor rentabilidad. Este flujo de capitales hubiera tenido lugar en cualquier caso como resultado de la fijación del tipo de cambio, pero con un euro por debajo de la paridad frente al dólar durante más de dos años, se intensificó, porque a los inversores les resultaba barata la compra de activos reales y financieros de nuestro país, que están denominados en euros.

No es la primera vez que la fijación del tipo de cambio provoca una fuerte entrada de capitales del exterior y una burbuja inmobiliaria y de otros activos. Como he explicado en el capítulo 2, el episodio anterior tuvo lugar en 1989, cuando se creó el Sistema Monetario Europeo y se establecieron unas bandas de fluctuación para las divisas europeas. Pero en aquel episodio, que saltó por los aires en 1992 con la salida del SME de la libra esterlina y la lira italiana y las devaluaciones de la peseta, la magnitud de la entrada de capitales fue menor. Como también fue menor la intensidad y duración de la burbuja inmobiliaria, probablemente porque la credibilidad de las bandas de fluctuación del SME no era completa, tal y como señalaron sucesivos artículos académicos.[8]

Sin embargo, en 1999, con la entrada de facto en el euro, se percibió ya esa fijación del tipo de cambio como irreversible, lo que magnificó tanto la entrada de capitales como la burbuja inmobiliaria.

Las causas microeconómicas: una industria poco o mal regulada y supervisada

Soy un macroeconomista, no un experto en regulación financiera. Pero también soy consciente de que existe un debate sobre si ha habido una insuficiente regulación o un exceso de regulación, pero regulación de la mala, en cualquier caso.[9] Es irónico que, cuando las cosas van mal, se suelen achacar los problemas a una falta de regulación y que, cuando las cosas van bien, se señala que esa misma regulación es excesiva y obstaculiza la expansión. Aun reconociendo esa ironía, yo soy de los que piensan que ha habido una insuficiente regulación. Y que corremos el riesgo de que salgamos de la crisis financiera global sin haber abordado muchos de los problemas que presenta la

8. Véase, por ejemplo, Lars Svensson, «The foreign exchange risk premium in a target zone with devaluation risk», *Journal of International Economics*, 33, 1992.

9. Véase José Pérez, «La regulación financiera: ¿solución o problema?», *Papeles de la Fundación de Estudios Financieros*, núm. 53, 2015.

industria financiera internacional. Para muchos autores, la insuficiente regulación del sistema financiero en las últimas décadas ha sido algo que se ha puesto en evidencia a nivel mundial con el estallido de la crisis. Esto es atribuible tanto a un nivel global como a escala nacional. Veamos brevemente cuáles son estas insuficiencias, porque en la atención a estas cuestiones posiblemente reside una parte importante de las medidas correctoras que podríamos aplicar para evitar en el futuro desastres como el que acabamos de vivir.

- *Desregulación bancaria*. El máximo exponente de la desregulación financiera se produjo en Estados Unidos con la abolición en 1999 de la Glass-Steagall Act, la ley que regulaba de forma estricta el sistema financiero norteamericano desde la Gran Depresión y que, entre otras medidas, separaba la banca comercial de la banca de inversión, y limitaba la participación de la banca en las empresas industriales o de servicios. Si no se separan ambas actividades bancarias, los depósitos de los clientes pueden correr peligro por las aventuras de la banca en sus inversiones financieras, algunas claramente especulativas y apalancadas, buscando unos márgenes que ya no daba la banca tradicional. Además, acabar con la Glass-Steagall Act fue el paradigma de una peligrosa moda: la de la autorregulación bancaria. Son los propios bancos los que tienen la información del valor de sus activos y del riesgo de sus clientes, por lo que lo mejor, bajo este enfoque, es que sean ellos mismos quienes se autorregulen. Como corolario, la abolición de la ley dio origen a Citigroup, uno de los gigantes financieros globales, que empujaría al resto de los bancos del mundo a ganar tamaño. Y la moda del tamaño, además de favorecer operaciones de concentración, llevó a muchas entidades medianas a tratar de crecer orgánicamente mediante una desaforada apertura de oficinas y una auténtica «guerra por el activo» (concesión de créditos).

- *Regulación ineficiente.* Cabe citar la aplicación de los criterios internacionales de Basilea II para el cálculo del ratio de solvencia, que significó menores exigencias de capital si un banco demostraba, con modelos estadísticos internos aprobados por su supervisor, que del riesgo concreto asumido se derivaban menos pérdidas futuras que las calculadas con modelos estadísticos generales. Antes de Basilea II, la banca veía cómo la disponibilidad de un capital «sobredimensionado» resultaba muy costosa, minoraba su rentabilidad y limitaba su capacidad de crecimiento crediticio. Basilea II introduce el concepto de «capital económico ajustado al riesgo concreto», lo que significaba que, con menos capital, la banca podía conceder más financiación, en un periodo de reducida percepción del riesgo. Otro ejemplo es que, a pesar de los esfuerzos de homogeneización de las normas internacionales de contabilidad, los criterios de mediación de los riesgos y los aplicados para calcular el *fair value* de los activos fueron en este periodo absolutamente heterogéneos. Por esta razón, cuando estalla la crisis financiera, aumenta la desconfianza sobre los balances de la banca y provoca de forma inmediata el cierre de los mercados de liquidez interbancarios.
- *Fallos en la supervisión.* Si en el tema de la regulación (exceso o insuficiencia) existe un debate no resuelto, parece unánime la opinión de que ha habido fallos en la supervisión. En el caso de España se conoció a posteriori la existencia de una carta de los inspectores del Banco de España en 2006 alertando de este problema, aunque no ha habido una explicación, ni mucho menos una autocrítica de la institución supervisora con respecto a este punto. Recuerdo a finales de 2003 una reunión del entonces líder de la oposición, José Luis Rodríguez Zapatero, con toda la cúpula del Banco de España,[10] a la que acompañé al entonces líder de

10. La reunión y posterior comida tuvo lugar el 15 de diciembre de 2003.

la oposición. En la reunión, que fue muy cordial, se nos presentó un balance muy optimista sobre la situación de la economía española, más allá de las conocidas posiciones sobre la situación del mercado de trabajo y la necesidad de abordar una reforma laboral. Pregunté sobre la burbuja inmobiliaria, y negaron su existencia. Si acaso, una «cierta sobrevaloración». Pregunté por el riesgo del sector financiero ante esa burbuja, pero dicho riesgo fue completamente descartado. Teníamos un sólido y eficiente sistema financiero, nos dijeron.

- *Fallos estadísticos.* Ausencia de estadísticas sobre las posiciones de riesgo del mercado, sobre todo del sector inmobiliario. Las estadísticas del Banco de España eran ineficientes, porque mantenían los mismos criterios contables que existían cuando el mercado inmobiliario no era el motor de la economía española. El Banco de España no atendió las peticiones que para mejorarlas había recibido desde 2003 (por ejemplo, de la Asociación Hipotecaria) y sólo lo hizo cuando la crisis ya había estallado y a requerimiento de los organismos de control europeos.
- *Problemas en la evaluación del riesgo*. La evaluación del riesgo no sólo corresponde a los originadores del crédito (las entidades financieras), aunque éstos deben asumir buena parte de la carga. También corresponde a los reguladores y a las agencias de *rating*. Éstas eran responsables de fijar una calificación a todos los productos financieros, incluyendo los productos complejos. Pero no cumplieron su función de alerta. No sólo han tenido un comportamiento «procíclico», es decir, buenas calificaciones cuando las cosas van aparentemente bien y duras rebajas cuando la crisis ya ha estallado, sino que han incurrido en claros conflictos de intereses. Sus ingresos provienen de las comisiones que cobran a las mismas entidades a las que tienen que calificar por sus propios productos financieros, lo que cuestiona su independencia. Las agencias de *rating*, aunque ahora están

un poco más reguladas, sorprendentemente, han salido de rositas de esta crisis, sin el menor atisbo de autocrítica o reflexión sobre su papel. Finalmente, los reguladores y supervisores. Éstos deberán hacer también la autocrítica que estamos tratando de hacer todos como resultado de esta crisis. Es cierto que la competencia del sector privado y la relativamente baja remuneración de los inspectores públicos justifica en parte esta debilidad reguladora y supervisora. Pero sólo hasta cierto punto.

- *Esquema de remuneración de los ejecutivos.* Por un lado, estaba basado en un peso desmesurado de la remuneración variable (dependiente de resultados) frente a la fija. En segundo lugar, y lo que es peor, la parte variable estaba indexada a la consecución de objetivos de negocio a corto plazo (dentro del mismo ejercicio), incentivando la asunción desmesurada de riesgos, dado que buscaban el beneficio a corto plazo sin ponderar el impacto a largo plazo sobre la rentabilidad del negocio. Finalmente, los incentivos a asumir riesgos al recibir, sobre todo en la banca de inversión, unos *bonus* asimétricos, desproporcionados en relación a sus sueldos fijos (hasta cinco veces) y que eran muy elevados en caso de ganancias extraordinarias, pero que no significaban ningún coste para el gestor en caso de pérdidas. Ello, junto al hecho de que el capital con el que se toman posiciones en los mercados no es suyo, sino del banco en el que trabajan, les llevó a tomar posiciones de riesgo absolutamente desproporcionadas. La lógica es que, si sus posiciones eran erróneas y pierden, el quebranto es del banco. Ellos sólo pierden la posibilidad de cobrar el *bonus* (lucro cesante) pero mantienen su sueldo fijo, nunca pérdidas. Sin embargo, si sus posiciones son acertadas, sus ganancias se multiplican exponencialmente. Este riesgo se acentúa en momentos en que los *traders* ya están en pérdidas por sus posiciones durante el año. En esa situación, el incentivo a tomar nuevas posiciones aún más agresivas aumenta, para tratar de conseguir ese *bonus*. Quizá el caso más famoso fue la quiebra del banco británico Barings, en 1995, en el que un único *trader* en Asia provocó una deuda de 1.000 millones de euros por operaciones financieras de alto riesgo. «No soy un ladrón. Me dieron demasiada libertad para trabajar con demasiado dinero», afirmó el protagonista, Nick Leeson, unos años más tarde. Otro caso sonado, más reciente, fue el de Jérôme Kerviel, cuyas operaciones complejas en enero de 2008, que coincidieron con el inicio de la crisis financiera global, causaron unas pérdidas de 4.900 millones de euros a Société Générale.

- *La innovación financiera*. En paralelo a la desregulación que estamos describiendo, tuvo lugar un proceso de exuberante innovación en la ingeniería financiera, que finalmente terminó por resultar tan excesiva y compleja que se convirtió en inmanejable para los supervisores, además de que en buena medida surgía con frecuencia como modo de eludir la propia regulación financiera. Como los bancos entraron en una dinámica de dar muchas hipotecas y se les acababa su fuente principal de financiación, los depósitos de sus clientes, la solución fue acudir a bancos extranjeros para que les prestasen dinero. Sin embargo, las normas de Basilea exigían a los bancos tener un capital mínimo en relación con sus activos. Si el banco estaba pidiendo dinero a otros bancos y dando muchos créditos, el porcentaje de capital sobre el activo de ese banco bajaba y no cumplía con Basilea. Para resolver este problema se comenzaron a utilizar las titulizaciones. Éstas se originaron en el mercado norteamericano, en donde el ciclo inmobiliario iba más avanzado que en España, pero posteriormente se extendieron a Europa. Y funcionaban, de forma sencilla, de la siguiente manera: el banco juntaba hipotecas de mejor y peor calidad (llamadas en el argot *prime* y *subprime*) y luego vendía esos paquetes. El dinero que obtenía por esos paquetes iba al activo, a la cuenta de «caja», que aumentaba, disminuyendo por el mismo importe la cuenta de «créditos concedidos», con lo cual la proporción capital-créditos concedidos mejoraba y el balance del banco cumplía con la normativa de Basilea. Pese a la complejidad de las operaciones descritas para conseguir esquivar la regulación, al final el éxito de todo el entramado estaba basado en un supuesto que por entonces nadie cuestionaba pero que, como sabemos, no se cumplió: que los precios de las viviendas siguieran subiendo y que todas las familias pagarían sus hipotecas. De nuevo estamos ante un caso en el que el producto en sí no es malo, pero su exceso sí lo es.

Las causas microeconómicas: las idiosincrasias del modelo bancario español

Si la industria financiera internacional presentaba problemas de regulación, supervisión e incentivos que no han sido abordados en profundidad pese a la crisis, el sector financiero español presentaba, a su vez, una lista de especificidades que sin duda contribuyeron a que se exacerbara la burbuja de crédito. Entre ellas, y de nuevo sin ánimo de ser exhaustivo, podemos señalar las siguientes:

- *Referenciar los préstamos hipotecarios al euríbor en vez de a los tipos a largo plazo (bonos y obligaciones).* Hemos comentado que toda la curva de tipos de interés se desplazó hacia abajo. Sin embargo, la caída de los tipos a corto fue mucho más acusada. Buena parte de los préstamos hipotecarios se hizo con horizonte de veinte, treinta e incluso más años. La curva de rendimientos suele tener pendiente positiva, es decir, cuanto más largo el plazo, mayor el tipo de interés. El haber referenciado las hipotecas a los tipos de la deuda pública a largo plazo habría elevado su coste y enfriado su demanda. Es cierto que el impacto de la crisis posterior hubiera sido demoledor, pues los tipos a largo se dispararon mientras que los tipos oficiales y el euríbor se redujeron. Pero como medida de enfriamiento de la demanda de crédito *ex ante* habría funcionado. La posibilidad de referenciar las hipotecas a tipos más acordes a su duración debería ser una medida regulatoria a considerar en algún momento.

- *El exceso de bancarización.* Ésta es una realidad que ha caracterizado fuertemente nuestra economía. Es patente el fuerte peso del sector bancario y la dependencia de toda la economía del mismo, así como el abrumador predominio de la financiación a través de crédito bancario, como si no existieran otras alternativas (que sí las hay). En la tabla 3.3 se muestra el grado de expansión de nuestra red de oficinas en comparación con otros países europeos, también fuertemente bancarizados.

Tabla 3.3. Habitantes por sucursal bancaria (2001)

España	1.043
Italia	1.946
UE	2.195
Francia	2.346
Alemania	3.259
Reino Unido	4.057

Fuente: Banco de España

El número de oficinas por habitante en 2001 en España era el doble de las que había en Italia, el triple que en Alemania y cuatro veces más que en Reino Unido.

La Ley Financiera de 2003 fue una oportunidad perdida para que se hubiera impulsado el cambio de un modelo bancario que había sido exitoso en los ochenta y noventa, pero que se encontraba próximo al agotamiento al terminar el siglo. Nuestros dos grandes bancos lo anticiparon y se pusieron a diversificar en otros países. Pero el resto no lo hizo.

- *El modelo de las cajas.* Mucho se ha escrito sobre el gobierno corporativo de las cajas y la influencia del poder político en su gestión que, entre otras lindezas, impidió con frecuencia las deseables fusiones interregionales. Pero, incluso sin injerencias políticas, el gobierno corporativo de las cajas no iba a ayudar en la gestión del riesgo, dado que no disponían de accionistas que respondieran por el capital y, por tanto, que fueran más cautos a la hora de aprobar estas estrategias de expansión y de ganancia de cuota de mercado a cualquier precio. Lo cierto es que, lejos de abordar la reforma de las cajas, se hizo la vista gorda ante su expansión desmesurada tras la entrada en el euro. La exigua introducción de las cuotas participativas en 2003, lejos de introducir corresponsabilidad y prudencia en la gestión del riesgo de las pocas cajas que las emitieron, contribuyó a aumentar de forma exponencial su balance. Recuerdo otro debate en el consejo editorial del diario *Expansión*, en el que asistía el entonces presidente de Ibercaja, Manuel Pizarro, una persona con la que mantengo una buena relación personal y por la que siento un gran respeto intelectual. Lógicamente yo defendía que el modelo de cajas debía ser reformado, no sólo por los mencionados problemas sobre su gobierno corporativo, sino por las asimetrías en su funcionamiento. Una caja podía comprar un banco pero un banco no podía comprar una caja, por ejemplo. Además, los bancos, al tener que contentar a sus accionistas, debían repartir dividendos, generalmente un 50% de los beneficios, mientras que las cajas podían dotar sólo un 30% de su beneficio a la Obra Social y con el resto cumplir con los ratios de solvencia exigidos, en una clara ventaja competitiva justificada sólo en razones regulatorias. Pizarro me daba la razón en parte. Me reconocía que las cajas eran un «animal raro», pero ello no justificaba su extinción. «¿Por qué quieres matar al ornitorrinco, Miguel?», comentó en público varias veces. Fue una forma hábil de plantear el debate, y muy celebrada por los asistentes a dicho consejo. Tiempo habrá para hacer una evaluación sosegada del papel que han cumplido las cajas en la historia del sistema financiero. Algo que yo no haré. Pero sí me gustaría hacer aquí una mención al papel diferencial que han podido cumplir las cajas en la expansión crediticia del periodo analizado. Y es que esa batalla por el activo y por el pasivo a la que me refería en la primera parte de este capítulo, se exacerbó cuando las cajas de ahorro abandonaron su «territorio natural», el local o el autonómico, y decidieron dar el salto para convertirse en entidades de carácter nacional, para lo que debían aumentar de tamaño a toda costa. Las cajas tradicionalmente habían dominado el negocio *retail* en sus territorios de origen. Pero, al expandirse, mucho y tarde, fuera de su territorio natural, necesariamente se iban a quedar con los peores créditos, asumiendo más riesgo. La Caixa fue una excepción porque se había posicionado antes en el mercado nacional e incluso se preparaba para dar el salto internacional. El gráfico 3.7 muestra la evolución del crédito a promotores por parte de bancos y cajas. Todas las instituciones financieras hicieron una apuesta clara por el sector de la promoción, convirtiendo el sector de promotores en el más endeudado y, por tanto, en el sector más vulnerable de la economía española. En la anterior burbuja, la de 1989-1991, dicho crédito nunca había representado más del 2% del total de los activos del sistema. En la burbuja reciente, este porcentaje superó en 10%. Además, hay un comportamiento diferenciado de cajas de ahorro y bancos. Mientras que, en términos relativos, para las cajas el crédito a promotores llegó a representar un 13% de sus activos, para los bancos nunca llegó a superar el 8%.

Gráfico 3.7. Crédito a promoción inmobiliaria sobre activos en bancos y cajas

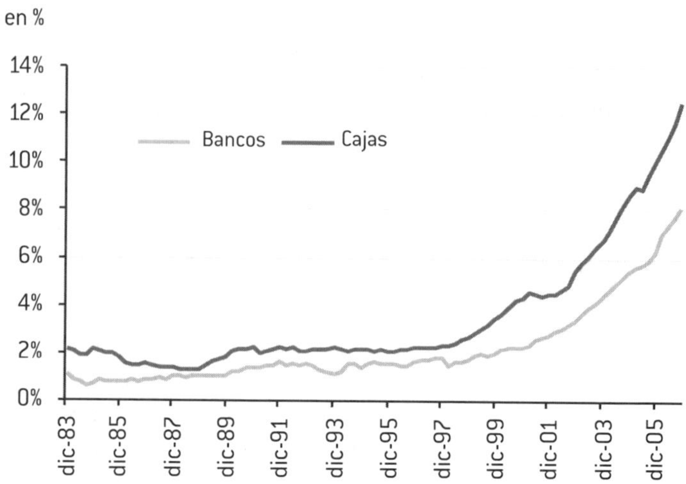

Fuente: BBVA

- *Provisiones anticíclicas relajadas*. Las provisiones anticíclicas son un mecanismo por el cual la banca debe dotarse, cuando la economía va bien, de unas provisiones de fondos en previsión de ciclos negativos. Es decir, que deben representar un límite a la concesión de crédito en épocas de bonanza, para que pueda concederse en cambio más crédito en épocas de crisis. Luis Ángel Rojo, gobernador del Banco de España desde 1992, lideró internacionalmente esta buena práctica y estableció provisiones de este tipo, pero a partir del año 2000, cuando éste abandonó el Banco de España, hubo una relajación en este tipo de provisiones. Además, las provisiones eran fiscalmente deducibles, lo que las había estimulado. Pero dicha deducción fue posteriormente eliminada.
- *La caída de los márgenes bancarios*. Ya he citado esta cuestión antes. Los márgenes bancarios son una de las formas de financiarse para los bancos, la diferencia entre los ti-

pos aplicables a los activos y los aplicables a los pasivos. Cuando todos los tipos se reducen, estos márgenes se ven asimismo afectados y limitados. La entrada en el euro tuvo precisamente ese efecto: provocó la caída de los tipos de interés, tanto a corto como a largo plazo. Para el conjunto de la economía, Administraciones Públicas y empresas no financieras, esa bajada de las primas de riesgo fue una bendición. Pero para el sistema bancario esa reducción de márgenes era veneno, lo cual llevó a las instituciones financieras a incrementar el volumen de créditos para compensar la caída de precios, algo que se fue haciendo de manera exponencial: cada vez más y más crédito.

- *Vista gorda ante los elevados* loan-to-value. El *loan to value* (LTV) es el crédito que se concede al prestatario en función del valor del activo adquirido, por ejemplo, el valor de la vivienda. Es decir, el porcentaje del valor que es financiado por la entidad crediticia. La otra parte, la que aporta el comprador en el momento de la compra, es lo que en el caso de la vivienda en nuestro país hemos llamado siempre «la entrada», un término muy arraigado en nuestro hablar popular (el término inglés es *down payment*). El caso es que en aquellos años el *loan to value* saltó por los aires, sobrepasándose todas las normas habituales de precaución, llegándose en no pocos casos hasta el 100% de financiación del valor de las viviendas por parte de los bancos, e incluso superando este nivel para facilitar la compra de otros activos complementarios o bienes de consumo accesorio (reforma de la vivienda, muebles, electrodomésticos, vacaciones...). En la tabla 3.4 se recogen, para datos de 2009, los porcentajes de LTV concedidos por el total de entidades de depósito distinguiendo por tipo de contraparte (empresas, hogares, otros sectores y no residentes). El 16,3% de los créditos concedidos a los hogares tenían un *loan to value* cercano al 100%, e incluso para un 2,2% de «afortunados» se superaba este umbral. Es interesante constatar que esta descomposición agregada no era muy diferente entre bancos y cajas, aunque éstas eran ligeramente más generosas (un 15% y un 18% de créditos con LTV cercano al 100%, respectivamente).

Tabla 3.4. *Loan to value* de las entidades de depósito (% de préstamos concedidos)

	Total	Empresas y empresarios individuales	Personas físicas hogares	Otros sectores	No residentes
LTV<50%	31,4	35,4	28,0	31,2	36,5
50%<LTV<80%	52,7	51,6	53,5	50,6	57,3
80%<LTV<100%	12,6	8,5	16,3	4,1	4,7
LTV > 100%	3,3	4,5	2,2	14,0	1,5
TOTAL	100	100	100	100	100

Fuente: Banco de España

¿Qué hubiera ocurrido si se hubiera limitado el LTV al 50%? Probablemente una buena parte de los hogares no habría podido acceder a ese crédito hipotecario.

Por el contrario, con este modo de actuar el ciudadano en general estaba, evidentemente, encantado. Representaba una facilidad para lo que para muchos era el sueño de su vida. Y no digamos a las entidades financieras. También gustaba a los políticos, porque suponía una especie de «acceso a la vivienda para todos», otra versión de lo que se conoce como «capitalismo popular».

Hay que reconocer que en este terreno aparecen ya las primeras restricciones políticas que los economistas muchas veces ignoramos. Establecer mínimos de *down payment*, una entrada mínima, o, lo que es lo mismo, limitar el *loan-to-value* vendría a ser un modo de limitar el acceso a la compra de vivienda para las personas con menos capacidad de renta. Por tanto, podría interpretarse como una medida poco popular o elitista. Pero lo cierto es que el elevado *loan to value* y el insuficiente *down payment* representan un riesgo financiero muy grande, una auténtica bomba de relojería, que con el tiempo se ha comprobado que acaba estallando. Pero, lo dicho, en aquel momento para un gobernante legislar en el sentido contrario a como se estaba actuando por parte de las entidades financieras hubiera resultado notablemente impopular. De ahí la importancia de tener unos reguladores financieros, tanto nacionales como europeos, que no estén sujetos a estas restricciones políticas.

- *Tasadoras en manos de los bancos.* El hecho de que sean los propios bancos quienes asuman la función de tasar las viviendas que han de financiar representa un incentivo para hinchar los precios y los créditos. Se produjo una exagerada sobrevaloración de los inmuebles, y con ella, un mayor volumen de crédito.
- *Ausencia de la dación de pago.* En España no se utilizaba la ahora tan demandada figura de la dación en pago. Si hubiera existido en aquel momento, ello hubiera permitido que se hubieran elevado los precios de los créditos y hubiera descendido el volumen de hipotecas concedidas. Evidentemente, si el banco se hubiera enfrentado a una ley en este sentido, se hubiera autolimitado a la hora de conceder los créditos. La dación en pago no es, por tanto, sólo una cuestión de justicia, como ahora se reivindica con toda la lógica. También hubiera sido *ex ante* un freno muy útil para el exceso de crédito inmobiliario que se concedió en esa época. Pero lo cierto es que, por mucho que la cuestión lleve figurando bastante tiempo en la agenda informativa desde que estalló la crisis, en aquel momento a ningún economista se le ocurrió la idea, incluso en tiempos en los que ya se hablaba de burbuja y a pesar de ser una medida que, ésta sí, hubiera sido «popular», por haberse podido

vender como una medida de defensa del prestatario frente a la entidad financiera. No recuerdo a ningún economista defender entonces la dación en pago. Una vez más, los economistas nos merecemos también una buena parte de las críticas. Yo, desde luego, no las eludiré.

- *Permitir las cláusulas suelo a los préstamos hipotecarios.* Mediante esta cláusula, las entidades financieras se cubrían ante posibles bajadas de los tipos de interés hipotecarios, y traspasaban ese riesgo a los consumidores, muchas veces sin su conocimiento. Ello hizo que la oferta de crédito fuera más generosa. Eliminando las cláusulas suelo *ex ante*, los bancos hubieran sido más cautos al conceder créditos.
- *Permitir alargamientos de plazos con hipotecas a treinta, cuarenta o más años.* Lo de conceder hipotecas a tan larguísimos plazos es una auténtica trampa, porque lo que aparentemente sirve para abaratar el crédito hipotecario, o el peso mensual que sufre el comprador, al ser la cuota mensual más pequeña, termina provocando que en realidad la deuda sea mayor para las familias, al alargar el horizonte de pago de la misma, y aumenta el peso de los intereses. Además, eleva el riesgo de impago del agente endeudado, dado que en un periodo largo la probabilidad de que tenga lugar una severa recesión es más alta.
- *Incentivos fiscales.* Además de todas estas cuestiones citadas relativas al ámbito financiero, se produjeron factores de índole fiscal que también influyeron en el incremento de la concesión de crédito, tanto inmobiliario (lo cual tuvo, como tantas de las cuestiones a las que nos estamos refiriendo, una clara incidencia en la creación de la burbuja inmobiliaria), como a empresas. Particularmente, los incentivos que se concedieron fueron a la compra de vivienda en forma de deducción y a la inversión empresarial, un tipo de incentivo que, una vez más, hemos de alertar que, en sí mismo, puede tomarse como positivo, siempre que no conduzca a determinados excesos.

- *Mayor competencia bancaria.* Que haya competencia en general es bueno, porque abarata los precios de los productos para el consumidor y aumenta la producción y el empleo, reduciéndose el paro estructural. Sin embargo, en el marco del sector bancario y en una época de excesos financieros puede funcionar mal. La feroz competencia en este caso provocó una fuerte pugna entre las entidades por ganar volumen de crédito, lo cual llevó a que el margen entre euríbor e hipotecario se estrechara enormemente, tal y como se aprecia en el gráfico 3.8, lo cual contribuyó a que hubiera un mayor *boom* todavía de demanda de crédito hipotecario.

Gráfico 3.8. Diferencial del crédito hipotecario para adquisición de vivienda (%)

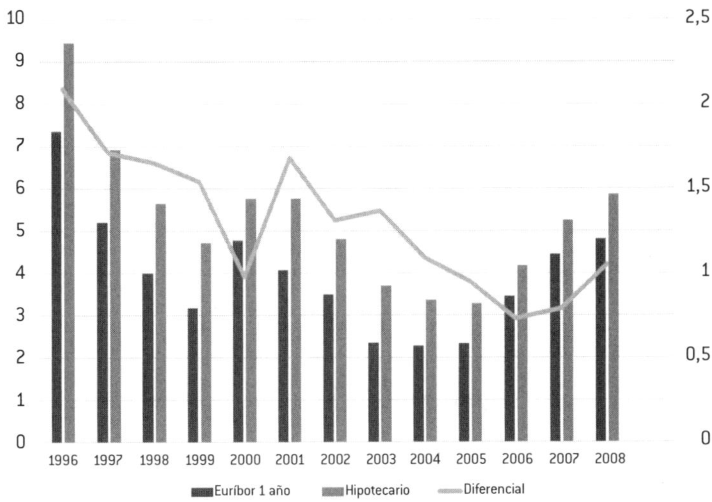

Es fácil comprobar mirando este listado de factores condicionantes del incremento de crédito en España en aquellos años, que muchos de ellos guardan estrecha relación con el sector inmobiliario y la burbuja que en este contexto se produciría. Fue un círculo vicioso: la burbuja inmobiliaria alimentó la burbuja de crédito porque la

> construcción y compra crecientes de viviendas exigen lógicamente una mayor demanda de crédito; y a su vez, la burbuja de crédito estimula la burbuja inmobiliaria, porque un crédito más barato como el que se ofreció en aquellos tiempos alimentaba por sí mismo la demanda de vivienda, y facilitaba que subieran sus precios.
>
> Finalmente, como ya es sabido, este círculo vicioso en el que ambas burbujas se retroalimentaban mutuamente, se dio la vuelta en 2008.
>
> Por tanto, se trata de una competencia que, aunque a corto plazo puede aparentar ser beneficiosa para el consumidor, a largo plazo introduce más riesgos en el sistema que acaban pagando el consumidor y el contribuyente en caso de un pinchazo de la burbuja y del consiguiente *credit crunch*.

Así que parece que, una vez más, ha tocado citar la cuestión de la burbuja inmobiliaria en nuestro país. Resulta inevitable. Todos los caminos nos llevan a Roma, y constantemente a lo largo de este capítulo relativo al exceso de crédito hemos terminado haciendo alusión a esta burbuja, ya fuera porque nos referíamos a esa vista gorda que se tuvo ante los elevados *loan-to-value*, a los enormes plazos otorgados para los pagos de las hipotecas, a la ausencia de la figura de la dación en pago, o a las consecuencias que trajo consigo la gran expansión monetaria del BCE o la debilidad del euro.

Creo que ha llegado el momento de abordar el tema de la burbuja inmobiliaria.

4

LA BURBUJA INMOBILIARIA

Ya hemos dicho antes que, por sí solos, esos desencadenantes clave para lo que habría de ocurrir como fueron la entrada de España en el euro, o los factores demográficos citados, no tendrían necesariamente que haber dado lugar a la profunda crisis económica que hoy padecemos si no fuera porque se conjugaron con toda una serie de excesos, algunos comunes a otros países y otros característicos de nuestro país, como ese desbordamiento de crédito del que acabamos de hablar.

Por lo tanto, fueron todos esos excesos los que darían lugar a ese cóctel fatal y característico de la economía española, y en el que la burbuja inmobiliaria vino a ejercer de ingrediente definitivo de un *soufflé* de cocción lenta que explota una vez salido del horno.

Además, como con la Coca-Cola, este ingrediente final era el ingrediente secreto. Mientras que la pérdida de nuestra soberanía monetaria en favor del Banco Central Europeo, o las cifras de deuda corporativa, o los datos que demostraban el fuerte incremento de la inmigración en España, o la baja productividad de nuestro tejido económico resultaban perfectamente identificables y de una fría objetividad, los de la burbuja inmobiliaria eran otro cantar en aquellos años finales del siglo XX y primeros del XXI. Porque la burbuja no se aceptaba, no se reconocía, no existía. Hasta que definitivamente se destapó como la responsable final de la fórmula magistral de nuestra crisis económica. La combinación explosiva había mantenido escondida su mecha y por fin nos la enseñaba.

No se nos escapa que el presente capítulo cumple una función fundamental en el conjunto de esta búsqueda emprendida para tratar de comprender cómo hemos llegado hasta aquí y qué es lo que pasó en ese periodo entre 1998 y 2008, en el que se crea, se comienza a inflar y se deja crecer la burbuja, hasta que termina por estallar.

Cuando analicemos el sector inmobiliario hay que arrancar de un punto de partida que consideramos fundamental, a pesar de que tiende a ser obviado en la literatura existente y en la narración de lo que ha ocurrido, al menos en lo que a nuestro país atañe. Me refiero a que hay que partir de una clara distinción entre el concepto de burbuja inmobiliaria y el concepto del *boom* inmobiliario. No cabe duda de que son dos ideas estrechamente interrelacionadas, que se alimentan recíprocamente. Pero son diferentes, conceptualmente hablando. También son diferentes en lo que se refiere a delimitar las responsabilidades políticas de uno y de otro fenómeno. Y muy diferentes también en cuanto a sus consecuencias, por lo que su distinción, que casi nunca se hace, me parece fundamental para entender lo que ocurrió.

De la burbuja al *boom*, o cómo afrontar un problema creando otro mayor

Una burbuja es, por definición, un incremento de precios de un bien, generalmente de un activo, que puede ser real o financiero[1] y que se explica estrictamente por sus propias expectativas de revalorización. Dicho de una manera simple: el precio sube porque la gente espera que suba.

1. Se consideran activos reales: las viviendas, el suelo, las plazas de garaje, los locales, el oro, las joyas, las obras de arte, las antigüedades, etc. Y activos financieros: el dinero, los bonos, las acciones, los seguros, etc.

La dinámica del proceso es fácilmente comprensible: si la gente espera que un bien que sirve como vehículo de ahorro suba de precio, lo compra; ello estimula su demanda y si efectivamente el precio sube, su expectativa se ve satisfecha, las oportunidades de beneficio quedan confirmadas, y si en el proceso de revisión de sus expectativas futuras sigue al alza, sigue comprando. Se produce así, y en función de las propias expectativas, un fuerte incremento de la demanda que continúa tirando al alza los precios. ¿Por qué no continuar entonces con el proceso si hay ganancias de capital? Y así se prolongará sucesivamente el proceso. Por lo tanto, es fácil de apreciar que, aunque pueda haber factores fundamentales que expliquen el aumento de la demanda del activo o que influyan en ella, su evolución se trata, en lo esencial, de un fenómeno puramente especulativo, en el sentido más literal de la palabra.

En el gráfico 4.1 se presenta la evolución de los precios reales de la vivienda (es decir, descontando el IPC) en varios países, incluyendo los que sufrieron burbujas, como España, Estados Unidos e Italia, y otros que no la sufrieron, como Alemania, desde 1996 a 2013.

Nótese que, si no se hubiera descontado todos los años la inflación de bienes de consumo, medida por el IPC, el aumento del

Gráfico 4.1. Precio real de la vivienda (1996=100)

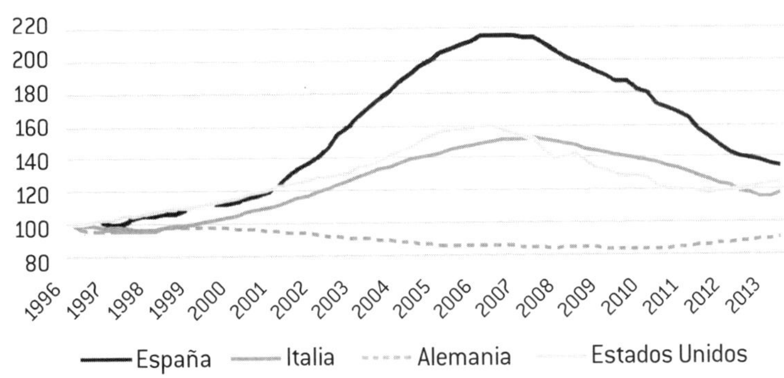

Fuente: Eurostat

el precio real de la vivienda más que se duplicó desde 1996 a 2007. En Alemania el precio real de la vivienda cayó, es decir, la vivienda subió en ese periodo, pero menos que el IPC.

Lo segundo que llama la atención de ese gráfico es que, desde 1996 a 1999, la evolución de los precios reales de la vivienda había sido relativamente parecida en todos los países considerados. Ésa es una señal de que los precios están siendo explicados por factores fundamentales, de oferta y de demanda, que explica esa evolución en todos los países. Sin embargo, a partir de 1999, en España, Estados Unidos y en menor medida Italia, comienza una escalada de precios exponencial, que difícilmente podrá ser explicada a partir de esos fundamentales, lo que se conoce como «burbuja de precios».

La tercera característica de ese gráfico es que, una vez pinchada la burbuja, los precios reales vuelven a su nivel fundamental, que no es muy distinto al que había antes del inicio de la burbuja.

Mientras que la burbuja se refiere a los precios, el *boom* tiene una dimensión estrictamente de cantidades: se trata de un explosivo aumento de la producción de un bien o de los intercambios de un activo. En este caso, se trata de un aumento desorbitado de la construcción residencial, en buena parte explicado por esa evolución de los precios de venta en relación a los costes de construcción.[2]

En consecuencia, en el caso del sector inmobiliario, la burbuja significaría el incremento de los precios de las viviendas y del suelo, mientras que el *boom* implica un masivo aumento en la construcción de nuevas viviendas; lo que coloquialmente entendemos por el *enladrillamiento* del país. Además se produce una particularidad en la naturaleza del bien objeto del *boom* en este sector, puesto que la vivienda tiene una doble dimensión: es un bien de consumo duradero —y como bien de consumo duradero hay quien necesita acceder a la misma por el mero hecho de consumirlo (habitarlo)—, pero también es un activo tradicionalmen-

2. Me refiero aquí a un aumento de la cantidad ofrecida, en una curva de oferta de vivienda que depende del precio de la misma, con pendiente positiva, y de los costes de construcción, incluyendo el del suelo, que la desplazan.

te considerado como «inversión»[3] y, en consecuencia, fácilmente sensible a prácticas especulativas, a expectativas de revalorización, etc.

Esta distinción entre burbuja y *boom* no es gratuita. Puede haber burbuja sin que haya *boom*. Igualmente, cabe matizar que no todo incremento de precios da lugar a una burbuja, por lo que su diagnóstico y su medición es siempre una cuestión subjetiva y discutible. De hecho, muchos economistas, entre los que me encuentro, piensan que las burbujas sólo se confirman cuando se pinchan. Antes de ese momento puedes tener la «sospecha» de que existe una burbuja. Y siempre encontrarás a alguien que niegue su existencia. Pero, cuando se pincha, todo el mundo coincide en que había una burbuja, hasta los que la negaban.[4]

En el caso del sector inmobiliario, el precio de la vivienda puede subir por «factores fundamentales» o, si se prefiere, por factores no especulativos. Entre ellos, la evolución demográfica, el aumento del empleo, un acceso más fácil a la financiación hipotecaria, tanto en su coste como en las condiciones de pago, la desgravación por compra de vivienda o el abaratamiento del coste de financiación de la economía que supuso nuestra entrada en el euro. En el caso español, y dado el peso de nuestra economía sumergida y de la desorbitada cantidad de billetes en circulación a la que más tarde me referiré en este libro, también ocurrió que en el necesario canje de las antiguas pesetas a la nueva moneda hubo mucha gente que, por los motivos que fuera, prefirió apostar por la compra de inmuebles para deshacerse de tales pesetas antes que «retratarse» en su canje por los nuevos billetes en euros. En este punto, también conviene recordar el nerviosismo oficial, fundamentalmente del Banco

3. En contabilidad nacional la compra de vivienda nueva se considera inversión. Y sólo es inversión, y por tanto computa como PIB, en el año en que se construye y se vende como nueva. La compraventa de vivienda usada no se considera ni inversión ni PIB.

4. El genial emprendedor y comunicador Carlos Barrabés me dio un día su propia definición de burbuja: «Hay una burbuja cuando miras a tu alrededor y dices "soy gilipollas"».

de España, para que ese canje se hiciera de forma rápida y ordenada, emitiendo mensajes de «que no se aprovechara ese delicado canje para tratar de localizar o aflorar economía sumergida».

En cualquier caso, la entrada en el euro, la fiscalidad, la demografía y la propia evolución económica, del empleo y de las rentas, justificaba un aumento de la demanda de vivienda que, lógicamente, se tenía que traducir en un incremento de los precios, pero no necesariamente en una burbuja.

Estos factores que favorecen el incremento de la demanda y la subida de precios es lo que se conoce en la literatura económica como los «fundamentos». La cuestión es que, en el caso español, este «componente fundamental» no era capaz de explicar el fortísimo incremento de precios que se estaba produciendo. Se trataba por el contrario de otro componente, el puramente especulativo, el «componente burbuja».

Pero ¿cuánto? Siguiendo una metodología similar a la que utilicé en 2002 para hacer la primera estimación de la burbuja inmobiliaria, hemos estimado un modelo de oferta y demanda de vivienda[5] cuyos resultados se pueden resumir en el gráfico siguiente:

Gráfico 4.2. Precio real de la vivienda en España

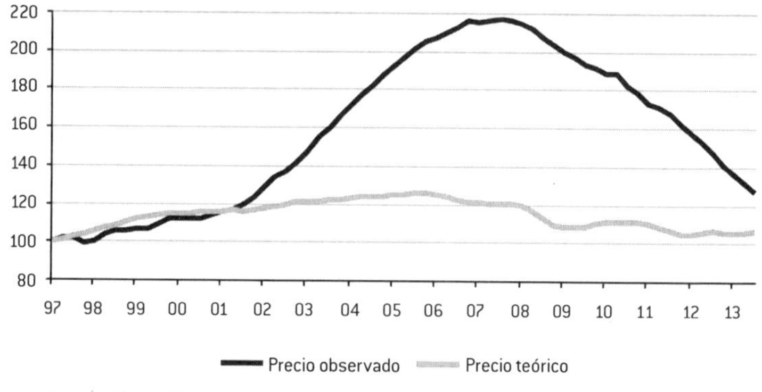

Fuente: Jorge Abad, Universidad Complutense de Madrid (2013) y elaboración propia

5. Véase «Precios de la vivienda: sobrevaloración y burbuja», trabajo de fin de grado de Jorge Abad, dirigido por Miguel Sebastián, Universidad Complutense de Madrid, 2013.

De este gráfico se deduce que los factores fundamentales sólo explicaron un 20-25% de la subida del precio real de la vivienda desde 1997 a 2007. El resto se explica por el «componente burbuja». También se deduce que el fenómeno de sobrevaloración empezó a detectarse en 2001, dos años después de nuestra entrada en el euro. En 2003 ya teníamos un 30% de sobrevaloración que llegó al 100% en 2007. En los primeros años casi nadie aceptó esta metodología y este «concepto de burbuja». Hoy, al ver la evolución real de los precios, que prácticamente han retornado a sus valores fundamentales, casi nadie pone en cuestión que, efectivamente, hubo una burbuja como consecuencia de nuestra entrada en el euro, del exceso de crédito y de los condicionantes demográficos mencionados en los tres capítulos anteriores.

Pero lo más grave no fue esta burbuja sino, como veremos a continuación, que al problema ya de por sí muy serio de la subida de precios no se nos ocurrió como país otra forma de hacerle frente que creando otro problema aún más grave: el *boom* inmobiliario.

En efecto, al enorme negocio, tanto directo como indirecto, de la construcción inmobiliaria, incluyendo el negocio bancario que apostó decididamente por este modelo, se unió la fuerte presión política para frenar la subida de los precios. ¿Y qué forma más rápida de frenar esos precios que aumentar rápidamente la oferta de suelo? El resultado fue un *boom* inmobiliario sin precedentes. Las viviendas iniciadas, que en la anterior burbuja de 1989-1990 (ahora casi suena ridículo llamar a eso una burbuja) habían llegado a las 300.000 unidades al año, en esta ocasión alcanzaron las 760.000 en 2006. En el gráfico 4.3 se observa que un ritmo «normal» de iniciación de viviendas se sitúa en torno a los 220-230.000 anuales.

Gráfico 4.3. Viviendas iniciadas en España

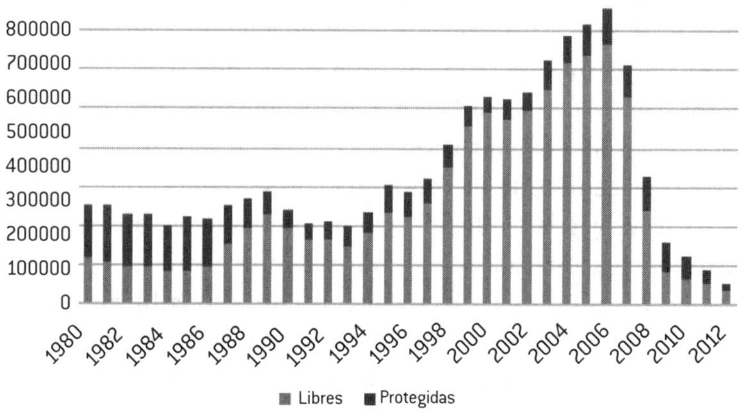

Fuente: Ministerio de Fomento

A principios de 2004 las estadísticas mostraron claramente que en 2003 el número de viviendas construidas en España fue mayor que el número de viviendas que se edificaron en ese mismo periodo en Alemania, Francia, Italia y Reino Unido juntos: más de 600.000 viviendas nuevas al año. Lejos de provocar una alarma generalizada y una llamada de atención de los economistas, reguladores o supervisores, la medida fue objeto de celebración por parte de los políticos, que sacaban pecho de semejante hazaña.

Pocos recordaron que esas viviendas sólo computan como PIB el año que se construyen. Y que, una vez construidas, ya no generan empleo ni rentas recurrentes para la economía.

Alguien puede pensar viendo el gráfico 4.3 que el problema más grave se produjo en los años de Zapatero: 2004-2006. Cuantitativamente parece cierto, pero se trataría de una valoración injusta y errónea. Las viviendas no se inician de la nada. Requieren de planes urbanísticos aprobados con mucha antelación, de permisos y licencias generalmente municipales o autonómicas, y de un proceso de financiación en manos privadas. Resultaría grotesco asignar al Gobierno entrante en 2004 el que montara o desplegara ese *boom* inmobiliario sin precedentes.

Otra cosa es la crítica a si el Gobierno de Zapatero pudo, o supo, o quiso «pinchar» esta burbuja y este *boom*. Pero esta cuestión la voy a abordar más adelante en este capítulo.

¿Fue en España inevitable el *boom* del ladrillo como fiel acompañante de la burbuja inmobiliaria? Desde mi punto de vista, todo apunta a lo contrario. No sólo no tiene por qué responderse a una burbuja inmobiliaria con un *boom* de construcción de viviendas (lo cual, como enseguida veremos, obedecía a una cierta lógica de mercado), sino que además es altamente desaconsejable, como en última instancia procuraremos demostrar. Y ésa debe ser una importante lección para otros países o para futuras generaciones que vivan una situación parecida a la que vivimos nosotros a finales del siglo XX: no responder nunca a una burbuja de precios generando un *boom* para tratar de enfriarla.

BURBUJAS SIN *BOOM*: LOS TULIPANES

Hay interesantes ejemplos históricos significativos para distinguir entre una burbuja y un *boom*, y que demuestran que una cosa no tiene por qué llevar necesariamente a la otra. Entre ellos, el curioso «caso de los tulipanes» en los Países Bajos en el siglo XVII, la burbuja de los Mares del Sur o el mucho más reciente caso de la burbuja *puntocom* del año 2000. En estos ejemplos se trató de burbujas especulativas que provocaron fuertes incrementos de precios pero que afortunadamente no vinieron acompañadas de un *boom* en la producción. Y, por tanto, sus consecuencias fueron mucho menores.

En la Holanda de principios del siglo XVII se produjo la llamada «tulipomanía», uno de los primeros fenómenos especulativos de masas conocidos, y que daría lugar efectivamente a una burbuja económica y una posterior crisis financiera.

Holanda siempre fue un país con particular gusto por las flores, especialmente las exóticas. El tulipán, importado de Turquía, encontró en el terreno arenoso ganado al mar de los Países Bajos unas condiciones idóneas para su cultivo, y a pesar de su aparente nula utilidad (ni olor, ni propiedades medicinales), parece que cautivó por su belleza a la población local, máxime cuando en aquel terreno se producían variaciones cromáticas en las flores cultivadas, dando lugar a irrepetibles tulipanes multicolores, lo que incrementaba su valor. De este modo, el tulipán fue convirtiéndose en un símbolo de ostentación.

La conversión de tulipanes monocromos en flores multicolores provocó el entusiasmo de los horticultores en busca de la rareza exótica, lo cual fue progresivamente incrementando los precios de esos bulbos que eran potenciales flores únicas. La revalorización de los precios fue tal que —y existen registros de ello— se produjeron ventas tan absurdas como la de cambiar una mansión por un solo bulbo de tulipán. El precio del bulbo llegaría hacia 1623 a alcanzar el equivalente a siete veces el sueldo medio anual del país, y para 1635 se llegó al récord de venta de un bulbo: se pagó por él una cantidad que equivalía a cuarenta años de un sueldo medio.

Ante este panorama de crecimiento de precios desorbitado, buena parte de los holandeses decidió probar suerte con el comercio especulativo de tulipanes, viendo que sus beneficios podían llegar a ser del 500% en un brevísimo periodo de tiempo. Además, en 1636 una epidemia de peste bubónica diezmó la población, y la falta de mano de obra multiplicó todavía más los precios, creándose incluso un mercado de... ¡futuros de bulbos! Es decir, de bulbos ni siquiera recolectados, un fenómeno que se denominó *windhandel*, o «negocio del aire» (término que se antoja también muy apropiado para muchas prácticas contemporáneas). Todas las clases sociales se vieron implicadas, los compradores se endeudaban e hipotecaban por adquirir los tulipanes, que directamente entraron en la bolsa de valores.

Pero repentinamente la burbuja estalló. En 1637 se produciría la última gran venta de tulipanes, y pronto ya no hubo manera de encontrar compradores para nuevos lotes. Los precios comenzaron a caer en picado, todo el mundo vendía y nadie compraba, las inversiones no se recuperaban y las bancarrotas se sucedieron.

Gráfico 4.4. Evolución del precio del tulipán Gouda entre 1634 y 1637 (en florines) (escala logarítmica)

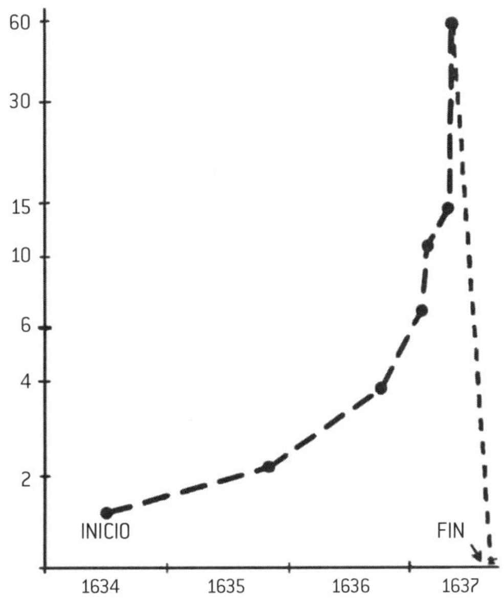

Fuente: Elliot Wave International, 2002

Es cierto que el país llegó a quebrar, pero afortunadamente para ellos, todavía gozaban de su tradicional prosperidad comercial, y el hecho de que, a pesar de la generalizada «locura por el tulipán», la economía holandesa no dependiera exclusivamente de este cultivo le facilitaría la recuperación. Esto fue así porque precisamente la burbuja (de precios) no vino acompañada de un *boom* (de producción): se había generado un enloquecido comercio especulativo de bulbos de tulipán, pero ni la producción del país ni el conjunto de la actividad económica se centraron de manera casi exclusiva en este activo. ¿Se imaginan un Gobierno holandés con la complicidad del sector financiero, del agrícola y de los propietarios de tierras que, ante el crecimiento de los precios de los tulipanes, dedicara todos los recursos naturales, presentes y futuros, del país a la producción de bulbos? Es decir, a pesar de sus similitudes con el sector inmobiliario (en ambos casos se necesitan seis o siete años para convertir bulbos en flores, o suelo en vivienda construida), afortunadamente para ellos no se les ocurrió reorientar toda la producción nacional y centrar sus recursos en plantar toda Holanda de tulipanes. Es verdad que se produjeron enormes pérdidas, bancarrotas y quiebras, pero, sin tener un *boom* de producción, el país pudo aprovechar otros recursos para salir adelante y superar su original crisis financiera tras el desplome de los precios y la ruina de muchos ahorradores.

Si nos hemos extendido algo en este particular caso histórico es porque es interesante por tres motivos. Primero, porque resulta perfectamente ilustrativo de lo que puede ser una burbuja especulativa no acompañada de un *boom*. Segundo, porque una burbuja puede surgir, incluso, con un activo tan aparentemente inútil como un bulbo de tulipán, lo cual puede resultarnos curioso, incluso simpático. Y tercero, porque, a pesar de todo lo que aconteció, todavía sigue habiendo economistas e historiadores que defienden que en la Holanda de los tulipanes no hubo una burbuja como tal sino un aumento «fundamentado» en la demanda y en las preferencias de sus ciudadanos.

¿Era bobo Newton?

A principios del siglo xviii, el Tratado de Utrecht cedió a la compañía británica de los Mares del Sur (South Sea Company) el monopolio del comercio británico con las colonias españolas en América del Sur y las Indias Occidentales. Los gestores, que también lo eran de la deuda de la guerra contraída por el Reino Unido, hicieron generar la expectativa de que dicha empresa iba a tener cuantiosos beneficios derivados de su poder monopolístico y del aumento esperado de dichos flujos comerciales. El resultado fue una euforia compradora por parte de los inversores. El valor de las acciones de la compañía pasó de 128 a 550 libras en apenas los cinco primeros meses del año 1720 (véase el gráfico 4.5). Lejos de dar vértigo a los inversores, ello provocó unas expectativas de revalorización que atrajeron a más y más ahorradores, que además querían formar parte de la élite política y financiera que había apostado por este activo. En agosto de 1720 la cotización había llegado a las 1.000 libras, cuyo valor presente equivale a un millón de libras actuales. A partir de septiembre el precio se empezó a desplomar y los que se habían endeudado para comprar tan preciado activo empezaron a vender rápidamente, acelerando el desplome, situándose finalmente en las 100 libras, un 10% del valor alcanzado en el pico de los precios. Es decir, una pérdida del 90% para los que hubieran comprado en el precio más alto.[6]

Gráfico 4.5. La burbuja de South Sea (junio de 1720)
(escala logarítmica)

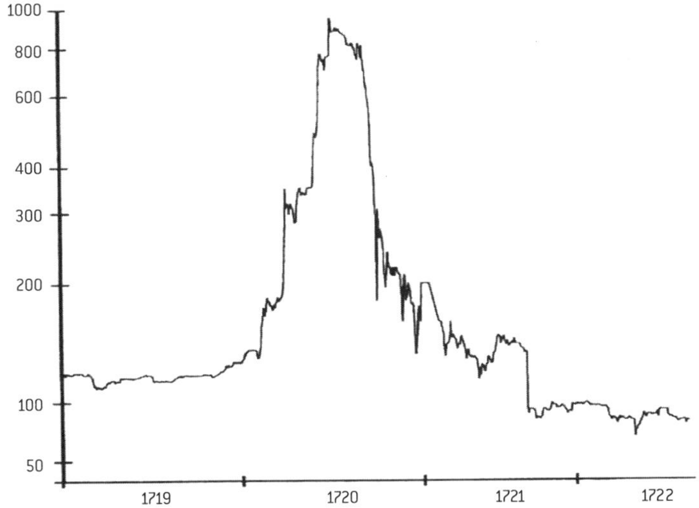

Fuente: Elliot Wave International, mayo de 1997

6. Sirva como referencia curiosa el que los ahorradores que invirtieron en productos de Lehman Brothers, quebrada en 2008, han recuperado entre un 30 y un 40% de su inversión.

Mucha gente, de todas clases sociales, pero especialmente de la clase más alta, se vio afectada por esta burbuja. Entre los accionistas que se arruinaron estaba Isaac Newton, quien después de haber obtenido una plusvalía de 7.000 libras en abril de 1720, acabó perdiendo 20.000 libras. Más tarde, declaró: «Puedo predecir el movimiento de los cuerpos celestes, pero no la locura de las gentes».

La lección de esta burbuja es doble: en primer lugar, que las burbujas sólo se confirman cuando se pinchan. Y la segunda, que incluso las personas más inteligentes de la historia, como fue el caso de Newton, se pueden ver arrastradas por una burbuja, aunque éstas no tengan un carácter racional.

Mucho más cercana resulta la burbuja *puntocom* del año 2000, muy presente seguro todavía hoy en la memoria de un buen número de personas porque la sufrieron en carne propia. Se trató, asimismo, meramente de una burbuja de precios tal y como recoge el gráfico 4.6. De una burbuja sin *boom*. Surgió de una fuerte oleada de compras de acciones tecnológicas ante las expectativas de los inversores de que las empresas de este sector (recién creadas en su mayoría) verían rápidamente incrementadas sus ganancias. Pero el *crash* bursátil no tardó en llegar. En plena euforia, se produjo una paralización de las ventas, algunas empresas dejaron de recibir inversiones, varias de ellas quebrarían poco después, las que pretendían debutar en bolsa cancelaron su salida y las supervivientes vieron desplomarse su valor. En España es recordada particularmente la fiebre por la compra de acciones de Terra y su posterior desplome.[7]

7. El 14 de febrero de 2000 las acciones de Terra alcanzaron su valor máximo: 157 euros. En esa época las presentaciones de algunos analistas auguraban que dichas acciones alcanzarían los 300 euros. Pero un año y medio más tarde sólo valían 20 euros, y en 2005 apenas 2,75.

Gráfico 4.6. Índice Nasdaq (1996-2002)

Fuente: Nasdaq

Pero el caso de las *puntocom* fue también el de una burbuja de precios que no vino acompañada de un *boom*; mucha gente sufrió pérdidas de mayor o menor cuantía, pero el conjunto de la economía no se resintió: ni aumentó el paro ni se produjo un impacto generalizado en el conjunto de la industria, ni en el consumo ni en la inversión.

Seguramente el recuerdo de este caso escocerá en heridas todavía abiertas, pero sus consecuencias están muy lejos de revestir la gravedad del caso de la burbuja inmobiliaria porque, al contrario de los dos ejemplos anteriores, ésta sí vino acompañada de un *boom*.

Aquí hay que situarse en aquellos primeros años del Gobierno del Partido Popular. El fenómeno de la subida de los precios de la vivienda empezaba a ser notoriamente visible, aunque ello no tenía por qué obedecer necesariamente a la existencia de una burbuja inmobiliaria; tal y como se explicaba antes, los incrementos de precios bien pueden derivarse de los llamados componentes fundamentales. Y buena parte de los análisis que se hacían justificaban este aumento de los precios en la propia marcha de la economía. Era una parte del «España va bien», el eslogan nacido en 1997, y una muestra de la confianza de los españoles y de los extranjeros en nuestra economía y en nuestro futuro.

Sin embargo, el crecimiento de los precios era exponencial, y tales componentes fundamentales, que podían explicar la subida del precio real de la vivienda desde 1997 a 2000 (de en torno a un 20%), no parecían ser capaces de explicarlo a partir de entonces. Tampoco desde el Gobierno o desde el Banco de España parecían detectarse, o querer detectarse, indicios de prácticas especulativas que apuntaran a una burbuja.

Es cierto que había una preocupación por el precio de la vivienda, pero ésta no era económica sino política. Porque como la vivienda cumple, además de su función de activo rentable, una función de bien de consumo duradero por su habitabilidad, el incremento del precio de la vivienda, que era aplaudido y disfrutado por los que ya habían invertido en ella, empezaba a ser una barrera para los que todavía no habían accedido a una, fundamentalmente los jóvenes. Las encuestas del CIS empezaban a revelar que el «excesivo precio de la vivienda» comenzaba a ser una prioridad para muchas capas sociales, y un elemento que podía pesar en las elecciones municipales y autonómicas de 1999. Y, ante esa preocupación política, ¿cuál fue la reacción del Gobierno de Aznar y Rato? Pues posiblemente la peor de todas: construir y construir. Así, a principios de 1998 el Gobierno del PP aprobó una nueva Ley del Suelo como vía para frenar la escalada de precios. La principal novedad de la Ley 6/1998, de 13 de abril, sobre régimen del suelo y valoraciones era que declaraba cualquier suelo urbanizable. Era, así, una ley fuertemente liberalizadora, que propició una frenética actividad recalificadora por parte de los ayuntamientos y de las Administraciones Públicas, el desmedido aumento de la superficie real urbanizable y un fortísimo auge de la construcción de viviendas. Frente a la burbuja se responde con un *boom*. Un *boom* aplaudido por muchos economistas, alborozados por esta «liberalización».

La lógica en la que se apoyaba esa ley resulta sencilla: ante el incremento de la demanda, se responde favoreciendo el incremento de la oferta. Lo que no entendió el Gobierno, o no quiso entender, es que no se iban a comprar viviendas porque fueran algo más baratas, sino más bien por todo lo contrario, porque eran bienes sobre los que existían expectativas de revalorización y, por tanto, con intenciones de inversión y especulación.

Lo que sí es probablemente cierto, por la lógica del mercado, es que la Ley del Suelo consiguió mitigar en cierta medida los incrementos de precios, aunque eso no la convertía, ni mucho menos, en una buena estrategia. Es verdad que, sin dicha ley, los precios hubieran subido inmediatamente todavía más, provocando una burbuja de precios de mayores proporciones. Pero, a cambio de ese efímero enfriamiento de precios, se provocó lo que aquí hemos definido como el gran *boom* del ladrillo, ese segundo problema añadido e intensamente dañino para la economía. El Gobierno español, en ausencia de la política monetaria, ya en manos de un BCE novato y escaso de análisis, podía haber intentado atajar la burbuja con medidas regulatorias del sector financiero o con la eliminación de la desgravación por compra de vivienda. Pero ésas hubieran sido medidas impopulares y no las tomó, prueba de que las decisiones estaban totalmente dominadas por la lógica política cortoplacista, y no por la lógica económica a medio y largo plazo.

Tras el placer, la resaca

Burbuja y *boom* tienen algo en común: ambos son muy placenteros. Mientras duran. Y es que, ¿acaso no le gusta a todo el mundo que suba el precio de lo que ha comprado, sobre todo si se trata de una inversión y encima nos hemos endeudado para adquirirlo? Nos encanta a todos. Incluso aunque no sea necesariamente una vía de obtención de beneficios económicos, también resulta placentero a un nivel llamémoslo anímico. Es decir, incluso al ciudadano que no hace efectiva la ganancia de capital por la revalorización de su vivienda, porque habita en ella y no desea venderla, el hecho de observar cómo crece el precio de su propiedad le proporciona satisfacción: se siente más rico, desea consumir más de todo. No duda de su buena decisión financiera. Pensemos también en aquellos, no muchos, que tuvieron que vivir de alquiler porque no pudieron comprarse una casa. Tenían una sensación, alimentada una y otra vez desde los entornos financieros y mediáticos, de que «alquilar era tirar el dinero». Porque, por la misma cantidad mensual, accedías a una vivienda en propiedad y que además se revalorizaba, con lo cual ganabas dinero. Y para la gente que tenía ahorros, ¿qué mejor lugar para invertir que una propiedad inmobiliaria? La vivienda es una inversión segura, se decía. No está sujeta a los vaivenes de la bolsa. Y tiene una rentabilidad mucho mayor que los bonos o los aburridos activos monetarios. Si todo ese ahorro se hubiera canalizado, a través del mercado de capitales, a actividades más productivas, nos hubiera ido mejor a todos y hoy no estaríamos donde estamos. Pero el drama español es que incluso ese mercado de ahorro, que se supone debe asignar los recursos financieros eficientemente, también está dominado por sectores empresariales que apostaban por el *boom* inmobiliario, fundamentalmente los bancos.

En efecto, del *boom* inmobiliario no sólo se beneficiaba el sector de la construcción. Las constructoras y las agencias inmobiliarias, con sus fotos de chalets y pisos de ocasión que empapelaban sus escaparates, florecían como los bulbos holandeses hasta en los más recónditos pueblos de la geografía hispana. También lo hacía la banca, el sector energético, las empresas de telefonía, la industria del mueble, de la cerámica, del cemento, del vidrio, del transporte, de la maquinaria, de las herramientas, del textil. Y los notarios, los registradores, los arquitectos, las tiendas de muebles, los decoradores, y hasta la ferretería de la esquina o los restaurantes y sus menús del día. Y no digamos las Administraciones Públicas. Para ayuntamientos y Comunidades Autónomas, más de la mitad de sus ingresos procedían de manera directa o indirecta del *boom* inmobiliario. Mejoraban las cuentas públicas y los ayuntamientos se llenaban de recursos que podían dedicar a mejorar las condiciones de vida de sus ciudadanos e incluso ir más allá, invirtiendo en infraestructuras de dudosa productividad y utilidad, e incluso en ornamentaciones de escaso gusto.

La actividad económica generada por el *boom* alcanzaba a tantos sectores de actividad y afectaba a tanta gente de manera gustosa, que sentirse cautivado por él sin mayores cuestionamientos resultaba tremendamente sencillo. Estábamos ante el «milagro español». Tan exitoso que algunos países, como México, mostraron interés en copiar este desarrollo hipotecario español. Y allí estaban los bancos españoles, recién aterrizados en el liderazgo del sistema financiero azteca, para enseñarles cómo hacerlo. Afortunadamente para ellos el *default* ruso y las consiguientes crisis brasileña y argentina impidieron la «exportación» a esos países de este disparatado modelo.

Porque, en efecto, la burbuja y el *boom* son placenteros mientras duran. Los problemas habrían de llegar cuando se pinchó la primera y se frenó en seco el segundo. Los placeres experimentados dieron paso a la inevitable y amarga resaca. La fiesta se acabó de golpe. Y sin aviso.

¿Qué hacemos con los tulipanes?

Así que tenemos el país «plantado con tulipanes» de norte a sur, de este a oeste, y toda nuestra economía depende de las bellas flores multicolor. Sustituyamos los tulipanes por ladrillo, mucho ladrillo, y nos encontraremos observando la realidad española de principios de este siglo.

Finalmente, como ocurrió en los Países Bajos en 1637, la burbuja pincha. Ya nadie compra, sólo quiere vender. Resultado: pérdidas, bancarrotas, quiebras. Eso sucedió en los Países Bajos en 1637 y eso sucedería en España a partir de 2008, con el agravante de que en nuestro caso hay un desencadenante tan temible como fue el desplome del sistema financiero mundial.

A pesar de nuestro «milagroso» crecimiento de los años anteriores, repentinamente quedan al descubierto nuestras vergüenzas, ya que, mientras en los Países Bajos del siglo XVII no ocurría que la mayor parte de la actividad del país girara en torno a los famosos bulbos, en nuestro caso lamentablemente sí se puso en evidencia una fuerte dependencia del ladrillo. Esa burbuja inmobiliaria, acompañada de un *boom* en la construcción, sector con una enorme capacidad de arrastre de la actividad económica global, había nutrido el crecimiento económico de un país embelesado en la bondad de sus indicadores macroeconómicos. Pero el sueño se había interrumpido: los bulbos de flores multicolores dejaron de ser económicamente milagrosos y ya no sabemos qué hacer con tanto tulipán.

Por eso insistimos en la idea de que, en el caso español, se produce un doble problema cuando pincha la burbuja: al provocado por el pinchazo en sí de los precios de la misma, se une el derivado por el final de un *boom* que implica la paralización de una producción de la que el país se ha vuelto dependiente. El primero, ya lo hemos visto, es dañino, provoca fuertes pérdidas económicas y bancarrota en los inversores. El segundo es todavía peor.

Lo cierto es que el pinchazo de una burbuja de precios no tiene por qué crear paro masivo; en la burbuja *puntocom* efectivamente mucha gente perdió dinero, se constataba que esas prácticas especulativas no salieron bien, y se perdió riqueza (cierto es que se trata de una riqueza que nunca existió realmente, es lo que tienen las burbujas). Sin embargo, el empleo en aquel año 2000 continuó creciendo en España y en otros países afectados, independientemente del pinchazo de aquella fiebre por las «inversiones» en acciones tecnológicas.

Sin embargo, el final de un *boom* sí es demoledor a efectos de empleo, y muy particularmente lo es en un sector tan relevante y tan intensivo en empleo como el inmobiliario. No se trata sólo de la parálisis de la construcción, sector que, según las estadísticas, representaba más del 10% del PIB; sus efectos sobre el empleo y la economía hay que computarlos en otras muchas actividades, dada la ya mencionada capacidad de arrastre del mismo.

La demanda de la construcción es vital en sectores como energía, consultoría técnica en arquitectura e ingeniería, servicios jurídicos y de contabilidad, alquiler de maquinaria y enseres domésticos, servicios de intermediación financiera, transporte terrestre, comercio al por mayor, maquinaria y material eléctrico, productos metálicos, cemento, madera...

En la tabla 4.1 se recoge, a partir de las tablas Input/Output correspondientes al año 2000, la importancia relativa del sector de la construcción en la demanda de muchos sectores de la economía, muy por encima de ese 10% de peso relativo promedio de la construcción en el total del PIB. Así, por ejemplo, la construcción representaba el 62% de la demanda intermedia en aparatos domésticos y el 86% de la demanda intermedia en artículos de cerámica. Pero también representaba más de un 20% de la demanda del comercio, tanto mayorista como minorista.

No cabe duda de que el efecto arrastre del freno del *boom* y la parálisis del sector de la construcción resultó fatal. En consecuencia, lo que realmente estamos sufriendo en nuestras carnes en la crisis no es tanto el pinchazo de la burbuja de precios, aunque es lo que tiende a decirse habitualmente para describir el fenómeno vivido, sino el final del *boom* inmobiliario. De ahí la insistencia en diferenciar entre ambos conceptos.

Tabla 4.1. Importancia de la construcción en la demanda intermedia (tablas input/output de 2000)

Aparatos domésticos	62%
Artículos de cerámica	86%
Madera	25%
Comercio al por mayor	20%
Comercio al por menor	21%

Fuente: INE

Además, es precisamente en la creación del *boom* cuando podemos empezar a hablar con total claridad y sin ambages del reparto de las responsabilidades políticas.

¿Se podía haber evitado?

Sobre la creación de una burbuja especulativa de precios resulta difícil hacer recaer responsabilidades de índole política (aunque quizá sí pudiéramos hablar de responsabilidades por no pincharla a tiempo, un tema que abordaremos más adelante). En la burbuja existen posibles desencadenantes que ya se han ido citando en apartados previos, o cuando menos una serie de factores propiciatorios del incremento de los precios: factores demográficos vinculados principalmente al fuerte incremento de la inmigración, la entrada en el euro, etc. Las responsabilidades políticas no se vislumbran aquí claramente, más allá de haber mantenido la desgravación fiscal a la compra de vivienda, haber eliminado la del alquiler y haber promovido el cambio de la financiación hipotecaria de tipos de interés fijos a variables. Todo ello se hizo bajo el Gobierno del PP en 1996-2000. Siendo benévolos con dicho

Gobierno, pese a su política fiscal, podríamos eximirles de responsabilidad en la burbuja de precios considerando que lo que ocurrió esos años en realidad fue un incontrolable incremento de la demanda de vivienda, alimentada por una incontrolable expectativa de revalorización de dichos bienes tras la entrada en el euro. Y así el Gobierno queda eximido de cualquier responsabilidad política. Pues son los bancos centrales los responsables de hacer frente a estas burbujas de activos. El problema en España se agrava porque el BCE era de reciente creación y porque el Banco de España, que sí debió ver la burbuja, había perdido sus instrumentos de política monetaria. El primero, el BCE, intentará escaparse argumentando que la burbuja inmobiliaria sólo afectó a algunos de los países de la zona euro, como Irlanda y España, y al recién nacido banco central le preocupa el conjunto de la zona euro y no lo que pueda pasar en uno o dos países aisladamente. Pero ya vimos en el capítulo 3 que la burbuja de crédito fue en buena parte causada por una política monetaria que fue excesivamente expansiva, no sólo para los países de la periferia, sino para el conjunto de la zona euro. También podrá argumentarse que la ausencia de un supervisor financiero europeo, que podría haber alertado de esa acumulación de riesgo sistémico, tampoco ayudó. Y que el papel de las agencias de *rating* fue, una vez más deplorable, al asignar la máxima calificación a la deuda española, tanto soberana como corporativa, avalando de esta forma la sostenibilidad y fortaleza del «milagro español».

Por tanto, siendo generosos se puede eximir al Gobierno de Aznar de la burbuja de precios inmobiliarios. Pero con respecto al *boom* sí cabe apuntalar responsabilidades políticas claras. En España, el *boom* inmobiliario experimentado a partir particularmente del año 1998 encuentra indudablemente su origen en la Ley del Suelo del Gobierno de Aznar y su extensión posterior a todas las Comunidades Autónomas, que eran las que tenían las mayores competencias urbanísticas. Una ley de la que, por cierto, negando la mayor, todavía oímos excelencias por parte de los entonces responsables políticos del Partido Popular.

En una entrevista[8] en 2002, el entonces ministro de Fomento, Francisco Álvarez-Cascos, afirmaba:

> Si utilizamos la palabra liberalización, estamos haciendo una interpretación que no se corresponde con la realidad, porque el mercado del suelo, en general, está en manos privadas. Lo que hay que hacer es agilizar el larguísimo proceso actual de planeamiento y gestión urbanística, que es el sistema que permite convertir el suelo en urbanizable. Me parece mucho más importante eso que, probablemente, el cuerpo normativo. Y en aquellos en que las leyes entrañen alguna dificultad, cambiarlas. Hay que desarrollar un marco normativo más ágil, con menos limitaciones para la gestión urbanística. Además, las Autonomías deberían inspirarse en ese modelo para llevarlo al detalle de toda su competencia, que es la más amplia, en materia de regulación de suelo. Y, por último, los ayuntamientos deben proyectar en su planeamiento el mismo ánimo de agilizar la disponibilidad de suelo.

Agilizar la disponibilidad de suelo. La decisión política fue la de responder a la burbuja de precios con un incremento de la oferta de suelo, apoyándose en la mencionada fuerte presión social para actuar en este sentido: si un bien es universalmente contemplado como una inversión con fuertes expectativas de revalorización, quienes no han comprado pedirán que se enfríe su precio con más oferta.

Hay que insistir en que posiblemente es cierto el argumento de que esa ley pudo mitigar en parte la escalada de los precios de la vivienda. Pero ¿y qué? Va siendo ya hora de reconocer que para solucionar un problema se provocó otro todavía mayor, y que la dedicación al sector inmobiliario de tantísimos recursos del país, incluida la mayor parte de su ahorro, fue una decisión política desafortunada, por no calificarla de nefasta.

8. Se publicó en *ABC* el 1 de diciembre de 2002: «Álvarez-Cascos: "El PSOE oculta que nuestro plan de VPO realizará casi medio millón de actuaciones"».

Un dato lo resume todo: lo que se estaba construyendo en España era más que la suma de lo que se estaba construyendo en Alemania, Francia, Reino Unido e Italia. Y lejos de convertirse en una preocupación nacional, se utilizó como elemento de orgullo patrio.

Y no sólo en su origen o creación, también en su detección hay diferencias de responsabilidades entre la burbuja y el *boom*.

Hay que darse cuenta de que un problema intrínseco de las burbujas, del que alertan siempre los economistas, es que nunca se sabe realmente cuándo van a explotar y, de hecho, hasta que no explotan, no llegan a confirmarse. Puede haber indicios con los que comenzar a detectar que algo está sobrevalorado, pero ya decíamos antes que la sensación generalizada era tan placentera que a nadie parecía importarle: quienes habían comprado estaban encantados, y el problema de quienes no lo habían hecho básicamente consistía en cierta sensación de frustración por no participar en la fiesta.

Y en la detección de la burbuja o en el reconocimiento de la misma también hay en principio responsabilidades políticas. Todos cargan contra el mensajero: si éste sigue alertando de la existencia de una burbuja se ganará el odio de unos y otros: los primeros porque no quieren miedos ni malos augurios; los segundos porque, mientras sigan sin comprobar que se constata la alerta, permanecen pasivamente observando un crecimiento de precios del que no se aprovechan.

Si en un momento dado el precio se hubiera estabilizado, hubiera dejado de crecer, pero se mantuviera en ese nivel alcanzado, tampoco cabría hablar de burbuja. Sólo con el derrumbe se termina de constatar la existencia de esa burbuja que antes los economistas no se atrevían a confirmar, ni de la que muchos sectores estratégicos querían siquiera oír hablar.

Y si con algo de benevolencia se pueden eximir de responsabilidades a los gobiernos del PP en la detección de la burbuja, no se puede hacer ese mismo ejercicio de benevolencia con el Banco de España. A finales del año 2003, como contamos en el capítulo anterior, en aquella reunión celebrada en el Banco de España con toda la cúpula del ente regulador y supervisor, se le aseguró a quien era entonces el jefe de la oposición pero que iba a encargarse de presidir el Gobierno en los meses siguientes, que «no había ninguna burbuja inmobiliaria ni ningún riesgo para el sector financiero en España». La versión oficial se limitaba al hecho de que no existía tal burbuja, tan sólo podría hablarse de «una ligera sobrevaloración de activos» perfectamente justificada, fundamentada por el incremento de la inmigración, la reducción del desempleo y la iniciativa de jóvenes que crean nuevos hogares favorecidos por la bonanza económica, todo lo cual favorecía el incremento de la demanda y justificaba la subida de precios y el incremento de construcción. Y todos tan contentos.

Pocas semanas después de esa reunión y comida, el *Boletín Económico* del Banco de España correspondiente a enero de 2004 señalaba lo siguiente:

> El mantenimiento de los bajos costes de financiación permitió que la carga financiera continuase en niveles moderados. A pesar de la expansión de los pasivos contraídos, la riqueza neta de los hogares continuó avanzando, gracias a la revalorización de la vivienda y al ascenso de las cotizaciones bursátiles. En consecuencia, los indicadores disponibles sobre la situación financiera de los hogares sugieren que ésta sigue siendo sólida.

La burbuja inmobiliaria seguía sin existir para el Banco de España, cuatro años después de su inicio.

Ni hablar de la burbuja

Nos parece patente que la Ley del Suelo de 1998 y su posterior desarrollo autonómico y local, que implicó una manera de hacer frente a la burbuja creando un *boom*, así como la eliminación de las ayudas a los alquileres, amén de la minoración de mecanismos de supervisión y control de riesgos, son directamente atribuibles al periodo de Gobierno de José María Aznar, por mucho que los representantes del Partido Popular, tan dados al cuestionamiento de la gestión posterior, no parezcan nada proclives al sano ejercicio de la autocrítica. En una comparecencia en 2013 en el Congreso de los Diputados del presidente de la AEB, que antes había sido subgobernador del Banco de España, Miguel Martín, manifestó que «una de las causas fundamentales de la creación de la burbuja inmobiliaria fue el cambio legal que impuso el Gobierno de Aznar a las entidades para facilitar el cambio de tipos fijos a variables. Esta medida abarató los préstamos».

Con ellos nacería y crecería incontroladamente el *boom*, pero hay que darse cuenta de que, más allá de la opinión que nos merezca ahora aquella decisión política, también hay que recordar que en aquel momento la «liberalización» fue una medida aplaudida por muchos economistas como manera de frenar los precios y «popularizar la vivienda en propiedad». Era asimismo un momento en el que estaba especialmente reconocido ese mensaje que tanto caló en la mentalidad colectiva de que nada mejor que una vivienda en propiedad, porque «eso de alquilar es tirar el dinero».

Pero no sería justo tampoco limitar la cuestión de responsabilidades al Gobierno del Partido Popular, responsables políticos del país entre 1998 y 2004, años en los que el *boom* inmobiliario nació y creció incontroladamente. La autocrítica debe extenderse sin lugar a dudas al periodo 2004-2008, con el Gobierno del Partido Socialista; también a los economistas, que no demostraron ser capaces de ver lo que habría de ocurrir, y asimismo al *conjunto* de una sociedad española, incluyendo el tejido empresarial, cómodamente instalada en prácticas especulativas y en el endeudamiento despreocupado. Una autocrítica que personalmente a mí me corresponde por triplicado: como responsable político, como economista y como ciudadano español.

La observación de lo que ocurrió en ese periodo de poco más de una década antes de 2008, el cómo hemos llegado hasta aquí, es parte de ese ejercicio crítico del que deberíamos extraer alguna receta para intentar que no se repita. Aquí o en otros países.

De lo primero que hay que darse cuenta, como ya se ha señalado en este libro, es que una burbuja es un fenómeno puramente especulativo y sustentado en expectativas de revalorización. Por lo tanto, un modo eficaz de atajarlo sería precisamente «hablar de ella».

Ahora bien, hacia los años 2002 y 2003, no digamos ya antes, nadie hablaba todavía de burbujas inmobiliarias. A posteriori la famosa burbuja se nos ha instalado en el lenguaje cotidiano, junto a otros términos que parece que llevamos manejando toda la vida. Pero repetiremos esta idea, porque conviene hacer memoria: nadie hablaba de burbuja inmobiliaria en los años previos a la entrada en el Gobierno del Partido Socialista, porque nadie parecía verla, o querer verla.

Si en aquel momento hubieran salido a escena creadores de opinión diversos, tertulianos, articulistas, expertos de distintos pelajes, analistas, políticos, economistas, banqueros, empresarios, etc., para afirmar, o cuando menos insinuar, que se estaba produciendo un aumento de precios disparatado en el sector inmobiliario y que había que revertir la tendencia, posiblemente se hubieran enfriado las expectativas y el fenómeno se hubiera frenado. Nada de eso ocurrió. Ahora parece sencillo hablar de ella y exigir responsabilidades, pero entonces no se hacían programas de televisión o reportajes de prensa al respecto, y los poquísimos artículos o textos que apuntaban en esa dirección eran despreciados y atacados, algo que me tocó padecer en primera persona desde el momento en que publiqué desde el área de estudios del BBVA el Informe Inmobiliario 2002, apuntando a la existencia de la burbuja. Hubo voces que directamente abogaron por mi despido. Hablar de la burbuja parecía algo prohibido, estaba mal visto.

Y nadie quería tampoco hablar de ello en los años posteriores. Porque no interesaba. Aquí he de seguir atribuyéndome necesariamente un cierto protagonismo. Acabo de citar mi experiencia como responsable de estudios en el BBVA, y también debo remitirme a determinados artículos en prensa —ahí están las hemerotecas—, artículos que sólo pude publicar una vez abandonada la entidad bancaria para la que trabajaba: fui desde 2002 y 2003 de los primeros[9] en sacar a colación públicamente en España el término «burbuja» y de alertar de riesgos tales como la posible caída futura de los precios que habría de provocar un efecto riqueza negativo, o las dañinas consecuencias sobre la estabilidad del sistema financiero que habría de acarrear el enorme endeudamiento hipotecario.

Sería más tarde cuando el Banco de España recogería el concepto, pero prefiriendo la nomenclatura de «sobrevaloración» a la de burbuja. Ni entonces ni ahora quedan muy claras las diferencias. El caso es que, hablando de este mismo tema en un programa de televisión (*Salvados*, La Sexta, septiembre de 2012), haciendo balance de aquellos años, puse un símil que me parece bastante aproximado y que se ha hecho famoso: aquello era una fiesta masiva, una fiesta que se esperaba iba a durar mucho. Alegre y ruidosa, con mucho alcohol y baile. Pinchar una burbuja equivaldría a apagar la música, sin avisar, en el momento álgido de esa fiesta. No hace falta tener mucha imaginación para prever la reacción de los alegres asistentes a la misma.

La banca tampoco gana

Inevitablemente cabe entrar de nuevo en el delicado territorio que atañe a las entidades financieras. Como ya se ha explicado, el pinchazo de una burbuja afecta directamente a la riqueza de la población que ha comprado los bienes, lo que se conoce en eco-

9. Dos citas de referencia: M. Balmaseda, I. San Martín y M. Sebastián, «Una aproximación cuantitativa a la burbuja inmobiliaria», *Situación Inmobiliaria*, Servicio de Estudios BBVA, 2002; y un artículo de Miguel Sebastián publicado en *El País* el 22 de junio de 2003: «El ladrillo y la burbuja».

nomía como «efecto riqueza de los consumidores». Pero con ellos, tratándose de bienes inmuebles, pierden también los bancos, fruto de la caída en el valor de los activos reales que respaldan los créditos hipotecarios. Y no sólo mediante la vía de sus balances, pues en última instancia los bancos son unos propietarios que ven cómo se devalúan sus propiedades. También habrá otra vía de contagio: se disparará la tasa de morosidad de particulares y empresas que, directa o indirectamente, vivían de la construcción y aledaños y que no podrán pagar sus cuotas hipotecarias o los intereses de sus deudas. Aquí ya no estamos hablando de tulipanes: hablamos de un bien como el de la vivienda, un derecho fundamental para el ciudadano y sustento de un enorme volumen de actividad económica.

Volvamos una vez más a la importante distinción entre burbuja y *boom*. No sólo la desvalorización de activos fruto del pinchazo de la primera, con la consiguiente pérdida de riqueza, afecta a los bancos. También resulta demoledor para los bancos el final del *boom* de la construcción. Y de hecho, bien podemos afirmar que es esta segunda realidad la que más está afectando y dañando a la situación económica actual, y lo que realmente provoca que se dispare la tasa de paro, y tras ella la de morosidad, no sólo de los endeudados hipotecarios, también de las empresas con créditos que vivían directa o indirectamente de la burbuja inmobiliaria.

Por tanto, es evidente que la banca siempre iba a preferir que no se pinchara la burbuja y que continuara el *boom*. Los «aguafiestas» teníamos en contra no sólo a todo el sector inmobiliario, también al financiero, al sector energético —que experimentaba incrementos en la demanda del 4% durante todos los años del *boom*—, a la industria auxiliar, e incluso a buena parte de la de los servicios. Ya hemos dicho que todo el mundo vivía espléndidamente con el *boom* inmobiliario, por no hablar de las cuentas de las Administraciones Públicas, algo que también conviene recordar, ya que fueron unas grandes beneficiarias de todo el proceso, particularmente los ayuntamientos. De hecho, bien podemos decir que, cuanto más pequeña la Administración Pública, más se veía beneficiada por el *boom* inmobiliario. En este sentido, la crítica es extensible a todas las trincheras políticas sin excepción, pues en 2004, cuando el Partido Socialista gana las elecciones, gobernaba en varias Comunidades Autónomas que lo último que deseaban era que se pinchara la burbuja y se pusiera freno al *boom* inmobiliario. Sirva como ejemplo que sólo la recaudación del impuesto sobre transmisiones jurídicas y actos jurídicos documentados representaba el 12% de los ingresos de las Comunidades Autónomas, en el promedio nacional. Pero en algunas Comunidades Autónomas del arco mediterráneo, como Murcia, llegaron a representar casi el 20% de sus ingresos en 2006.

Un poco de autocrítica: lo que se hizo y lo que se dejó de hacer

Si hasta el año 2004 el Gobierno del Partido Popular se encargó de crear y alimentar el *boom* inmobiliario, cabe preguntarse qué hizo al respecto a partir de este año el Partido Socialista.

Lo cierto es que pinchar una burbuja y frenar un *boom* desde el Gobierno es muy difícil. El principal instrumento existente para pinchar una burbuja de precios es la política monetaria: el Banco Central correspondiente interviene elevando los tipos de interés, lo cual redundará en una disminución del crédito, un descenso de la demanda de vivienda y el consecuente freno al incremento de precios. Sin embargo, como he narrado en el capítulo anterior, esta herramienta se perdió para los países desde el momento en que se ingresa en el euro y es, por tanto, el Banco Central Europeo el que posee tal potestad. Pero el Banco Central Europeo no sólo no subió los tipos de interés, sino que los bajó, puesto que allá por el año 2002 Alemania no atravesaba un buen momento económico, lo cual propició la puesta en marcha de una política monetaria expansiva que particularmente perjudicaba a España e Irlanda.

Si el Banco de España ya no tenía competencias en este terreno de los tipos de interés, sí podía haber actuado contra la burbuja interviniendo sobre mecanismos regulatorios o disuasorios que inciden en el coste de financiación de las hipotecas. Entre otras medidas, ya mencionadas en el capítulo anterior, haber eliminado las cláusulas suelo de las hipotecas o limitado el llamado *loan to value*, esto es, establecer límites al préstamo concedido en función del valor de la vivienda que se financia (se llegaban a conceder préstamos por el 100% y hasta por el 120% del valor de la vivienda). O haber externalizado las tasaciones para evitar que las entidades financieras concedieran créditos excesivos a partir de valores de tasación inflados. O incluso medidas más drásticas, como limitar el horizonte máximo de las hipotecas, que de hecho se ampliaron hasta los treinta, cuarenta e incluso más años. O haber exigido el pago en *cash* de una «entrada» mínima (*down payment*). Con todo ello se hubieran limitado sustancialmente las hipotecas concedidas, se hubiera frenado el *boom* inmobiliario y enfriado la burbuja de precios. Pero nada de esto se hizo. La subida del coste de financiación, y el consiguiente enfriamiento de la cantidad demandada de hipotecas, hubiera resultado una medida beneficiosa para la sostenibilidad del sistema financiero y la estabilidad macroeconómica, a pesar de que, sin duda, hubiera contado con la oposición de los bancos.

Pero para poder siquiera estudiar o debatir la implantación de estas medidas, algunas excepcionales, se necesitaba un diagnóstico previo. Si de entrada se negaba la existencia de la burbuja, difícilmente se podían establecer mecanismos regulatorios para enfriarla o desinflarla.

En todo caso, desde el punto de vista macroeconómico, la opción de política económica más directa, la de la política monetaria, quedaba excluida como vía para atajar la burbuja desde el momento en que entramos en la moneda única. Y ello nos devuelve a la pregunta inicial: ¿qué pudo hacer y qué hizo en consecuencia el Partido Socialista entre 2004 y 2008? Digámoslo concisamente: se hizo algo, pero no se hizo lo suficiente. Se abolió la Ley del Suelo del Partido Popular, aunque es verdad que se llegaba tarde, porque la burbuja estaba muy crecida y el *boom* directamente desatado, con el añadido de que las promociones inmobiliarias, lejos de montarse de la noche a la mañana, suelen tardar entre cuatro y seis años en ponerse en marcha; es decir, todo lo que se construyó en 2005, 2006 o 2007 se había licitado, proyectado y autorizado en 2001, 2002 o 2003, si no antes. Frenar algo que llega con tanta inercia era francamente difícil, máxime con el argumento de la seguridad jurídica, las indemnizaciones, compensaciones, y la frustración local y autonómica por todos esos empleos potenciales perdidos.

Es cierto que el Gobierno socialista también hizo una apuesta por el alquiler con incentivos para los jóvenes en la llamada Renta Básica de Emancipación y la creación de la Sociedad Pública del Alquiler, cuyo buen funcionamiento tardó años en producirse. En cualquier caso, fueron medidas que, aun yendo en la dirección correcta, no tenían la envergadura suficiente como para hacer frente a la magnitud de la burbuja y *boom* que se tenían enfrente.

Y también se quiso actuar eliminando la deducción por compra de vivienda (otra de las medidas potenciadas por el Gobierno del Partido Popular), pero quedándose a medias, puesto que debería haber sido eliminada completamente, tal y como se sugería en el programa electoral de 2004. No se hizo así: sólo se limitó esa deducción.

En descargo de nuevo del Gobierno de Zapatero, se puede decir que la eliminación de la deducción por compra de vivienda hubiera llegado tarde y hubiera sido insuficiente. En un trabajo reciente de la Universidad Complutense[10] y que resumimos en el gráfico 4.7, se estima que la sobrevaloración de los precios de la vivienda apenas se hubiera reducido un 5-10% si se hubiera eli-

10. Véase Jorge Meliveo, «Tax incentives and the housing bubble: the Spanish case», trabajo de fin de grado en Economía dirigido por Miguel Sebastián, Universidad Complutense de Madrid, 2014.

minado la deducción fiscal a la compra de vivienda en 2004. Por el contrario, nos habríamos ahorrado un 30% de la burbuja si el Gobierno de Aznar hubiera eliminado dicha deducción en el año 2000.

Gráfico 4.7. Sobrevaloración de la vivienda

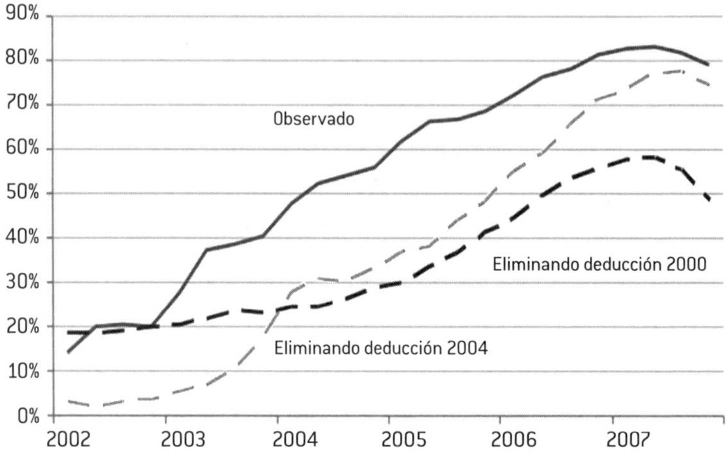

Fuente: Jorge Meliveo, Universidad Complutense de Madrid (2014)

Por tanto, también en el tema de la deducción fiscal tiene más responsabilidad el Gobierno de Aznar que el de Zapatero.

Es interesante recordar en el momento actual algunos de los aspectos contemplados en aquel programa electoral económico que presentó el Partido Socialista, pues ahora se corrobora su buen tino en múltiples cuestiones; como vimos en la introducción, se trataba de un programa que alertaba ya explícitamente del exceso de endeudamiento en el que se estaba introduciendo la economía española y el enorme riesgo que existía a medio plazo.

Sin embargo, en buena parte no se tuvo el valor o no se pudo llevar a la práctica muchas de las ideas contempladas en dicho programa.

No se hizo la necesaria reforma fiscal ni «se convirtió el ahorro nacional en uno de los ejes de nuestra política económica», como defendía el programa electoral del PSOE. Y, aunque en la página 128 de dicho programa, al hablar de política de vivienda se fijaba como objetivo «frenar la burbuja inmobiliaria», por cierto uno de los pocos textos de la época en los que se utilizaba explícitamente este término, poco se hizo al respecto.

Así pues, no se disponía de la herramienta de la política monetaria que hubiera permitido actuar sobre los tipos de interés, pero sí que el Gobierno, y especialmente el Banco de España, podía haber puesto en marcha ciertas medidas regulatorias compensatorias para encarecer el crédito y poner un freno a los excesos que se estaban produciendo. La dación en pago, por ejemplo, hubiera contribuido a frenar el *boom* y la burbuja. Y, en general, las políticas macroprudenciales, ausentes en ese período.

Palabra de aguafiestas

En consecuencia, el balance de las actuaciones por parte del Gobierno socialista al respecto de la burbuja y el *boom*, hay que reconocerlo con sentido crítico, fue bastante pobre. Además, el equipo del Ministerio de Economía en 2004 no dejaba de mostrar una política de marcado carácter continuista en el terreno económico respecto a lo que se venía haciendo hasta entonces. La idea que imperaba era el famoso «España va bien», y los indicadores macroeconómicos lo corroboraban. No parecía conveniente, o nadie tenía la energía suficiente, para ponerlo en cuestión.

¿Por qué *meter mano* tan drásticamente a una economía que «va bien»? Además, en esto se contaba con el apoyo de la prensa más influyente, una prensa que también resultaba beneficiaria del estado de la cuestión. El dinero fluía, llegaba a todas partes, había altos ingresos por publicidad... Volvemos a lo mismo, ¿por qué estropear la fiesta?

¿Estropear la fiesta, por lo que pueda pasar? ¿Por un riesgo teórico? ¿Y si no pasa? ¿Y si no explota la burbuja? Al hablar a toro pasado de «haber pinchado la burbuja» estamos hablando de adoptar unas medidas preventivas, dañinas en el plazo inmediato para la economía puesto que se limita el acceso a la vivienda de miles de personas, se enfría el *boom*, ello repercute en un incremento del paro, que ralentiza toda la economía y sus tasas de crecimiento, que enfría el consumo, que reduce la recaudación de todas las Administraciones Públicas. Y todo ello por evitar un posible riesgo que no sabes si se va a materializar o no y cuándo.

¿Era esto posible políticamente? ¿Particularmente por un Gobierno que comienza su primera legislatura sin mayoría absoluta? No se trataba de tomar medidas duras para mejorar algo que iba mal, como está ocurriendo desde que comenzó la actual crisis financiera, sino de tomar medidas duras que hubieran provocado un inevitable empeoramiento de una economía que aparentaba ir bien, sólo por evitar unos posibles males mayores a futuro.

Eso, por triste que sea decirlo y asumirlo, era y es políticamente imposible, a no ser que hubiera habido un gran pacto de Estado de todas las fuerzas políticas y sociales del país para abordarlo, al estilo de los Pactos de la Moncloa. Imposible de plantearse en el ambiente político que se respiraba en España en 2004, tras la victoria de Zapatero en las elecciones generales.

Porque imaginemos las consecuencias que implicaba pinchar la burbuja: hubiera significado inmediatamente haber mandado a 50.000, quizá 100.000 personas al paro. ¿Podemos imaginar un Gobierno, que en este caso era el del Partido Socialista, en sus dos primeros años de legislatura adoptando medidas que implicaran destruir al menos 100.000 puestos de trabajo sólo por prevenir una posible burbuja que casi nadie reconocía? Se le hubiera crucificado, y no sólo por la oposición del Partido Popular, también por el propio Partido Socialista. Ésa es la realidad.

Y, sin embargo, eso es lo que se tenía que haber hecho para no llegar al punto en que nos encontramos. Creo firmemente en el coraje que demostró Zapatero, tanto en la retirada de las tropas de Irak como en la aprobación pionera del matrimonio homosexual, con adopción incluida. También en su gran valentía en el ajuste fiscal durante la crisis del euro del año 2010 y su sacrificio personal por el país; pero un sacrificio similar no fue posible plantearlo en 2005. Cierto es que los políticos tienden a actuar movidos por necesidades imperiosas e inmediatas, y sería injusto culparle de falta de coraje en 2005 para pinchar una burbuja que él no había creado y teniendo enfrente a una oposición implacable, despiadada y dolida por su desalojo inesperado del Gobierno en 2004.

Por acción u omisión o imposibilidad, lo cierto es que al final nos encontramos en una realidad en la que los ajustes económicos básicos para hacer frente a la situación presente pasarían, o bien por un nuevo incremento de la demanda, algo que parece patente no es previsible que ocurra en mucho tiempo, o bien porque se produzca un descenso de los precios, lo cual no interesa a los bancos, propietarios de la mayor parte de los inmuebles vacíos de nuestro país, y que no están por la labor de estropear más sus balances.

Si la palabra «imposible» le resulta muy fuerte al lector, dejémoslo en que es «muy difícil» pinchar una burbuja. Porque, como hemos visto la «dificultad» o «imposibilidad» es triple:

- Dificultad en el diagnóstico: las burbujas sólo se confirman cuando se pinchan, pero entonces es demasiado tarde para actuar.
- Dificultad en los instrumentos: los Estados cada vez tienen menos herramientas nacionales para hacer frente a burbujas, en caso de que éstas sean domésticas. Y más en una Unión Monetaria que camina hacia la unión fiscal y bancaria.
- Dificultad política: «acabar con la música en mitad de la fiesta» tiene costes políticos si no se hace desde el conjunto de las fuerzas democráticas y con una visión de Estado.

Conclusión evidente: hay que trabajar a priori, hay que tratar de evitar desde el principio que se creen las burbujas con toda la artillería fiscal, monetaria y regulatoria disponible, puesto que, una vez formadas las burbujas, resulta tarea casi imposible actuar para pincharlas. Y desde luego, nunca se ha de responder a una burbuja inmobiliaria con medidas que favorezcan un *boom* en la construcción: tratar de enfriar una burbuja con un *boom* es simple y llanamente una barbaridad, un disparate. Se ha hecho en España. Sirva la lección para que no lo vuelva a hacer nadie (de hecho, existen síntomas de que puede empezar a estar pasando en algunos países de América Latina). Resulta sorprendente escuchar después de todo voces que todavía desean solucionar el problema actual construyendo más y más. Y que, en cuanto empezamos a sacar la cabeza del hoyo, volvemos a soñar con las grandes operaciones inmobiliarias: la Operación Chamartín, la Operación Campamento, etc. El ladrillo nos pone.

Así que como recomendaciones finales, puede sugerirse que se necesita en los organismos reguladores un departamento de riesgos macroeconómicos: creo que se habla en nombre de muchos al afirmar que las agencias de *rating* no resultan dignas de mucha confianza; y tampoco las entidades financieras, tal y como se ha demostrado, parecen mostrarse muy capaces de evaluar sus propios riesgos. Por ello, parece conveniente acudir a organismos públicos supervisores que se encarguen de esta tarea, porque más valdrá frenar posibles burbujas que luego no llegaran a ser tales, que padecer los efectos que se han sufrido aquí en España en virtud de esa filosofía tan presuntamente liberal de no intervenir en la economía.

Esto atañe principalmente al Banco de España como órgano vigilante y regulador del sistema financiero. Pero quizá sería también conveniente que existiera en el Congreso de los Diputados una oficina de riesgos, independiente de cualquier Gobierno, más allá de la ya existente presupuestaria de control de gastos.

Más medidas adecuadas podrían ir en la línea de las provisiones anticíclicas, que ya en nuestro país existían durante el periodo en que Luis Ángel Rojo fue gobernador del Banco de España, y que obligaban a los bancos a provisionar más fondos en épocas de expansión de cara a venideros años malos; una buena idea que fue fuertemente reducida en la época de Aznar. Una vez más, parece que se actuó en la dirección contraria.

Precaución, previsión, supervisión, acción. Quedémonos con estos conceptos como colofón a lo vivido en relación a la famosa burbuja inmobiliaria. Y en la necesidad de una verdadera política macroprudencial.

Y ahora pasemos a otros excesos, no tan reconocidos como la burbuja inmobiliaria y, probablemente, más polémicos. Pero necesarios, en mi modesto entender, para poder comprender el problema de la deuda que ahoga a España.

5

LOS EXCESOS DE LA INTERNACIONALIZACIÓN

De partida, reconozco que es muy posible que este capítulo, con este título, llame bastante la atención; sobre todo viniendo de mí, que he defendido hasta la saciedad la bandera de la internacionalización para la economía española.

Vaya por delante que sigo pensando que la internacionalización es algo bueno. De hecho es algo «muy bueno», y es un reto de la economía española que todavía tenemos pendiente. Pero, tal y como he puesto de ejemplo en los capítulos anteriores, si se cometen excesos, el proceso de internacionalización puede tener consecuencias negativas. Porque, al fin y al cabo, también el crédito, la construcción, las infraestructuras y las energías renovables son «buenos» en sí mismos; el problema siempre lo han supuesto los excesos asociados a todos y cada uno de ellos.

En el presente caso, al contrario que en los anteriores, no hablamos tanto de «la cantidad de internacionalización», que todavía es escasa en la economía española en su conjunto, como del endeudamiento excesivo de algunas de nuestras empresas por buscar su posicionamiento global en unos proyectos y a unos precios que dudosamente han conseguido los resultados perseguidos. De hecho, unas cuantas de estas operaciones se están deshaciendo, precisamente ahora que el coste de financiación es bajo y el precio de venta de los activos está muy depreciado.

Además, en la mayoría de las ocasiones, al endeudarse tanto

las empresas para conseguir ese posicionamiento, han contribuido al problema global de endeudamiento privado de nuestra economía, aunque sólo fuera por dedicar recursos de ahorro a nuevas inversiones y no a reducir el endeudamiento del sector privado. Es cierto que en muchos casos, la expansión no se ha hecho vía emisión de deuda sino mediante ampliaciones de capital. Pero, en cualquier caso, ello ha supuesto absorber recursos escasos de los prestamistas, nacionales o internacionales, para proyectos en el exterior que podrían haberse dirigido a proyectos en el interior de los que tan necesitada estaba y sigue estando nuestra economía.

Pero, vayamos por partes: analicemos qué se entiende por internacionalización, qué beneficios y problemas acarrea, y cómo se ha venido desarrollando en nuestro país en los últimos años.

¿Qué se entiende por internacionalización?

Lo primero, para que resulte más sencilla la explicación de los excesos que se hará a continuación, es abordar el concepto de internacionalización, dado que muchas veces se utiliza el mismo término para referirse a cosas bien distintas.

Cuando se habla de internacionalización, en realidad cabe englobar bajo un mismo concepto al menos cuatro ideas diferentes, que dependen en gran medida del tipo de bien o servicio que produzca cada empresa:

- Las *exportaciones* de las empresas ubicadas en el interior, sean españolas o no, de los bienes y servicios producidos en España, así como los ingresos por turismo de los no residentes, que también se consideran exportaciones. Aquí incluimos tanto aquellas empresas que deciden vender parte de su producción al exterior, utilizando servicios de transporte, seguros, etc., como a las empresas que deciden abrir oficinas de distribución en el exterior, sean de bienes o de servicios (abogados, ingenieros, servicios de consultoría, arquitectos, etc.), aunque su producción se mantenga en España.

- La decisión de *trasladar parte de la producción* de una empresa española desde el interior al exterior, o simplemente ampliarla en el exterior (lo que se denominaría crecimiento «orgánico»). En muchos casos se toma esa decisión para ahorrar costes de transporte, favorecer la comercialización o ahorrar costes de producción y de gestión. Asimismo para facilitar el suministro regular de materias primas o bienes intermedios necesarios para la producción de bienes en el interior. Aquí podríamos considerar las fábricas de Gamesa en China, de Antolín en la India o de Inditex en el norte de África, Portugal y Turquía.
- El acceso de las empresas españolas a *contratos en el exterior* mediante concursos competitivos o licitaciones, bien individualmente o en consorcios con otras empresas. Esto realmente no cabe considerarlo inversión, sino una manera más de exportación. En este apartado cabría incluir el caso de muchas empresas constructoras, de servicios o energéticas, que han obtenido importantes contratos, resultando significativos los ejemplos de la ampliación del canal de Panamá o la construcción del tren de alta velocidad de Medina a La Meca, en Arabia Saudí.
- La decisión de compra de una empresa extranjera, total o parcialmente (en al menos un 10%), por parte de empresas españolas. Esto es lo que se denomina *inversión directa en el exterior*. Su objetivo es obtener una rentabilidad permanente en la empresa en la que se invierte, controlando la misma y su gestión, que es lo que distinguiría una «inversión directa en el exterior» de una «inversión en cartera» o «inversión financiera» (consistente en compra de bonos, acciones...).

¿Es buena la internacionalización?

De primeras, la internacionalización, en cualquiera de los cuatro conceptos anteriores, es buena para la macroeconomía de un país.

En los casos primero y tercero, la internacionalización supone un incremento de las exportaciones, provoca un aumento del Producto Interior Bruto del país y, por tanto, de la renta nacional. En el primer caso, además, favorecerá el empleo en el interior (dado que la producción del bien o servicio se mantiene dentro de nuestras fronteras).

En los otros casos, en cambio, no se verá afectado el Producto Interior Bruto, pero, con los retornos en forma de beneficios distribuidos y repatriados, a medio y largo plazo aumentará la renta nacional, que es al fin y al cabo el concepto a partir del cual se define la renta per cápita y, por tanto, la medida del bienestar de un país.

Y en cualquiera de los cuatro modelos de internacionalización se produce una mejora de la balanza de pagos del país, bien en la balanza comercial, de bienes y servicios, con efectos inmediatos, o bien en la balanza de rentas en la medida en que se generen rentas (beneficios distribuidos) de la inversión en el exterior.

Pero además de estos beneficios macroeconómicos, la internacionalización tiene otros de índole más «micro», porque, en general, las empresas que exportan son más competitivas y ganan tamaño más fácilmente, lo que les permite aprovechar las economías de escala y alcance, e invertir en formación e I+D. Así, las empresas internacionalizadas suelen ser más grandes, más productivas, son más intensivas en capital físico y tecnológico, son más innovadoras, tienen empleo de calidad y pagan salarios más altos.[1]

Finalmente, hay que apuntar que la internacionalización permite la diversificación de los riesgos micro y macroeconómicos, lo que hace que la empresa internacionalizada sea más eficiente y más estable que una que dependa estrictamente de los vaivenes del mercado interior.

De modo que, si todo parecen beneficios, ¿dónde está el problema? Lamentablemente, hubo problemas, y muy grandes. Particularmente en lo referente al cuarto de los tipos de internacionalización que he definido más arriba.

1. Véase, por ejemplo, Bernard, A., Jensen, J. B., Redding, S. J. y Schott, P. K., «Firms in International Trade», *Journal of Economic Perspective*, 2007.

Es verdad que mucho se podría hablar de cada una de estas modalidades de internacionalización, todas ellas con un importante recorrido todavía que realizar en lo referente a nuestras empresas. Pero en este capítulo, de cara a los excesos que queremos detallar y a los importantes efectos que sobre la acumulación de deuda privada han tenido, me referiré estrictamente a ese último concepto de «internacionalización», el relativo a la inversión directa en el exterior, es decir, a la compra de al menos el 10% de empresas extranjeras por parte de empresas españolas. No es propósito de este capítulo analizar operaciones de ámbito nacional, aunque también ahí se produjeron excesos.

La inversión directa exterior de España

El gráfico 5.1 muestra la evolución de la inversión extranjera (IED) de España en el periodo que va entre 1992 y el estallido de la crisis.

Gráfico 5.1. IED de España en el exterior (1992-2008) (en miles de millones de euros)

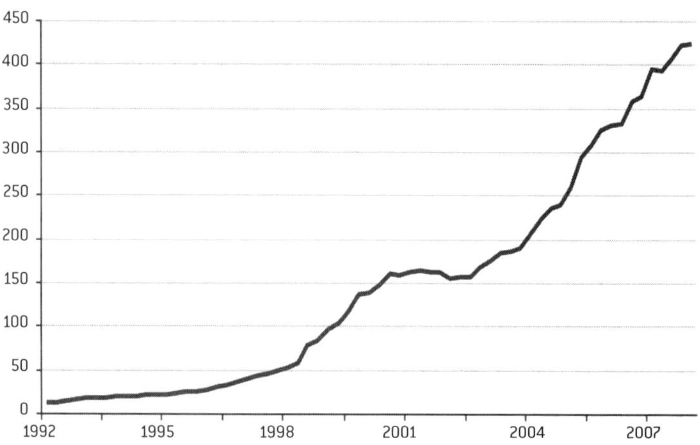

Fuente: Banco de España

Al igual que en el caso del capítulo 3 sobre «El exceso de crédito», podemos distinguir cuatro etapas en este proceso de internacionalización.

Hay un primer periodo entre 1992 y 1997 de crecimiento moderado, acorde con la evolución de nuestra economía, de alrededor del 15 al 20% anual en términos nominales (hay que apuntar que se partía de niveles muy bajos).

Sin embargo, a partir de ese año 1997, y coincidiendo precisamente con los *triggers* o desencadenantes que expuse en el capítulo 2 (la entrada en el euro y las pesimistas previsiones de población a largo plazo publicadas en 1996), se produce un cambio drástico y comienza a crecer fuertemente la salida de capitales al exterior, acentuándose todavía más esta tendencia tras la entrada de España en el euro. En esta fase se alcanzan unos picos con unos crecimientos anuales del 60-80% a lo largo de los años 1999 y 2000.

En una tercera fase, se produciría después un estancamiento de dos años, 2002 y 2003, debido a la combinación de dos factores: la crisis de América Latina, que había sido el principal destino de la inversión directa española en los años precedentes, y la minirecesión global que se produjo como fruto del pinchazo de la burbuja tecnológica y los atentados del 11 de septiembre de 2001.

Tras este estancamiento transitorio, acaecería un nuevo *boom* inversor de España en el exterior a partir de 2004 y hasta finales de 2008 (cuando estalla la crisis financiera global), con unos crecimientos que en términos relativos no son tan elevados como en la fase anterior (tasas de 25-30%) pero, dado que se partía de niveles ya bastante elevados, alcanzaban en términos absolutos importes muy elevados, con una posición neta de activos en inversión directa en el exterior superior a los 500.000 millones de euros.

El gráfico 5.2 presenta las tasas interanuales de crecimiento de la inversión española en el exterior que corresponde a los niveles del gráfico 5.1, y sirve de complemento al anterior para ilustrar estas cuatro fases.

Gráfico 5.2. Crecimiento IED (% anual)

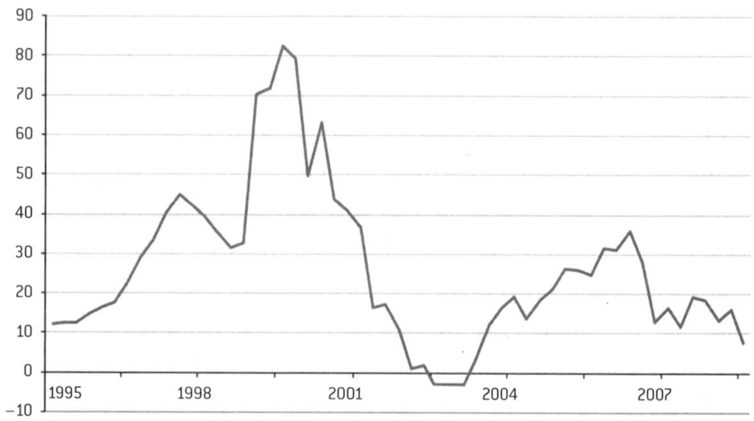

Fuente: Banco de España

Centrándonos exclusivamente en las fases expansivas, se pueden identificar, en consecuencia, dos etapas de *boom* de inversión española en el exterior temporalmente diferenciadas: una primera que coincide con la entrada de España en el euro, y una segunda que coincide con el pico de la burbuja de deuda en España.

Pero la distinción entre ambas fases no es exclusivamente temporal, también hay una diferenciación clara y patente por áreas geográficas, como veremos a continuación. En efecto, pese a pertenecer España a la Unión Europea y ser ésta nuestro mercado de bienes y servicios «natural», España orientó en un primer momento su inversión hacia América Latina, coincidiendo la primera fase, la relativa a los años entre 1997 y 2004, con la expansión en América Latina. El gráfico 5.1 ofrece lógicamente los datos relativos a la inversión total en el exterior, pero el grueso de la misma, hasta el 70%, correspondió a la inversión española en América Latina, mientras que en la segunda fase se trató ya de una expansión en el resto del mundo, fundamentalmente en los países desarrollados y, en especial, de la Unión Europea.

América Latina: la internacionalización razonable

El primer *boom* de internacionalización de nuestras empresas se produjo a partir de 1997 y duró aproximadamente hasta 2004, y tuvo en América Latina su punto de mira. Fue protagonizado sobre todo por parte de aquellas grandes empresas que dependen fundamentalmente del crecimiento de la población (los servicios financieros, las telecomunicaciones, las *utilities* —agua, gas, electricidad— y el turismo). Unas perspectivas de población para las que no sólo España, sino el conjunto de Europa, representaban un mercado con serias limitaciones. Todo lo contrario que los países de América Latina, con poblaciones jóvenes y fuertes crecimientos demográficos.

Además de este gran *trigger* o desencadenante que son las perspectivas de población, ¿qué otros factores explican este *boom* inversor en una zona tan lejana y con la que no teníamos especiales vínculos comerciales o inversores (las exportaciones e importaciones de España a América Latina apenas representaban el 4% del total)?

Podemos clasificar los diversos factores que resultaron determinantes para que se produjera esta fase de internacionalización en dos grandes grupos: los *pull factors* (los factores de atracción que ejercen los territorios destino de la inversión, en nuestro caso América Latina) y los *push factors* (los factores que operan desde el territorio emisor, en nuestro caso España).

- Entre los que podemos denominar *pull factors*, algo así como «factores llamada» o «factores de atracción», estarían las privatizaciones que se estaban produciendo en América Latina, el crecimiento potencial de la región, los procesos de democratización en determinados países, la apertura a la inversión extranjera, las políticas de estabilización y liberalización siguiendo el Consenso de Washington, el control de la inflación, la fijación de los tipos de cambio de sus divisas (que aportaba una aparente estabilidad en esos países, aunque luego fue la causa de sus crisis financieras), etc.

- Y por otro lado estarían los *push factors*, o «factores de empuje», característicos de nuestra propia economía, entre los que hay que citar en primer lugar los *triggers* mencionados en el capítulo 2 (la entrada en el euro y nuestras perspectivas de población a largo plazo), la facilidad crediticia, las ventajas fiscales o el efecto imitación a los movimientos de empresas competidoras.

Pero hay también otros factores determinantes que explican esta «reconquista» de América Latina (ese término de «reconquista» fue el que se utilizó por la prensa británica y estadounidense para calificar de forma crítica, no exenta de envidia, la entrada de capitales españoles en lo que siempre se había considerado el «patio trasero» de Estados Unidos). Entre ellos que América Latina se consideraba nuestro «mercado natural» y nos proporcionaba un nuevo papel en el orden internacional como «puente» entre Europa y el continente latinoamericano: una idea de «triangulación» que fue luego repetida para otros países (Rusia, China).

Otro factor que hay que mencionar es el apoyo oficial que recibió la inversión en América Latina. Recordemos que, además, se había producido en nuestro país la reciente privatización de muchas grandes empresas españolas bajo fuertes vínculos de apoyo político y diplomático. Y también fiscal: la deducción en el impuesto sobre sociedades del «fondo de comercio» o *goodwill* de estas inversiones, es decir, la diferencia entre los valores de libros de las empresas compradas y el precio realmente pagado, fue un claro acicate para llevar a cabo este proceso inversor.

También hubo factores de tipo cultural: compartir el mismo idioma facilitaba la relación con los clientes, la implantación de las tecnologías (por ejemplo, los cajeros de las entidades bancarias, que podían perfectamente desinstalarse de una oficina española e instalarlo en una oficina argentina), los mecanismos de *scoring* (análisis del riesgo del crédito, prácticamente idénticos para un cliente de América Latina, pero que serían completamente distintos para un, digamos, cliente chino), e incluso las campañas de publicidad (la campaña del cerdito del *libretón* del BBVA fue idéntica, mientras resulta lógico comprender que sería inviable, por ejemplo, en Arabia Saudí).

Adicionalmente, la propia experiencia reciente de España sirvió para adelantar en el tiempo a unas economías que se asemejaban a la economía española unas décadas atrás. Por ejemplo, se acabaron las colas eternas en los bancos para hacer gestiones o en las empresas de *utilities*, ya que nuestra experiencia favoreció la implantación masiva de las domiciliaciones, y se terminó con las «listas de espera» de meses para conseguir una línea telefónica fija.

Desde un punto de vista macroeconómico, la inversión de las empresas españolas en los países de América Latina se trataba de una decisión razonable y eficiente, que generaba estabilidad. Esto obedece a un motivo importante digno de ser subrayado: la diversificación del riesgo macroeconómico por la no correlación o incluso correlación negativa entre el ciclo económico de España y el de América Latina. El gráfico 5.3 nos muestra las tasas de crecimiento anuales del PIB real de España y el conjunto de América Latina en las décadas 1980-2000.

Podemos apreciar de forma bastante nítida que los malos tiempos de España suelen coincidir habitualmente con buenos tiempos de América Latina, y viceversa.

Al respecto de esta relación macroeconómica entre España y América Latina, debo hacer referencia a unas reuniones que mantuve en el año 2000 en Nueva York con las agencias de calificación Moody's, Standard & Poor's y Fitch-IBCA, porque pretendían reducir la calificación del banco BBVA, para el cual yo trabajaba entonces, por su elevada exposición a América Latina.

En aquellas reuniones expuse los argumentos macroeconómicos que justificaban nuestra inversión en la región a largo plazo, mientras que los responsables del banco se referían a los aspectos microeconómicos y del negocio. Desde las agencias de *rating* se nos transmitieron dos mensajes de forma contundente: (1) que el futuro estaba en la banca de inversión y que nosotros,

Gráfico 5.3. Crecimiento de España y América Latina (1980-2000)

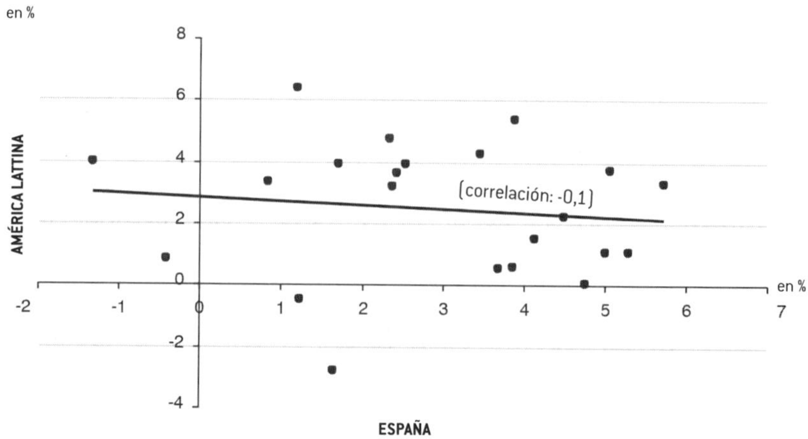

Fuente: elaboración propia a partir de FMI

como banca comercial, teníamos unas perspectivas muy malas y (2) que América Latina iba a ser la «tumba» de España, porque América Latina se estaba despeñando (y todavía no se había producido la crisis argentina...) y ello acabaría con toda la inversión realizada por nuestro país hasta la fecha y que tanta resonancia (y quizá envidia) había provocado en los medios de comunicación anglosajones.

Los agoreros oráculos de estas agencias de *rating* pueden ser perfectamente evaluados ahora, a la vista de lo sucedido, como un despropósito completo (lo cierto es que sobre la ceguera de las agencias de *rating* volveremos varias veces a lo largo de este libro).

Así pues, ocho años más tarde, en el estallido de la crisis financiera mundial, se demostraría claramente lo radicalmente equivocados que estaban: la banca de inversión, gran responsable de la crisis de la *subprime* y los productos estructurados incomprensibles, casi desaparecería y, en cualquier caso, vería limitado su margen de maniobra; y América Latina no sólo no fue «la tumba» de España, sino que si no hubiera sido por ella, que creció en los años más duros de nuestra crisis, muchísimas empresas españolas se hubieran arruinado.

Pero ilustremos ya lo que venimos comentando con casos y datos concretos. La tabla de la página siguiente es una relación, bastante completa, de las principales operaciones que grandes empresas españolas realizaron en aquellos años en América Latina, hecha mediante elaboración propia a partir de los datos de Chislett[2] y las propias fuentes empresariales. La lista es necesariamente incompleta. Y no incluye la importante inversión española en la región que no comportó la compra de una empresa local. Ése es el caso, por ejemplo, de la expansión de Sol Meliá, que abrió 74 hoteles en la región: Brasil (23 hoteles), Cuba (22), México (11), Colombia (7), Venezuela, Costa Rica o República Dominicana y se convirtió en la compañía hotelera líder en América Latina y el Caribe. Tampoco incluye la compra por parte de Repsol de pozos en Trinidad y Tobago o Venezuela, y de gas en Bolivia. Ni la expansión en la región de las empresas de construcción, como ACS-Dragados, OHL, Ferrovial o Sacyr. Y por supuesto, la expansión de Inditex en la región a través de sus seis cadenas de moda: Zara, Pull & Bear, Massimo Dutti, Bershka, Oysho y Stradivarius.

Es cierto que parte de estas operaciones han resultado frustradas, como es el caso de Aerolíneas Argentinas, de YPF, de Ence, de Banco de Venezuela o de Edenorte y de Edesur. Todas ellas fueron nacionalizadas, expropiadas o simplemente vendidas al Estado o a otros compradores nacionales. Pero nadie, ni en España ni fuera de ella, pone en cuestión que ésta ha sido una expansión internacional exitosa y duradera.

2. William Chislett, *La inversión española directa en América Latina: retos y oportunidades*, Real Instituto Elcano, Madrid, 2003.

Tabla 5.1. Principales operaciones en América Latina

Empresa española	Empresa adquirida	Fecha
Agbar	Aguas Andinas (Chile)	1999
Agbar	Aguas de Saltillo (México)	2001
BBVA	Banco Continental (Perú)	1995
BBVA	Banco Francés (Argentina)	1996
BBVA	Banco Ganadero (Colombia)	1996
BBVA	Banco de Crédito (Argentina)	1997
BBVA	Banco Provincial (Venezuela)	1998
BBVA	Banco BHIF (Chile)	1998
BBVA	AFP Consolidar (Argentina)	1998
BBVA	AFP Provida (Chile)	1999
BBVA	Bancomer (México)	2000
Ence	Eufores (Uruguay)	1999
Endesa	Edelnor (Perú)	1994
Endesa	Enersis (Chile)	1997
Endesa	Coelce (Brasil)	1998
Endesa	Edersur (Argentina)	2000
Endesa	Cerj (Brasil)	2000
Gas Natural	Ban (Argentina)	1992
Gas Natural	Ceg y SPS (Brasil)	1997
Gas Natural	Metrogas (México)	2000
Iberdrola	Electropaz y Elfeo (Bolivia)	1995
Iberdrola	Coelba y Cosern (Brasil)	1997
Iberdrola	Celpe (Brasil)	2000
Iberia	Aerolíneas Argentinas	1991
MAPFRE	Seguros Tepeyac (México)	1990
MAPFRE	Vera Cruz (Brasil)	1992

MAPFRE	La Seguridad (Venezuela)	1996
MAPFRE	Corporación Finisterre (Perú)	2000
MAPFRE	La Centro Americana (El Salvador)	2001
Repsol	Astra (Argentina)	1996
Repsol	YPF (Argentina)	1999
Santander	Banco de Venezuela (Venezuela)	1996
Santander	Banco Gral de Comercio (Brasil)	1997
Santander	Banco Noroeste (Brasil)	1998
Santander	Banco de Santiago (Chile)	2000
Santander	Grupo Serfin (México)	2000
Santander	Banespa (Brasil)	2000
Santander	Banco Central (Chile)	2002
Telefónica	CPT/Entel (Perú)	1994
Telefónica	CRT (Brasil)	1996
Telefónica	Telesp (Brasil)	1998
Telefónica	Vivo (Brasil)	2003
Telefónica	Bell South (varios)	2004
Unión Fenosa	Edenorte y Edesur (República Dominicana)	1998
Unión Fenosa	Deocsa y Deorsa (Guatemala)	1999
Unión Fenosa	Grupo Aeroportuario del Pacífico (México)	1999
Unión Fenosa	Electrocosta y Electrocaribe (Colombia)	2000

Fuente: William Chislett (2013) y elaboración propia

El resultado es que entre 1997 y 1999, y pese a no tener grandes empresas industriales (automóvil, alimentación, farmacéuticas, químicas), España se convertiría en el segundo inversor en América Latina, sólo detrás de Estados Unidos. En términos de flujos, en 1999 fue incluso el primer inversor.

Este proceso de internacionalización se llevaría a cabo con los bancos actuando de «buque insignia» del resto de las empresas. Y tras las grandes empresas, cuya inversión se hizo con muy escaso desplazamiento de capital humano, más allá de los equipos directivos, vendría una oleada de inversiones de pequeñas empresas (servicios asociados a la construcción, ingenierías, empresas tecnológicas...).

Pero lo que nos ha demostrado el tiempo es que en términos de permanencia de la inversión, y pese a la crisis que padeció América Latina y la crisis posterior de España que ha provocado inevitablemente procesos de desinversión, aquélla fue una internacionalización estable, a largo plazo y razonable (aunque también hubiera patentes excepciones, como los casos del Banco de Venezuela, nacionalizado en 2009, y de YPF, expropiada en 2012).

En resumen, esta primera etapa de expansión hacia América Latina cabe calificarla de «internacionalización razonable», llevada a cabo con un horizonte de largo plazo, justificada macro y microeconómicamente, realizada con un precio razonable y siguiendo una estrategia coordinada.

La inversión española en la región contribuyó a la mejora de la calidad de los servicios, creó empleo cualificado, introdujo avances tecnológicos, redujo tiempos de espera, elevó la seguridad de suministro y, por todo ello, ha sido generalmente bien aceptada por la población local, entre la que goza de una buena reputación, contribuyendo positivamente a la imagen de las empresas y a la «marca España».

No tendríamos luego tanta suerte.

La inversión española en los países desarrollados: la ambición desmedida

Como ya habíamos detallado antes, después de esta primera fase de expansión hacia América Latina llegaría una segunda fase a partir sobre todo de 2004, dirigida principalmente hacia Europa, que como mínimo puede calificarse de descoordinada, y que no contaba con las muchas ventajas anteriores. Por ejemplo, aquí ya no se produce divergencia de ciclos económicos, y ello supone una ausencia de justificación macroeconómica porque no se puede diversificar el riesgo macro, al coincidir los buenos tiempos y los malos de ambas zonas geográficas.

Como hicimos en el caso de América Latina, el gráfico 5.4 muestra los pares de crecimiento económico real anual de España y la Unión Europea en el periodo 1980-2000. Al contrario del caso latinoamericano, donde no se encontraba correlación o incluso era negativa, lo que favorecía la diversificación geográfica, en este caso la correlación de las tasas de crecimiento es bastante elevada (nada menos que +0,9), lo que impide esa diversificación.

Gráfico 5.4. Crecimiento de España y la UE (1980-2000)

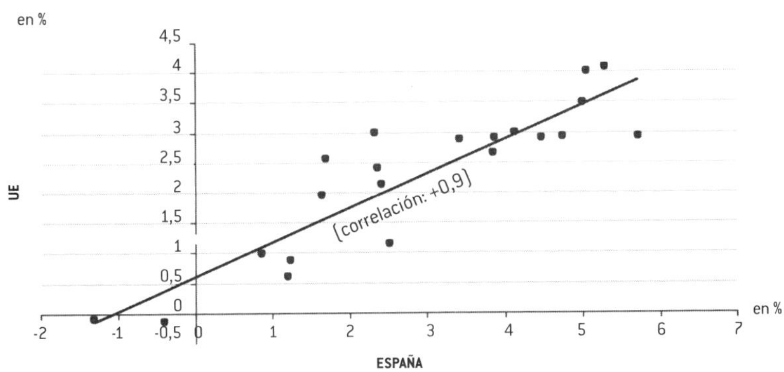

Fuente: elaboración propia a partir del FMI

Además, estamos hablando ahora de una inversión hecha a precios muy altos, financiada en buena medida con deuda,[3] y que explica parte de nuestro exceso de deuda de empresas no financieras. Y, como se está demostrando en algunos casos, sin propósito de permanencia.

Apuntemos aquí también un listado de esas operaciones en esta segunda etapa.

3. Hubo algunas excepciones, como la compra de ScottishPower por Iberdrola, que se hicieron mayoritariamente mediante ampliaciones de capital.

Tabla 5.2. PRINCIPALES OPERACIONES NO LATAM (ANTES DE LA CRISIS)

Empresa española	Empresa adquirida	Fecha
Santander	Abbey (Reino Unido)	2004
Santander	Sovereign (Estados Unidos)	2006
Telefónica	China Netcom	2005
Telefónica	02 (Reino Unido)	2006
Telefónica	Cesky Telecom (Chequia)	2005
Telefónica	Telecom Italia	2007
BBVA	Valley Bank (Estados Unidos)	2004
BBVA	Banco Laredo (Estados Unidos)	2005
BBVA	Citic (China)	2006
BBVA	Compass (Estados Unidos)	2007
Ferrovial	BAA (Reino Unido)	2006
Iberdrola	ScottishPower (Reino Unido)	2007
Iberdrola	Energy East (Estados Unidos)	2008
ACS	Hochtief (Alemania)	2007
FCC	Alpine (Austria)	2006

Fuente: elaboración propia

A esta lista se le pueden unir otras operaciones de menor volumen, algunas inversiones en Francia, Italia y Portugal por parte de Abertis, varias de ACS en Estados Unidos, la compra de Antonveneta (vendido a los pocos días) por parte del Santander en 2007, la compra del City Bank de Florida por Caja Madrid en 2008, entidades en Florida y México por el Popular, entidades en Europa del Este y México adquiridas por La Caixa, ETR 409 y otras por Ferrovial, la compra de Talecris, en Estados Unidos, por parte de Grifols. Asimismo, se deberían incluir concesiones y obras en México, Brasil, China y otros países por parte de OHL, Talisman de Repsol y finalmente el control de Vivo —aunque ya tenía una parte— en Brasil por parte de Telefónica.

Muchas de estas operaciones salieron bien. Pero otras no salieron tan bien. En cualquier caso, al evaluar esta segunda oleada de inversiones en el exterior no sería justo ni generalizar ni hablar de «irresponsabilidad» por parte de una serie de empresas «inconscientes» que actuaban por encima de sus posibilidades, endeudándose a sí mismas y al país. Porque los errores en este caso también son atribuibles a un clima generalizado de cierto delirio colectivo, incluyendo a las altas instancias institucionales, al contar este proceso también con un decidido apoyo oficial desde una cierta soberbia que ahora debe movernos directamente a un auténtico sonrojo. Sirva como ejemplo ilustrador el exaltado discurso en un acto de presentación del diario *El Mundo* en Nueva York por parte de quien era ministro de Industria en el año 2009, un tal Miguel Sebastián:

> Y es que nadie duda que seamos un país simpático, pacífico, de buen clima y buena comida. Pero también queremos que se nos reconozca como un país tecnológicamente avanzado. Permítanme poner un ejemplo real que lo ilustra. Consideremos un ciudadano estadounidense que viaja a Londres por negocios. Un americano culto, informado, pensará que lo más español que puede encontrarse en su viaje a Londres es un buen vino o aceite de oliva, una película de Amenábar o Almodóvar, o una escapada a hacer compras a Zara o a Ágata Ruiz de la Prada. Pero lo que probablemente no sabrá es que viajará en un vuelo cuyo control se realiza con la tecnología de una empresa española. Llegará a un aeropuerto, el de Heathrow, operado por una empresa española. Pasará un control de seguridad diseñado por una empresa española. Cogerá un tren desde Heathrow hasta Paddington construido por una empresa española. Llamará por teléfono, casi seguro, gracias al servicio prestado por una operadora española. Podrá sacar dinero de un cajero, que probablemente pertenecerá a un banco español. Y, desde su hotel, que podrá ser español, encenderá la luz suministrada probablemen-

te por una empresa española. Éstas son nuestras empresas y debemos sentirnos orgullosos de ellas.

Sí, se me fue la olla. Se nos fue la olla.

Porque ni que decir tiene que este discurso recibió asimismo laudatorios comentarios por parte de la prensa española, todos empapados del mismo espíritu megalómano que parecía poseernos colectivamente. Todo el país crecido a una. Nos creíamos los amos del mundo, y parece que no se nos ocurría preguntarnos por qué precisamente nosotros teníamos que ser los más listos de la clase; ¿acaso otros países con indudable mayor tradición industrial y notable mayor poderío económico no tenían acceso a esas oportunidades? ¿O no tenían acceso al crédito? Pero la machada nos correspondió llevarla a cabo a los españoles. No tardarían en bajársenos los humos.

Es muy difícil medir este «exceso de internacionalización», y cuantificar cómo pudo incidir en el endeudamiento de nuestro país. Pero es bastante evidente que lo hubo. Con frecuencia, a la hora de hablar de los excesos macroeconómicos, se compara lo que ocurrió en la economía española con la de Estados Unidos. Ambas sufrieron burbuja y *boom* inmobiliario, sufrieron una explosión incontrolada del crédito y tuvieron fuertes déficits por cuenta corriente. Sin embargo, este «exceso de internacionalización» es específico de nuestro país.

Los gráficos 5.5 y 5.6 presentan la descomposición de la balanza de pagos, en su propia moneda, tanto de Estados Unidos como de España, acumulada desde 1997 hasta 2007. Ambas economías presentan un déficit por cuenta corriente similar, que se va acumulando a lo largo del tiempo. La economía norteamericana financia ese déficit con inversión en cartera, y apenas realiza inversión directa en el exterior, lo que facilita que no tenga que acudir a financiación mediante préstamos bancarios, que quedan recogidos en la curva «otras inversiones». La economía española, con un déficit por cuenta corriente similar, además realiza una fuerte inversión directa en el exterior, que tiene que financiar con préstamos bancarios. Además, a partir de 2005, esta financiación es insuficiente para financiar los dos flujos, tanto el déficit corriente como el de la inversión exterior, y la economía requiere de unas fuertes entradas de inversión en cartera, que hacen que nuestra economía sea aún más dependiente de la financiación exterior.

Gráfico 5.5. Balanza de pagos e internacionalización

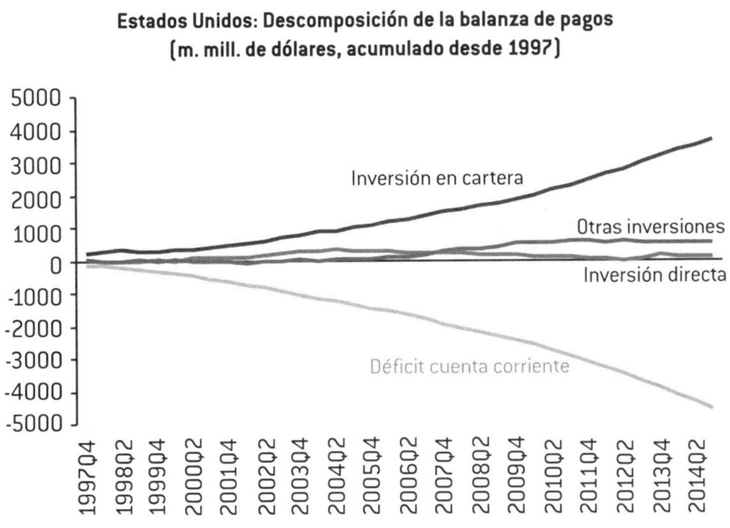

Fuente: BBVA a partir del Banco de España

Yendo a un enfoque más microeconómico, en la tabla 5.3 se sintetizan las principales operaciones empresariales, nacionales e internacionales, para estimar hasta qué punto esas operaciones han podido explicar el aumento de la deuda corporativa. Sólo se estiman las operaciones pagadas en *cash*, pues se sobrentiende que las adquiridas mediante acciones no generan deuda. También se excluyen las operaciones que suponen crecimiento orgánico.

De los casi 950.000 millones de euros de crecimiento de la deuda de las empresas, algo más de la mitad se dedica a creci-

Gráfico 5.6. Balanza de pagos e internacionalización

Fuente: BBVA a partir del Banco de España

miento orgánico y el resto, 402.000 millones de euros, a operaciones de transacciones tanto internacionales como nacionales. Sin embargo, este cálculo puede estar sesgado a la baja, pues parte de ese crecimiento orgánico tuvo que ser financiado a su vez con deuda porque se habían dedicado los recursos de las ampliaciones de capital, que no generan deuda, para operaciones inter-

Tabla 5.3. Transacciones internacionales y nacionales (1997-2007)

	Transacciones internacionales		Transacciones nacionales		Total transacciones
Equity del target	• Sólo se incluirá cuando el pago de la transacción es *cash*		• Sólo se incluirá cuando el pago de la transacción es *cash*		
Deuda neta del target	• No debe incluirse – la deuda neta del target se sigue manteniendo en el país de la sociedad adquirida		• No debe incluirse – la deuda neta del target ya estaba comprendida en los datos de deuda globales		
Total 1997-2007	**216.000 millones de €**	+	**186.000 millones de €**		**402.000 millones de €**

Fuente: Dealogic, Bloomberg

nacionales, en lugar de para el crecimiento orgánico. En cualquier caso, suponiendo que un 60-70% de esas transacciones tendrían un carácter internacional, estamos suponiendo un aumento de la deuda corporativa de unos 300.000 millones de euros como consecuencia de estas operaciones. Es cierto que parte de estas operaciones se han realizado en América Latina, y quedarían fuera de esta categoría. Pero desde 2002 en adelante buena parte de las transacciones internacionales tuvieron como *target* las empresas de los países industrializados.

En las tablas 5.4 y 5.5 se presentan algunas operaciones internacionales protagonizadas por empresas españoles del sector de la construcción y del sector energético durante este periodo, así como su impacto sobre la deuda española.

Tabla 5.4. Sector de la construcción: operaciones internacionales 2002-2007 excluyendo América Latina

Fecha	Comprador	Target	País
17-Mar-06	Ferrovil SA	BA A plc (Bid No 1)	Reino Unido
17-Jul-06	FCC	Waste Recycling Group Ltd (Waste disposal business)	Reino Unido
19-Oct-04	Ferrovial	City of Chicago (Chicago Skyway Toll Bridge Concession)	EE. UU.
6-Apr-06	Sacyr Vallehermoso	Elffage SA (20.34%)	Francia
20-Mar-07	A CS	Hochtief AG (25.08%)	Alemania
5-Feb-02	Dragados	Hollandsche Beton Groep NV - HBG	Paises BAjos
22-Ago-05	Ferrovial	Swfssport International AG	Suiza
20-Mar-06	Sacyr Vallehermoso	Property Portfollo (Office Towe Tour Adria in Paris, France)	Francia
26-Jul-06	FCC	Alphe Mayreder Bau GmbH (80.7%)	Austria
28-Jul-04	Empresas Prasa	Lusotur-Sociedade Financeira de Turismo SA	Portugal

Impacto directo sobre la deuda española: 25.000 millones de euros

Fuente: Dealogic, Bloomberg

Tabla 5.5. Sector energético: operaciones internacionales

Fecha	Comprador	Target	País
28-Nov-06	Iberdrola	ScottishPower plc	Reino Unido
26-Jun-07	Iberdrola	Energy East Corp	EE. UU.
23-Jul-01	Endesa: Banco Santander	Elettrogen SpA	Italia

Impacto directo sobre la deuda española: 22.000 millones de euros

Fuente: Dealogic, Bloomberg

Dadas las dificultades para analizar con detalle el impacto agregado de estas operaciones individuales sobre la deuda corporativa, podemos en su lugar emplear los datos agregados trimestrales, tanto de inversión española en el exterior que hemos utilizado en este capítulo, como los de deuda corporativa no financiera que presentamos en el capítulo 1, y analizar si hay una correlación significativa entre las tasas de crecimiento de ambas variables en las dos fases de expansión internacional. Los resultados se presentan en los gráficos 5.7 y 5.8.

Gráfico 5.7. Correlación entre los crecimientos de la deuda corporativa española y de la inversión española en el exterior

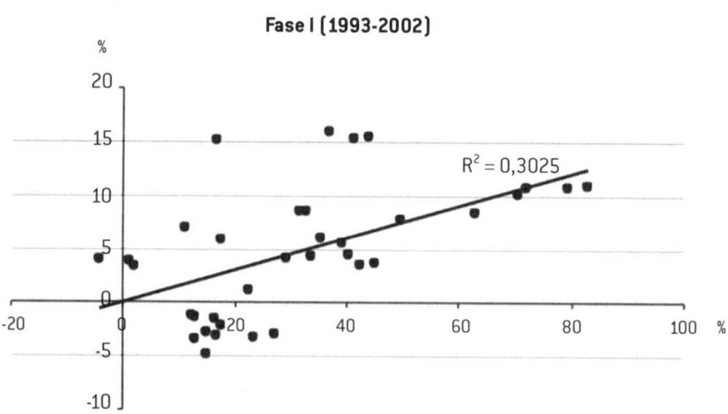

Fuente: elaboración propia a partir de los datos del Banco de España

En efecto, el gráfico 5.7 muestra que la correlación en tasas de crecimiento entre deuda e internacionalización es débil en el primer periodo. Sin embargo, en el segundo periodo la correlación es casi perfecta. Los aumentos de la deuda corporativa no financiera se explican en un 80% por la internacionalización llevada a cabo por las empresas españolas hacia los países desarrollados, en el periodo 2002-2008.

Gráfico 5.8. Correlación entre los crecimientos de la deuda corporativa española y de la inversión española en el exterior

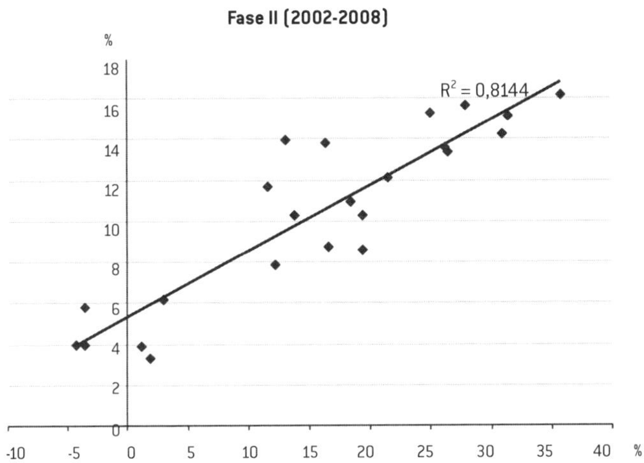

Fuente: elaboración propia a partir de los datos del Banco de España

Internacionalización de ida y vuelta

Al contrario de la experiencia en América Latina, en esta expansión de segunda fase con destino los países desarrollados, pronto se haría necesario emprender operaciones de «salida» para reducir la deuda, en algunos casos a precios más bajos de los adquiridos (con las consiguientes pérdidas de capital). En otros casos con rentabilidad muy por debajo de la esperada, sobre todo dado el coste del endeudamiento.

También es cierto que, por el contrario, se han producido recientemente operaciones de compra en plena crisis, aprovechando oportunidades (como, por ejemplo, la compra de una parte del negocio de Royal Bank of Scotland por parte del Banco de Santander), lo cual ha de verse como parte de la «buena internacionalización», de nuevo. Pero éste ha sido el caso menos frecuente.

No es objeto de este libro analizar con precisión lo que ha ocurrido durante la crisis con estas inversiones, dado que el horizonte temporal del mismo es el periodo previo a la crisis, 1998-2008. Tiempo habrá para analizar, con rigor y sosiego, el balance de esas inversiones en el exterior de las que tanto sacamos pecho en el pasado.

Sin embargo, a la hora de terminar este libro ya hemos conocido que algunas de estas operaciones se han «dado la vuelta», y la inversión llevada a cabo ha sido vendida en unas condiciones a veces menos favorables de las que se adquirieron.

Sin ánimo de ser exhaustivos, me voy a referir a un puñado de casos concretos, pero muy significativos:

- La venta de O2 por parte de Telefónica: en marzo de 2015 la operadora Telefónica anunció que había alcanzado un acuerdo con Hutchison Whampoa para la venta de la filial británica O2. Ambas partes habían iniciado un proceso de negociación en exclusiva a finales de enero. Acordaron un precio de compra de 14.000 millones de euros. El grupo español señaló que el precio se componía de un pago inicial de 12.640 millones de euros y un pago aplazado adicional de 1.360 millones de euros. Telefónica explicó que su intención era dedicar una parte de los fondos obtenidos a «situar el ratio de apalancamiento deuda neta frente al resultado operativo antes de amortizaciones por debajo de 2,35 veces, su objetivo para 2015 y 2016». Es decir, a reducir su endeudamiento. Telefónica había adquirido O2 en octubre de 2005 por 26.000 millones de euros, aunque esta operación incluía también O2 Alemania e Irlanda, vendidas aparte. Telefónica no ha publicado la plusvalía/minusvalía conjunta, pero una parte del mercado siempre ha sospechado que ha habido pérdidas significativas.

- La venta de la mitad de su participación en Citic por parte de BBVA: en enero de 2015 el BBVA anunciaba que vendía a UBS el 4,9% de China Citic Bank Corporation (CNBC), uno de los mayores bancos de China, por un importe de 1.460 millones de euros. Aunque esta operación en concreto supuso unas plusvalías para el banco español, que mantenía un 4,7% de participación en el banco chino, la noticia significaba una nueva vuelta atrás en los planes de expansión de BBVA en China. En 2006 Francisco González había definido su inversión en China como «estratégica» y había alcanzado en 2009 el 15% del gigante bancario chino, pagando 1.880 millones de euros por dicha participación. La operación de venta el banco español obtuvo unas plusvalías por 583 millones de euros, descontados los impuestos, más de la tercera parte del beneficio del primer trimestre de 2015, pero la realidad es que con ello la entidad sólo compensaba, en parte, las pérdidas acumuladas por esta operación. En efecto, entre 2006 y 2009, el desembolso total, según la nota de prensa de la propia entidad fechada en diciembre de 2009, ascendía a casi 3.000 millones de euros. BBVA había asumido este elevado coste porque valoró como estratégica una participación que no lo era, al no tener garantizada la gestión del banco chino en un mercado absolutamente desconocido. La constatación en 2013 del error inicial y la necesidad de aumentar los ratios de solvencia por los nuevos requerimientos de capital a la banca española, llevó a que BBVA reconvirtiera la participación inicialmente estratégica como financiera, lo que le supuso reconocer 2.300 millones en pérdidas, al valorarla a precios de mercado, por imperativo de la normativa contable en vigor. Una operación realmente ruinosa.

Habría que añadir aquí la amortización del fondo de comercio de Compass, que supuso una fuerte pérdida contable para BBVA y, para que nadie me acuse de ningún sesgo, también se podría incluir la operación de Santander con Sovereign, porque ambos compraron caro y a destiempo.

La presentación de algunas de estas operaciones «de vuelta» se puede calificar de muchas maneras, excepto de transparente. En muchos casos se detecta una cierta picaresca para disfrazar la contabilización de pérdidas por dichas inversiones: desde quien primero hace provisiones fuertes que reducen el valor contable y luego vende con «beneficios», hasta quien registra fuertes pérdidas contables pero nos dice que «no tienen efecto en caja» (como si la contabilidad fuera un registro de efectivo).

- La venta del 10,6% de los aeropuertos británicos, BAA, por parte de Ferrovial: en verano de 2012, Ferrovial vendió a Qatar Holding LLC el 10,62% de su participación en el holding de aeropuertos británicos (British Airports Authority, BAA) por unos 600 millones de euros. En junio de 2006 Ferrovial había lanzado, junto con otros socios minoritarios, una OPA por el 83% de BAA por 14.600 millones de euros, convirtiéndose en el mayor gestor de aeropuertos del mundo y en el primer grupo mundial de infraestructuras. Esta operación de venta se hizo, al parecer, con un importante descuento sobre el valor de la operación de compra sólo seis años antes. Y se añade a la operación de venta que hizo en 2011 del 5,9% de BAA por 325 millones de euros, también aparentemente a un tercio del valor de la operación de compra cinco años antes.

En este apartado de inversiones en el exterior frustradas, también habría que añadir la de Alpine por parte de FCC, que tuvo que reducir su valor a cero, apuntándose la pérdida correspondiente.

Como conclusión de este capítulo sirva una reflexión sobre las compras financiadas con deuda. La teoría financiera enseña que la deuda es más barata que el capital propio por requerir menos rentabilidad y ser, además, deducible de impuestos. Pero en no pocos casos las empresas españolas llevaron al límite la teoría: si aumentas mucho la deuda y desequilibras el peso del capital propio, te arriesgas a ser arrollado por una eventual crisis; y si deduces tantos intereses de impuestos, acabas perjudicando tanto a Hacienda que finalmente te modifica la ley para limitarlo.

Quiero añadir que el hecho de que algunas de estas inversiones en el exterior hayan fracasado, no implica que el camino de la internacionalización sea incorrecto. Pero debe hacerse con mesura, analizando las implicaciones a largo plazo y huyendo de los excesos y de la arrogancia, tan habituales en el periodo de la «falsa bonanza».

Debemos sacar más pecho por el *Made in Spain*, aquello que se produce en el interior de España y se exporta, que por el *Made by Spain*, aquello que producen nuestras empresas en el exterior, fruto de su inversión internacional. Presumamos de «nuestra» industria del automóvil. No es española, todas las marcas son extranjeras, pero producen y crean empleos en España, y generan exportaciones que ayudan a nuestra balanza comercial, crónicamente deficitaria. Gracias a ella, España es el segundo fabricante de vehículos de Europa y el noveno del mundo. Además, somos el primer productor europeo de vehículos industriales. Pese a ser una industria «extranjera», su implantación en España y su efecto arrastre sobre la industria de componentes contribuye al 10% del PIB de nuestro país y al 8% del empleo, el segundo sector en importancia detrás del turismo. Y lo mismo podemos decir de nuestra industria de bienes de equipo, de productos químicos, de alimentación, de aerogeneradores, de fabricación de trenes, aeronáutica, cerámica y farmacéutica. Sólo apostando por ellas conseguiremos avanzar en el cambio de modelo productivo que necesita nuestro país.

6

LOS EXCESOS ENERGÉTICOS

Éste es un capítulo que me incomoda bastante, por dos motivos. En primer lugar, porque, al contrario de los excesos narrados hasta el momento, que se gestaron a raíz de la incorporación de España al euro y tuvieron como protagonistas decisiones de los agentes privados, empresas y consumidores, durante el Gobierno de Aznar, en este caso uno de los excesos energéticos se origina durante la primera legislatura de Zapatero, y tiene como protagonista una serie de errores regulatorios durante su etapa, especialmente en el ámbito fotovoltaico y termosolar. Y, en segundo lugar, porque he tenido responsabilidades de Gobierno en esta área y mi deseo, ya expresado en la introducción, es que este libro no fuera ni autoexculpatorio ni acusatorio. Pero es imposible hablar de los excesos de la economía española sin hacer mención también de esos errores regulatorios. En descargo de sus autores, España fue un país pionero en el despliegue de las energías renovables, sin duda una apuesta que no debemos abandonar ni renunciar a ella. Pero precisamente por ser un país pionero, pagó la novatada en la forma en que llevó a cabo ese despliegue. Creo que siempre se actuó de buena fe y utilizando lo mejor posible la información disponible. Y es absurdo culpabilizar a nadie de nada de lo que se hizo. Porque lo importante es que se aprenda de los errores. Para que sirva a otros países y para otras generaciones de nuestro país.

Una reflexión global sobre la energía

Cuando el PSOE llegó al Gobierno en el año 2004, el grupo de países conocido como G-7 representaba el 50% del PIB mundial, concentrado en Estados Unidos, Europa y Japón. Hoy, más de una década después, estos países del G-7 apenas representan el 35% del PIB mundial y pierden en torno a un punto porcentual de peso económico global al año.

Resulta evidente que la economía mundial empieza a definirse en otras áreas del mundo y todo apunta a que la economía del siglo XXI estará dominada por países que eran casi irrelevantes en el siglo XX, tales como China, India o Brasil. En 1980 estas tres economías representaban apenas el 5% del PIB mundial. Sin embargo, de mantenerse los ritmos de crecimiento de los últimos veinte años, serán estas tres economías las que representen en 2050 más del 50% del PIB mundial. China era el sexto país del mundo a finales de 2003. Adelantó a Francia ese año, al Reino Unido en 2005, a Alemania en 2007 y a Japón en 2010, convirtiéndose en la segunda economía del planeta. Para 2030 es previsible que China se convierta en la primera potencia mundial.

Sin duda, este cambio de peso económico relativo se va a ver acompañado de cambios de similar magnitud en el campo político y geoestratégico, desplazando los centros de decisión del oeste al este y del norte al sur. Y es en medio de este cambio de poder económico y de poder político donde la energía se presenta como un elemento clave.

Para muchos economistas, la energía va a ser la restricción dominante en el largo plazo a nivel global, es decir, la restricción económica que va a fijar los límites y la capacidad del crecimiento futuro de los diferentes países.

En 1990 el consumo de energía de los países emergentes era el 25% del total. En 2013 estos países ya representan casi el 50% del consumo total y China se ha convertido en el mayor consumidor energético global, superando a Estados Unidos.

Parece claro que la demanda de energía por parte de las economías menos avanzadas seguirá creciendo fuertemente en los próximos años. Así, la Agencia Internacional de la Energía cree que en los próximos veinte años la demanda de energía en los países avanzados crecerá tan sólo un 4% acumulado, frente a casi el 60% de las emergentes. Este escenario de fuerte presión de la demanda por parte de los nuevos actores va a generar tensiones en los mercados energéticos que llevarán asociados episodios de fuerte inestabilidad. Además del encarecimiento de precios energéticos, no podrá ignorarse el impacto sobre el medio ambiente y sobre las emisiones de gases de efecto invernadero de este descomunal crecimiento de la demanda energética.

Así, y a modo de ejemplo, en 1990 China emitía la mitad de CO_2 que Estados Unidos. En 2020, según la Agencia Internacional de la Energía China emitirá más que Estados Unidos, la Unión Europea y Japón juntos. Una tendencia insostenible medioambientalmente, se mire como se mire.

En el ámbito europeo, la Comisión Europea ha aprobado los objetivos de clima y energía para 2030. Los pilares del nuevo marco de la Unión Europea en materia de clima y energía son reducir en un 40% las emisiones de gas de efecto invernadero (GEI) y que los Estados miembros fijen un objetivo vinculante agregado de al menos un 27% de energías renovables en 2030. Es evidente que la UE seguirá liderando la «descarbonización» de la economía. Pero también es evidente que se está produciendo un replanteamiento en la política energética impulsada en el último lustro.

Es en este marco externo, tan cambiante y tan desafiante, donde un país pequeño y fuertemente dependiente como es España ha de tomar también sus propias decisiones de política energética de largo plazo.

El mix *energético español*

Las decisiones en materia energética a tomar por España se enfrentan a una serie de dificultades y ofrecen un muy notable grado de complejidad, principalmente por cuatro motivos.

En primer lugar, porque la energía se ve afectada por la antes mencionada incertidumbre geopolítica, pero también por una enorme incertidumbre tecnológica (las energías renovables, incluyendo la tecnología de almacenamiento, la fusión y la reutilización de los residuos nucleares, la captura y almacenamiento de CO_2, etc.).

En segundo lugar, porque la energía no es un sector más. La energía es un *input* fundamental para toda la economía, para las empresas y para los consumidores domésticos y las administraciones. De hecho, para muchos sectores industriales, la factura energética representa una proporción de sus costes incluso superior a la de los costes laborales.

En tercer lugar, porque las decisiones energéticas tienen un horizonte de muy largo plazo, incluso más que las infraestructuras de transporte. Muchas de las inversiones de este sector tienen un horizonte de vida útil superior a cuarenta años y son difícilmente reversibles.

Y en cuarto lugar, porque la propia política energética persigue tres objetivos simultáneos, a saber: la seguridad de suministro, la competitividad y la sostenibilidad medioambiental. Si ya resulta difícil, con los instrumentos cada vez más limitados de la actividad política, conseguir un único objetivo, ¡qué decir cuando se trata de conseguir tres objetivos simultáneamente!

Estamos hablando, por tanto, de unos objetivos que deben ser combinados con las señales que se reciben del mercado vía precios, en un complicado ejercicio de liberalización de mercados y de planificación de las infraestructuras, con horizonte temporal de larguísimo plazo, y en un entorno global y tecnológico de máxima incertidumbre.

Además, se trata de tres objetivos que con frecuencia son contradictorios entre sí. Es decir, políticas o decisiones que mejoran la seguridad del suministro pueden ir en contra de la competitividad. O decisiones que afectan positivamente a la sostenibilidad medioambiental pueden entrar en contradicción con el objetivo de la competitividad y de la seguridad del suministro. Si sólo te fijas en uno de los objetivos, en detrimento de los otros dos, acabarás desarrollando un modelo insostenible, caro, o fuertemente dependiente del exterior.

Sólo hay una política que cumple simultáneamente los tres objetivos: el ahorro y la eficiencia energética. Una mayor eficiencia supone un menor consumo de energía por unidad de producto, lo que aumenta nuestra seguridad de suministro, reduce las emisiones y aligera los costes energéticos, incrementando la competitividad de nuestro tejido empresarial. Luego volveré sobre este tema.

La seguridad energética, actual y futura, nos obliga a diversificar nuestras fuentes de energía y nuestros suministradores. El petróleo sigue siendo la fuente de energía fundamental, pues representa el 49% de toda la energía primaria consumida. Se trata de una energía que, si bien aparentemente está bien diversificada, porque ningún país proveedor supera el 14% de nuestra cuota de mercado, su precio internacional está muy condicionado por la existencia de un cártel, la OPEP, que controla más del 40% de la producción mundial y el 80% de las reservas mundiales de petróleo.

El gas natural es nuestra segunda fuente energética, representando el 24% de la energía primaria consumida. Al contrario que en el petróleo, el gas está más concentrado en un proveedor principal, Argelia, país que suministra más del 35% del total. Aun así, España ha diversificado su suministro de gas con Nigeria, Qatar, Trinidad y Tobago, Egipto y Noruega, porque dispone de una red amplia de plantas regasificadoras. De hecho, la mayor red de Europa. Ello nos posibilita hacer frente a un potencial problema de abastecimiento y a evitar que se ejerza un excesivo poder de mercado por parte de cualquier suministrador.

El carbón tiene en su contra que se trata de una fuente de energía más cara y más contaminante, perjudicando dos de nuestros tres objetivos: la competitividad y la sostenibilidad ambiental. Pero se trata de nuestra única fuente autóctona de energía fósil, lo que refuerza el objetivo de seguridad de suministro, además de ser una tecnología disponible y gestionable,[1] por lo que

1. Por «gestionable» se entiende que se puede aumentar o disminuir su

puede servir de respaldo a las energías renovables. Conviene recordar que las directivas de la Unión Europea sobre la liberalización de la electricidad permiten a un Estado miembro garantizar una producción de electricidad a partir de fuentes de combustión autóctonas fósiles hasta un límite del 15% del consumo nacional, por razones de seguridad de suministro.

El repaso a nuestro *mix* energético quedaría incompleto sin mencionar la energía nuclear. Dicha energía parte de un coste de inversión inicial muy elevado, con una rentabilidad sujeta a incertidumbre. Pero es verdad que, una vez construidas y amortizadas, las centrales nucleares suministran electricidad a un coste reducido, mejorando nuestra competitividad. También reducen nuestra dependencia de energías fósiles importadas y no generan emisiones de CO_2. Pero con la tecnología disponible, además de los problemas de seguridad, que quedaron de manifiesto tras el tsunami de Fukushima, generan un problema medioambiental: el de sus residuos de alta radiación. Según los datos más recientes del Organismo Internacional de Energía Atómica (IAEA), en el mundo hay 438 reactores nucleares operativos, siete de ellos en España.[2] Es decir, tenemos un 1,6% del número mundial de reactores, un porcentaje similar al peso de nuestro PIB en la economía mundial.

Además, en el mundo hay 70 reactores nucleares en construcción y 96 más planificados. De esas 70 unidades en construcción, 26 están localizadas en China, nueve en Rusia, cinco en Estados Unidos y otras cinco en Corea del Sur respectivamente. Junto a estos países construyen reactores Argentina, Bielorrusia, Brasil, Emiratos Árabes Unidos, Eslovaquia, Finlandia, Francia, India, Japón, Pakistán y Ucrania. Y, por primera vez desde el accidente

---

oferta según se necesite, aunque incurras en costes. Una central nuclear no es gestionable, porque no puede encenderse y apagarse intermitentemente. Las energías renovables tampoco son gestionables, mientras no se desarrolle la tecnología de almacenamiento, porque el sol no sale o el viento no sopla siempre que uno lo necesite.

2. La central de Garoña, pese a no haberse cerrado de forma permanente, lleva varios años inoperativa.

de Fukushima de 2011, la producción nuclear mundial ya volvió a aumentar en 2014 respecto al año anterior. Y eso que los 48 reactores que conforman el parque nuclear japonés se encuentran actualmente parados (aunque recientemente han anunciado la reactivación de algunos).

Gráfico 6.1. Reactores nucleares en el mundo (2015)

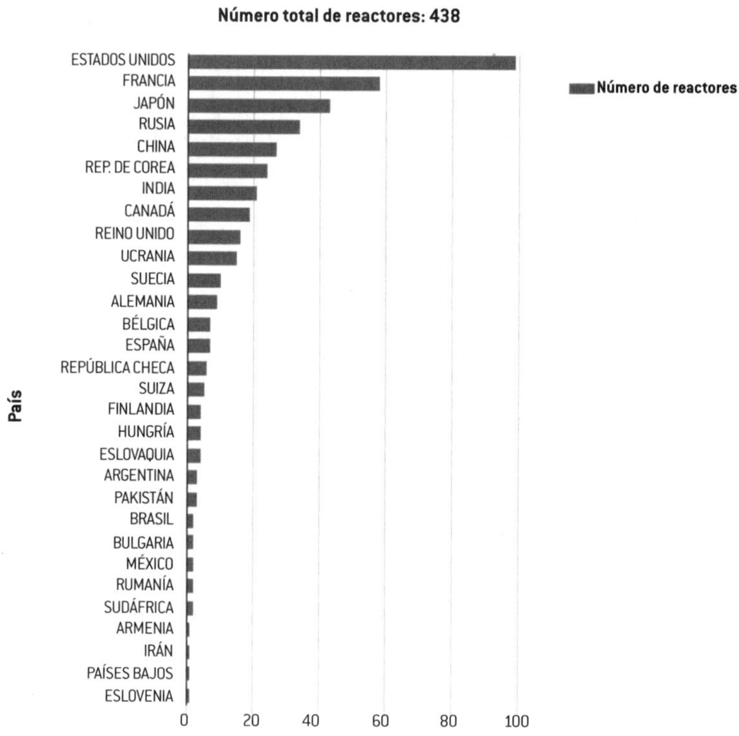

Fuente: IAEA

En España, el Gobierno socialista decidió en 1994 paralizar las centrales que estaban en construcción. Pero fue en 1997 cuando el Gobierno del PP decidió compensar esta moratoria con el cobro de un total de más de 4.000 millones de euros, a costa de la tarifa eléctrica, hasta 2015.

Aunque el entonces presidente de Gobierno socialista se arrepintió después de dicha moratoria, lo cierto es que en España no ha habido un debate sereno y serio sobre la energía nuclear, un debate que tenemos pendiente.

El lector se estará dando cuenta de que empecé hablando de «energía» y ahora hablo de «electricidad». Soy consciente de que debe evitarse la simplificación, muy común, consistente en reducir el debate «energético» al sector «eléctrico», dado que la electricidad supone poco más del 20% del consumo energético final de España. Pero también es cierto que se trata de un producto de alto valor añadido y de que nos estamos refiriendo a un sector que irá ganando peso a medida que el proceso de electrificación continúe. Un proceso que resulta imparable en un mundo cada vez más preocupado por las emisiones de CO_2, especialmente en el sector del transporte.

Pero, sobre todo, porque el sector eléctrico es un sector híper regulado que atrae buena parte del foco público. Es por ello por lo que, en el resto del capítulo, me referiré fundamentalmente a este sector eléctrico y, en particular, a los dos acontecimientos de política energética más relevantes en dicho sector durante la última década en España. Dos acontecimientos que están relacionados entre sí: el despliegue de las energías renovables y el llamado «déficit tarifario».

Energías renovables: fuimos demasiado rápido, no demasiado lejos

Nadie duda de que las energías renovables representan, junto al ahorro y la eficiencia, el futuro energético de nuestro país. Yo al menos soy un firme convencido la necesidad de apostar por ellas. No sólo reducen nuestra dependencia exterior y las emisiones de CO_2 sino que, además, en principio deberían implicar un desarrollo industrial, un posicionamiento internacional para nuestro país, una mejora de nuestra balanza comercial y la generación de empleo sostenible, también en el mundo rural.

Estoy convencido de que España tiene que mantener esta apuesta estratégica de futuro, pero siempre que su despliegue vaya acompañado por la evolución tecnológica y la reducción de costes que las haga, eventualmente, competitivas. En este sentido, estoy convencido de que todavía no hemos ido todo lo lejos que debemos ir con las energías renovables en España. Pero que haya camino por recorrer no significa que el recorrido se haya hecho correctamente y, si bien no hemos llegado todavía a donde nos conviene, en lo emprendido, sin duda, hemos ido demasiado rápido y cometido demasiados errores. Corregir dichos errores fue complicado, pero debimos hacerlo para evitar que fuera peor el remedio que la enfermedad.

Además, debemos comunicar nuestra experiencia de país pionero a otros países, para evitar que se repitan dichos errores y puedan aprender de nuestra experiencia. Porque no hay duda de que las energías renovables refuerzan nuestra seguridad de suministro y nos permiten afrontar los retos del cambio climático. Pero tampoco hay duda de que estas energías son más caras a corto plazo, e implican un importante sobrecoste de nuestras tarifas de acceso, lo que perjudica el objetivo de la competitividad, muchas veces ignorado.

Como ya apuntaba antes, buena parte de nuestro tejido industrial depende de los costes de la energía tanto o más que de los costes laborales. En la Unión Europea tenemos muy pocos márgenes de maniobra en lo que se refiere a la política industrial, por la restricción en contra de las famosas «ayudas de Estado». La innovación es uno de los pocos márgenes de maniobra. Y las energías renovables, otro. Por ello, lo que no debería ocurrir, como ha ocurrido, es que el despliegue de las energías renovables perjudique a nuestro ya debilitado tejido industrial. Por el contrario, deberían haber sido una herramienta más de política industrial.

Los huertos fotovoltaicos consumen terreno y los receptores de las primas son, o bien los propietarios de esos terrenos, o bien los inversores de los proyectos. Pero las primas las pagan los consumidores (recordemos que cuando hablamos de «consumidores» no sólo nos referimos a los hogares, que sólo representan el

30% del total de consumo, sino al conjunto del tejido empresarial y, sobre todo, a la industria). Es por ello por lo que esas primas son en realidad una transferencia de rentas desde las pymes y la industria, innovadora, productiva y exportadora, hacia los propietarios de suelo o los financieros que desplegaron los huertos solares por toda España.

Lógicamente este despliegue se llevó a cabo en aquellos suelos que no valían para el desarrollo inmobiliario, lejos por tanto de los núcleos urbanos, aumentando además el coste de transporte. El apoyo a las energías renovables debería haber sido neutral, en el peor de los casos. Y, en el mejor, debería haber servido para que nuestro sector industrial se convirtiera en receptor y no en pagador de nuestro despliegue renovable.

¿Cómo se podría haber conseguido este efecto beneficioso? Habiéndoles hecho receptores de las ayudas de las energías renovables, fundamentalmente la fotovoltaica, si los paneles se hubieran instalado en los techos de nuestra industria, en vez de en huertos solares. Además, las primas requeridas para llevar a cabo el despliegue hubieran sido menores, dado que la rentabilidad exigida a los huertos solares, que no tenían otra actividad que la generación eléctrica y cuya inversión conllevó un crédito a largo plazo en buena parte de los casos, no hubiera sido tan alta si los perceptores hubieran sido los propios industriales que se hubieran beneficiado del menor coste de generación de electricidad como *input* de su proceso productivo, y del menor coste de transporte y distribución de la misma. Una especie de «generación distribuida» sobre la que luego volveré.

Cinco errores que no hay que «renovar»

a) Suelos en lugar de techos

La primera lección que hemos aprendido es que se deben primar los techos y nos suelos, y dentro de los techos, los de aquellos que vayan a ser los principales pagadores del sistema de primas, es decir, el tejido industrial, y el de los consumidores domésticos en segundo.

b) Primas fuera del presupuesto público

El segundo error cometido, tanto por los gobiernos de Aznar como de Zapatero, fue no haber incluido las primas a las renovables, que explican buena parte del endiablado problema del déficit tarifario, dentro de los Presupuestos del Estado, en vez de en la tarifa eléctrica (a cargo de los consumidores). Si hubiera sido así, los decretos y sus posibles incentivos perversos hubieran sido mirados con lupa por el ejército de economistas del Ministerio de Economía y Hacienda y alertado de sus riesgos. Pero ni siquiera es éste el argumento más importante, sino el de la competitividad, que ya hemos mencionado anteriormente como uno de los objetivos de toda política energética, y que suele desatenderse con frecuencia. Si las primas corren a cargo de los consumidores (buena parte de los cuales son industriales), la competitividad empeora, mientras que si las primas están en el presupuesto, la competitividad no se ve afectada, o incluso puede mejorar si los receptores de las primas son la propia industria.

c) Ausencia de topes en la remuneración

La tercera equivocación cometida fue fijar de antemano y a ciegas un «precio» (la prima) pero no acompañarlo de un límite a la «cantidad», es decir, un tope a la capacidad instalada. El incentivo de la prima puede ser demasiado bajo, en cuyo caso no se cumplen los objetivos (tal y como ocurrió hasta 2007), o ser demasiado alto, dando lugar a un importante aumento de la oferta de instalaciones. Esto fue lo que ocurrió en 2007 con el Real Decreto 661/2007. Al permitir que transcurriera todo un año desde el momento en que se alcanzaban los objetivos del PER 2005-2010 (480 megavatios de potencia solar fotovoltaica), se produjo una avalancha, con más de 3.000 megavatios instalados.

Por tanto, el tercer error cometido, sobre todo en un sector con fuerte innovación tecnológica y donde hay un problema de información asimétrica sobre cuáles son los verdaderos costes de la tecnología incipiente, resulta de fijar solamente el precio (primas) y no las cantidades (capacidad instalada), o no haber asignado unas cantidades *ex ante* mediante mecanismos competitivos que hicieran aflorar los costes reales e incentivaran las instalaciones más eficientes (como las subastas o como el pre-registro que hicimos posteriormente), y que habrían evitado la burbuja autonómica renovable, incentivada por la extracción de rentas generadas por las altas rentabilidades.

Es cierto que a partir del Real Decreto 1578/2008, en septiembre, se estableció un procedimiento de preasignación y un cupo para las instalaciones fotovoltaicas. La prima fue decreciendo con la oferta de instalaciones. De esta forma, los avances tecnológicos, que el regulador desconoce, se trasladan al menos parcialmente a los consumidores, tal y como ocurre en cualquier sector industrial. Pero eso se debería haber hecho desde 2007.

d) A más oferta, más precio

El cuarto grave error de diseño fue el de remunerar la tecnología en función de las horas producidas, sin un límite expreso a las mismas. De esta forma se producía una paradoja económica: «cuanta más oferta, mayor precio». Es decir, cuando más soplaba el viento (energía eólica) o más sol hacía (energía fotovoltaica), más subía la luz que tenían que pagar los consumidores, porque más elevada era la remuneración a los generadores de dicha electricidad, a través de las primas.

Esta aberración económica se puso de manifiesto sobre todo en 2009: sin que hubiera aumentado significativamente la capacidad instalada, se dispararon los costes de las primas fotovoltaicas por el aumento de las horas de producción. En algunos medios se publicó la sospecha de fraude, incluso se habló de generación nocturna, pero nunca se pudo contrastar porque su supervisión era competencia exclusiva de la Comisión Nacional de Energía (CNE), lo cual fue probablemente otra equivocación en el diseño institucional.

En cualquier caso, al margen de que hubiera fraude o no, la situación requería un límite a las horas primadas. Porque, como segunda derivada a esta aberración económica, se daba otra: los avances tecnológicos (seguidores, paneles más eficientes, repotenciación) causaban un perjuicio a los consumidores porque elevaban la tarifa eléctrica.

Todos sabemos que una de las leyes económicas señala que cualquier avance tecnológico, en la medida que reduce costes (un «choque de oferta positivo»), debe ser beneficioso para los consumidores, y no sólo para las empresas (piénsese en los ordenadores, en los televisores, en los electrodomésticos, automóviles, etc.). Por el contrario, en la energía fotovoltaica, los avances tecnológicos se traducían en una subida del precio para los consumidores, porque elevaban el número de horas de producción y remuneración.

Por todo ello, se imponía un límite de horas. Es cierto que las horas no se fijaron en el Real Decreto 661/2007: ahí no se hablaba de horas, ni para bien ni para mal. En cambio, sí se había hecho mención al número de horas en el Plan de Energías Renovables (PER) 2005-2010, un plan estratégico bajo el que buena parte de los inversores hicieron sus planes a futuro.

Por tanto, poner un límite a las horas, fijando una cifra como las del PER, no puede considerarse una «violación de la seguridad jurídica». Y ni mucho menos una actuación retroactiva. Hubiera sido retroactivo si el Real Decreto 661/2007 hubiera fijado un número de horas y nuestro Gobierno lo hubiera cambiado. Pero no fue así. Y, al contrario de lo que se dijo en la campaña nacional e internacional orquestada, la prima no se modificó. La «tarifa» (remuneración por hora producida), que es lo que se conoce por «prima», no se tocó en absoluto. Es verdad que a las nuevas instalaciones sí se retocó la tarifa, que decrecía a medida que iba entrando nueva capacidad. Pero no a las del Real Decreto 661/2007. Sólo se limitó el número de horas, por las razones expuestas arriba. En cualquier caso, su limitación recibió la crítica injusta de «retroactividad» y «violación de la seguridad jurídica». Pero no hubo ningún «cambio de las reglas a mitad del partido», porque el número de horas máximas no había sido concretado en la regulación inicial, y en la práctica se habían convertido en un exceso. De hecho, con las empresas de generación eólica y termosolar sí fue posible un acuerdo de limitación de horas. Con el fotovoltaico, pese a todos los esfuerzos e intentos, no fue posible el acuerdo.

Optar por un modelo que prime la instalación independientemente de la producción también me parecería injusto e ineficiente, porque no incentiva la innovación tecnológica. Pero creo que hemos aprendido para el futuro que se debe poner un límite a las horas primadas, un límite que garantice una «rentabilidad razonable». Y, superado ese límite, el generador debe recibir la remuneración de mercado, como un generador más.

e) La energía como producto financiero

Finalmente, el quinto error, también achacable al Real Decreto 661/2007, sobre todo en lo que se refiere a la energía fotovoltaica, fue el no haber impedido la conversión de estos proyectos en un producto financiero de alta rentabilidad real «garantizada».

Buena parte de los receptores de las primas fueron inversores financieros (clientes de los bancos, que fueron los que más distribuyeron este producto, como tantos otros productos, algunos de ellos «tóxicos»). Si se hubiera impedido la reventa de estos derechos (en realidad «concesiones administrativas») en paquetes de pequeño tamaño que se colocaban a ahorradores pequeños o inversores internacionales, el daño hubiera sido menor.

Esto es así porque en el proceso de reventa se iba perdiendo rentabilidad: los proyectos «originales», aquellos que recibían la concesión, tenían en muchos casos una rentabilidad real garantizada del 20%. Lo revendían en paquetes divisibles con una rentabilidad del 15% (un precio mayor) y se embolsaban la diferencia. A su vez, éstos lo revendían con una rentabilidad del 10% real que seguía siendo muy atractiva y así sucesivamente.

Los bancos y cajas estaban encantados con estos movimientos, porque se embolsaban comisiones o ganaban clientes (de hecho, muchos clientes compraban a crédito, ni siquiera tenían ahorros), generando negocio en un momento en que las perspectivas inmobiliarias empezaban a enfriarse.

El resultado de esta pirámide es doble: en primer lugar, los últimos de la cadena ya no reciben tanta rentabilidad y son más sensibles a cualquier recorte de la remuneración, sobre todo si se han endeudado; y, en segundo lugar, que los intereses fotovoltaicos estaban atomizados, carecían de una representación coordinada y eran extraordinariamente combativos porque se les había «prometido» (no por parte del Gobierno, sino por parte de la industria financiera) una rentabilidad basada en un número de horas remuneradas que ni estaba regulado ni era sostenible.

Por todo ello, la interlocución con el sector fotovoltaico fue prácticamente imposible. Los eólicos y termosolares aceptaron la limitación de horas. Eran pocos y representaban una industria. Pero los fotovoltaicos eran muchos y tremendamente agresivos. A las pocas asociaciones fotovoltaicas que existían les ofrecimos un acuerdo razonable: una limitación temporal del número de horas durante tres años y, a cambio, una extensión en el número de años de percepción de las primas: de veinticinco a treinta y cinco años.

Tres años de sacrificio a cambio de diez años de premio. A cualquier empresa industrial le hubiera parecido razonable la oferta. Pero ellos no eran industriales, en su gran mayoría. Fue imposible llegar a un acuerdo y el Gobierno, y en especial el Ministerio de Industria, sufrió un ataque mediático, político, social, e incluso internacional, despiadado. Los bancos y cajas no fueron ajenos a ello.

Y la burbuja fotovoltaica se hinchó

La burbuja fotovoltaica se produjo desde finales de 2007 hasta la primavera de 2008 ante la impotencia del Gobierno central y fue alentada por los ayuntamientos y Comunidades Autónomas, que daban todo tipo de facilidades burocráticas, algunas apurando al máximo la legalidad, para facilitar la avalancha de solicitudes antes de que finalizara el año.

Hoy es fácil decir que deberíamos haber «pinchado la burbuja fotovoltaica», aprobando un decreto ley que derogase de un plumazo el Real Decreto 661/2007, aunque ello implicase saltarse la deseada «seguridad jurídica». Pero ese decreto ley no hubiera tenido el apoyo mayoritario de nuestra cámara, en la que estábamos en minoría. Tampoco lo hubiéramos tenido fácil con nuestro propio partido (conviene recordar que el despliegue de huertos fotovoltaicos se produjo, como es lógico, sobre todo en lo que podemos llamar el «*sun belt* español»:[3] Castilla-La-Mancha, Extremadura y Andalucía, comunidades gobernadas entonces por el PSOE y que recibían esta generosa lluvia de las primas y de actividad de los instaladores).

Una vez más, que el Ministerio de Economía y Hacienda, ocupado con otras prioridades, se declarara «ajeno» al problema (por no afectar a las cuentas públicas) impidió la reacción contundente requerida. En definitiva, el Ministerio de Industria estaba solo frente a todos. Con el Real Decreto 1578/2008, y en medio de fuertes críticas, además de rebajar la prima, el Ministerio de Industria estableció un mecanismo «endógeno» por el cual siempre que entrara más potencia (cantidad) se rebajaba la prima (precio), lo que evitaba que se disparase el coste para los consumidores (el producto del «precio» por la «cantidad»). Además, se permitía que entrasen las instalaciones más eficientes, lo que favorecía el avance tecnológico.

Pero el daño del Real Decreto 661/2007 ya estaba hecho. Como consecuencia del mismo se instalaron en España 3.000 megavatios de paneles fotovoltaicos, siete veces el objetivo. Un despliegue mayor en ese año que en el resto del mundo en su conjunto, pese a que España apenas representara el 2% del PIB mundial y el 0,8% de su territorio. Esos 3.000 megavatios

3. Se denomina *sun belt* o cinturón solar a los doce estados del sur y sudeste de Estados Unidos.

iban a recibir 3.000 millones de euros durante veinticinco años. Es decir, la friolera de 75.000 millones de euros a costa de la factura de la luz de los consumidores españoles. Es cierto que si el consumo de electricidad hubiera continuado subiendo un 4-5% anual, ese exceso hubiera sido absorbido en unos pocos años. Pero llegó la crisis, y eso no fue así.

Gráfico 6.2. Saldo comercial de bienes generadores de energías renovables (millones de euros)

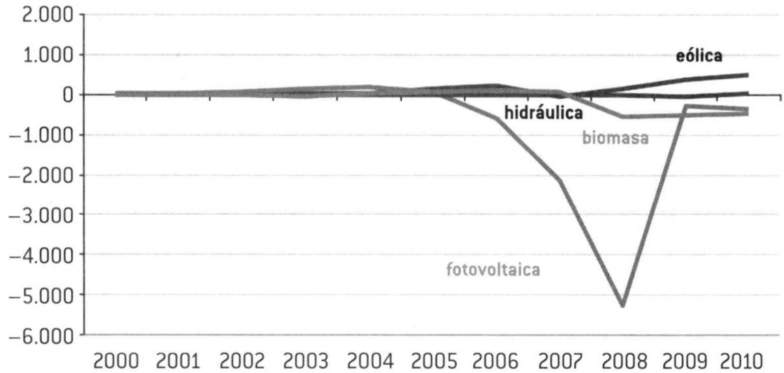

Fuente: Aduanas

El gráfico 6.2 sintetiza de forma nítida la medida del «exceso energético» que supuso la burbuja fotovoltaica. Porque una de las razones, además de las medioambientales, que justifican el despliegue de energías renovables en un país tan dependiente energéticamente como España, es que contribuyan a mejorar nuestro saldo comercial, crónicamente deficitario en buena parte por nuestras importaciones de energía fósil, fundamentalmente petróleo y gas. Es cierto que, a corto plazo, en la medida en que el despliegue renovable requiere de una inversión tecnológica, podamos incurrir en un déficit comercial añadido como consecuencia de ese despliegue. Es lo que ocurrió inicialmente con la eólica y posteriormente con la biomasa. Pero en el caso fotovoltaico se superaron todas las líneas rojas. En 2007 las importaciones de bienes relacionados con la energía fotovoltaica (dispositivos de material semiconductor, paneles, seguidores solares, etc.) superaron los 2.300 millones de euros. En ese mismo año, las importaciones de grupos electrógenos de energía eólica, por poner un ejemplo, ascendían a apenas 193 millones. Pero es que en 2008 el valor de las importaciones asociadas a la energía fotovoltaica se disparó hasta los 5.500 millones de euros, siendo uno de los factores relevantes para explicar el déficit corriente de nuestro país en ese año. Era necesaria la actuación.

¿Fuimos demasiado duros o demasiado blandos?

Si se pregunta a los que se vieron afectados por las medidas de recorte que tuvimos que hacer para frenar el impacto del coste de las energías renovables sobre los consumidores y la competitividad, la respuesta será que, sin duda, fuimos excesivamente duros. Y ésa fue probablemente la percepción también entre nuestros propios compañeros de partido, que no entendían nuestras medidas de ajuste cuando el presidente Zapatero había enarbolado la bandera de la lucha contra el cambio climático.

Y éste es un caso más, como otros tantos en este libro, de que algo que en principio es «bueno», se convierte en un problema cuando hay un exceso del mismo. ¿Acaso no es bueno el crédito? ¿O la construcción de vivienda? ¿O la internacionalización? ¿O las infraestructuras? Por supuesto que lo son. Pero en todos los caso se produjeron excesos. Y lo que es malo es el exceso. Con las energías renovables pasó algo parecido. Por supuesto que son buenas, pero el problema fue el exceso que se produjo en su despliegue. En este caso el exceso no es tanto cuantitativo (el número de megavatios de potencia renovable instalada) como de la velocidad de implantación.

Es evidente que un país como el nuestro, con una cantidad elevada de horas solares al año, una fuerte dependencia energética y una relativa dispersión de la población, tiene un enorme potencial para desplegar la energía fotovoltaica y la termosolar.

Pero, al ser un país pionero, pagamos la novatada de ofrecer unas primas excesivas y hacer un despliegue demasiado rápido, cuando la tecnología era aún cara, y no aprovechamos la mejora en la curva de costes que vino después (véase el gráfico 6.3). Es posible que la tecnología esté llegando a un punto en que la energía fotovoltaica sea competitiva. Y que ello justifique un nuevo despliegue, esta vez más racional y sostenible, de esta fuente energética. Es decir, en los techos de los edificios de los consumidores, domésticos y empresas, favoreciendo la «generación distribuida», sobre todo en las zonas más aisladas y con menos densidad de población.

Volviendo a la pregunta inicial de si fuimos demasiado duros o no, debemos distinguir entre las dos tecnologías solares. En lo que se refiere a la energía termosolar, es cierto que establecimos un prerregistro[4] que ralentizó a la mitad de lo solicitado el ritmo de entrada de las plantas termosolares. Pero acabaron entrando 2.300 megavatios de los 500 previstos en el Plan de Energías Renovables 2005-2010. No puede hablarse, por tanto, de dureza. Y en lo que se refiere al ajuste del exceso fotovoltaico, la referencia más objetiva

Gráfico 6.3. Coste de la tecnología fotovoltaica

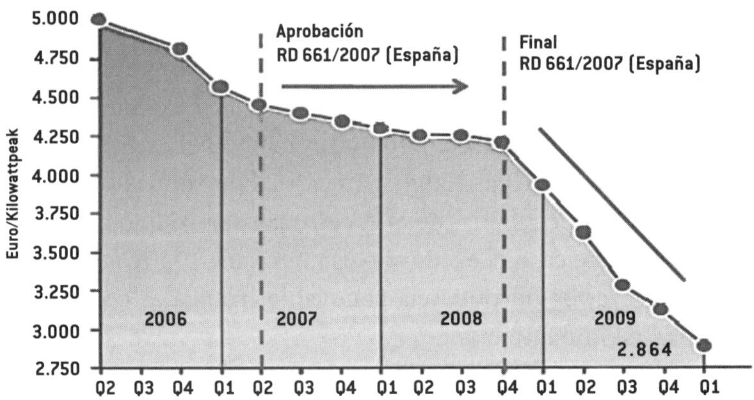

Fuente: Ministerio de Industria, Turismo y Comercio

4. Véase el Real Decreto-Ley 6/2009.

que conozco es la de los profesores Mir-Artigues, Cerdá y el Río.[5] Su estudio, publicado en una prestigiosa revista científica internacional, demuestra que el impacto de las medidas de nuestros decretos de 2010 y 2011, no tuvo un efecto excesivo sobre la rentabilidad de las plantas, que mantenía un razonable 7%. Otra cosa fueron las medidas del PP en 2012 y 2013, que han llevado la rentabilidad de las plantas a cero o incluso negativa, teniendo en cuenta los costes financieros.

¿Y el futuro? Soy un firme defensor del autoconsumo. En ese sentido, pensando en la «verdadera» industria fotovoltaica, y no en los especuladores financieros ni en propietarios de suelo, intentamos tramitar un decreto de «autoconsumo» o «generación distribuida», que no pudo ver la luz por el adelanto electoral de 2011.

La generación distribuida o, si se quiere, el autoconsumo debe hacerse con «neteo». Es decir, permitir que en los techos de las viviendas o pequeñas industrias puedan instalarse paneles de generación eléctrica fotovoltaica y que, en caso de que produjeran más electricidad de la consumida, poder volcar el excedente a la red y sólo pagar por la diferencia (el «neteo»). Estoy en contra de los peajes a la generación distribuida.[6] No me parecen justos y supondrán una barrera a su despliegue. Pero también creo justificado el argumento de que el neteo simple no es justo con la red de transporte y distribución, cuyos costes de inversión y mantenimiento serían financiados por el resto de los consumidores, mientras que los consumidores de la generación distribuida podrían acceder a las ventajas de dichas redes sin tener que pagar por ellas. No estoy a favor de dar ayudas a consumidores de rentas más altas, que son los que de entrada podrían instalarse el sistema de auto-

5. Véase Pere Mir-Artigues, Emilio Cerdá y Pablo del Río, «Analyzing the impact of cost-containment mechanisms on the profitability of solar PV plants in Spain», *Renewable and Sustainable Energy Reviews*, 46, 2015, pp. 166-177.

6. Los «peajes de respaldo» en la última normativa aprobada reciben el nombre de «cargo por autoconsumo». En un estudio de 2014, la Comisión de Energía de California consideró injustificados este tipo de peajes variables.

consumo en sus hogares unifamiliares. Pero una cosa es la ayuda y otra la penalización mediante peajes que impidan el desarrollo de la generación distribuida y su comercialización a gran escala.

Puede haber una solución alternativa a los peajes, basada en un «neteo asimétrico». Es decir, que los consumidores que necesiten la energía eléctrica de la red la paguen según el precio de la tarifa, mientras que el excedente generado lo cobren según el precio del mercado mayorista o *pool*. Implantar este sistema requiere innovación tecnológica en los contadores, introduciendo contadores horarios bidireccionales. Pero es algo que se necesita en cualquier caso, si queremos ir hacia un modelo energético más moderno, eficiente y competitivo, y avanzar en el concepto de las *smart cities*.

El déficit tarifario: otro exceso de deuda

El problema del déficit tarifario en el sector eléctrico es, junto con el despliegue de las energías renovables, uno de los elementos más característicos del sector energético español en la última década.

El déficit tarifario es el desfase entre los ingresos del sistema (la tarifa que pagan los consumidores) y los costes del sistema (la generación, el transporte, la distribución, las primas a las renovables, la compensación por la generación eléctrica extrapeninsular y otros costes regulados). Hay un déficit tarifario cuando la tarifa no cubre los costes del sistema. La diferencia se les reconoce a los titulares de esos costes (las eléctricas) y se paga a futuro. Es frecuente la confusión entre el déficit tarifario (flujo) y el stock (la deuda tarifaria). Por ejemplo, el sistema eléctrico cerró 2013 con un déficit de 3.682 millones de euros pero la deuda tarifaria acumulada, es decir, el stock producto de los déficits acumulados en el pasado, se acercó a los 30.000 millones de euros.

La deuda tarifaria se convierte, así, en una deuda privada más. Los consumidores del futuro (hogares y empresas) pagarán la luz que consuman más la que hemos consumido nosotros y no hemos pagado.

¿Cuándo surge el problema del déficit tarifario? Ya me referí de pasada a esta cuestión en el capítulo 2 de este libro. La aparición del mecanismo del déficit tarifario tiene lugar a partir de la Ley del Sector Eléctrico de 1997, como herramienta para enfriar a corto plazo la tasa de inflación y favorecer la incorporación de España al euro desde el inicio de la nueva moneda. Dos décadas más tarde, se terminó convirtiendo en un problema de difícil solución.

Dos han sido las causas que han agravado el déficit tarifario. La primera, y es uno de los graves errores a los que hacíamos mención antes en relación a las energías renovables, la asunción por parte del sistema eléctrico, y no de los presupuestos, de los incentivos a dichas energías renovables. Y dos, la gravedad de la crisis económica que, al contrario de lo que se esperaba cuando se aprobaron las regulaciones de 2004 y 2007 y la planificación indicativa de 2005, ha provocado que lejos de crecer la demanda en el esperado 4-5% anual, haya caído sistemáticamente desde 2009.

En efecto, la demanda de electricidad se ha reducido en todos los años desde el inicio de la crisis, con la excepción de 2010, y ha acumulado una caída del 8% en términos reales. Dado que se estimaba un crecimiento potencial anual del 4-5%, estamos hablando de un *gap* de demanda de más de 30 puntos porcentuales. Ello ha provocado un notable exceso de capacidad de generación instalada, que nadie pudo prever y del que no puede responsabilizarse a los sucesivos gobiernos, dado que éstos sólo se limitan a llevar a cabo una planificación indicativa en la generación (una vez se había escuchado a todos los sectores), y sus orientaciones no son vinculantes, correspondiendo la responsabilidad a las empresas, que son las que llevan a cabo dichas inversiones.

Desde luego, todo hubiera sido muy diferente si la demanda fuera hoy un 30% mayor de lo que es. Probablemente los costes fijos de las primas a las renovables, así como el resto de los peajes (costes de distribución, de transporte, de capacidad, etc.), se hubieran diluido entre la demanda adicional sin necesidad de grandes subidas de la tarifa.

Resolver el déficit tarifario no sólo es crucial para dotar de certidumbre al sector. También es una condición necesaria para poder llevar a cabo una liberalización genuina del mismo, favoreciendo la entrada de nuevos competidores. Resulta evidente que el déficit tarifario no podía resolverse a partir de subidas adicionales significativas de la tarifa. Y ello no sólo por el problema social y político que supone tener la segunda tarifa eléctrica más elevada de la Unión Europea, algo que podría abordarse con una extensión del «bono social» creado en 2009, sino por el mencionado impacto sobre la competitividad de la industria.

En consecuencia, la solución sólo podía venir, o por la asunción por parte del sector público de buena parte de los costes, o por la asignación de dichos costes a todas las empresas del sector. Se ha optado por la segunda opción, pese a que las sucesivas reformas del sector desde 2009 ya habían hecho caer sobre las empresas del sector una buena parte del ajuste, correspondiendo el resto principalmente a los consumidores. La solución final ha sido optar por subir los impuestos del sector incluyendo peajes a la generación renovable, y aniquilar el marco retributivo de las energías renovables.

Creo que había margen para la asunción por parte del sector público de su «tercio» correspondiente (consumidores, empresas, sector público), y que no se ha cumplido. Muy al contrario, la subida del IVA de la tarifa eléctrica y el gravamen de nuevos impuestos sobre el sector, que han sido trasladados parcialmente a los consumidores, han hecho que el papel de las Administraciones Públicas para la resolución del problema de déficit tarifario haya sido el contrario de lo que le correspondería.

Por la eficiencia energética

Como ya he explicado, seguridad de suministro, competitividad y sostenibilidad medioambiental son los tres grandes objetivos de política energética. Todas las energías de las que disponemos tienen sus pros y sus contras. No hay una única fuente de energía que sea la panacea. Por ello, nuestra mejor fuente de energía no es la nuclear, ni el gas, ni siquiera las renovables. Nuestra mejor fuente de energía es el ahorro energético. Porque el ahorro energético expande la economía, crea empleo y eleva la renta nacional, además de contribuir a nuestros tres objetivos energéticos.

La apuesta por el ahorro y la eficiencia energética debe ser decidida. Desde 2004 a 2011 la intensidad energética se redujo en un 13%, un ahorro de 93 millones de barriles de petróleo al año, el equivalente a la producción anual de todas las centrales nucleares y de ciclo combinado juntas. Pero esto es claramente insuficiente, dado que una parte no desdeñable de dicho ahorro se explica por la recesión económica y la pérdida de peso de dos sectores fuertemente consumidores de energía, como son la construcción y la industria manufacturera. Por eso, resulta preocupante que se hayan suspendido las campañas de ahorro público y privado, así como la promoción de las «empresas de servicios energéticos (ESCO)», imprescindibles para poder converger con los parámetros de la UE-28 en 2020.

Además, la rehabilitación energética debe ser una de las palancas para la recuperación del sector de la construcción residencial, que parte de niveles mínimos. El plan de rehabilitación de 2.000 edificios de las Administraciones Públicas que dimos comienzo con el edificio de Cuzco en Madrid y la cárcel de Soto del Real como experiencias piloto, y que fueron muy exitosas, debería ser retomado como forma de contribuir a los objetivos energéticos, e impulsar el empleo en el sector de la construcción sin coste para las arcas públicas.

Las bombillas de bajo consumo, ¿un despilfarro?

El reparto gratuito de lámparas de bajo consumo fue una idea copiada del Reino Unido, que empezó a implantarla en 2007. Al contrario que en ese país, en España fue objeto de una feroz campaña de desprestigio e incluso burlas. Se vertieron muchas falsedades sobre nuestra campaña.

- Una de ellas, que las bombillas las pagaba el presupuesto, los contribuyentes con sus impuestos. No fue así. Las bombillas de bajo consumo se financiaban a cargo de la estrategia E4, de ahorro y eficiencia energética, que financiaban las compañías eléctricas. No es descartable que ésta fuera una de las razones que explican la intensidad de esa campaña en contra.
- Lo segundo que se dijo es que las bombillas se apilaban en las oficinas de Correos. También fue falso. Lo que ocurrió fue que, al dar libertad a los consumidores para canjear el vale por una bombilla en cualquier oficina de Correos (había personas que preferían ir a una oficina cercana a su domicilio, otras a una oficina en su entorno laboral o de ocio), hubo excesos de demanda en algunas oficinas y exceso de oferta en otras, pero que se iban compensando.
- Mucha gente dijo que «no le había llegado la bombilla». Claro. Lo que le tuvo que llegar era, con su factura, un vale canjeable por una bombilla en una oficina de Correos. En muchas facturas las comercializadoras mezclaban dicho vale con publicidad, de forma que a veces no era fácil identificar el vale-regalo.
- Se dijo que habían sobrado millones de bombillas que se tuvieron que tirar. Falso. Al hacerlo en dos etapas (años diferentes), se sabía cuál iba a ser el porcentaje de participación en el canje. Eso permitió que en la campaña del segundo año se ajustara la compra de bombillas a la demanda esperada tras la experiencia del primero. Las pocas bombillas que sobraron se repartieron entre hospitales y otros establecimientos públicos, reduciéndose su factura eléctrica y, por tanto, el gasto público.
- También se dijo que, al contrario de las bombillas tradicio-

nales, las bombillas de bajo consumo venían de China. Falso. Todas venían de China.
- Se difundió que las bombillas habían tenido un coste excesivo. Al contrario, al negociarse un importante volumen, el precio unitario fue menos de la mitad de lo que le hubiera costado a un consumidor individual en esa fecha.
- Se ridiculizó la medida como la «única medida» de ahorro y eficiencia energética, junto con el gesto de la corbata y los aires acondicionados. Falso. Éstas eran medidas de «efecto demostración», que sirvieran para concienciar a la población sobre las bondades del ahorro y la eficiencia energética. En ese sentido, la campaña negativa nos ayudó, porque tuvieron un gran impacto mediático y las bombillas de bajo consumo adquirieron notoriedad, que es en parte lo que se buscaba.

En cualquier caso, la campaña de las bombillas fue un éxito rotundo. Se repartieron 13,9 millones de bombillas entre los consumidores, lo que produjo un ahorro anual de 928 GWh. Ése es el equivalente al consumo anual de una ciudad con 250.000 hogares. Con un tamaño medio del hogar de 2,54 personas, estamos hablando de una población con 635.000 habitantes, prácticamente el tamaño de Zaragoza, la quinta ciudad mayor de España. Ése fue el ahorro que consiguieron las bombillas repartidas. El equivalente a la iluminación de los hogares de toda Zaragoza cada año. Además, se ahorraron 375.000 toneladas de CO_2 al año. Los datos para el conjunto del programa habría que multiplicarlos por seis, dado que la vida media de las bombillas repartidas era de seis años.

Pero lo más importante no fueron esos ahorros. Lo más importante es que en 2010, un 90% de los españoles conocían las bombillas de bajo consumo y planeaban ir sustituyendo todas sus bombillas incandescentes por éstas. En ese mismo año, en Alemania el porcentaje de conocimiento y aceptación de esas bombillas era del 75%, pese a la sensibilidad medioambiental de ese país, en el que el partido de los Verdes incluso ha gobernado en coalición con los socialdemócratas.

Para finalizar este capítulo, a las medidas de ahorro y eficiencia energética debe unirse el diseño del mecanismo tarifario. En este sentido, las decisiones del Gobierno popular apuntan en la dirección incorrecta: han subido el término de potencia, que no depende del consumo. Creo que eso es perjudicial para el ahorro, además de injusto con los consumidores más vulnerables. Se debería reducir o incluso eliminar para una parte de los consumidores el término fijo (consumidores vulnerables, regantes) y penalizar el consumo. Una tarifa lineal con un mínimo exento podría proporcionar simultáneamente un esquema de progresividad que podría incluso sustituir al actual «bono social» y compensarse con un esquema que penalizara el consumo y favoreciese la introducción de estrategias de ahorro y eficiencia energética.

En este punto y, a modo de cierre, debemos recordar ese 80% del consumo final de energía primaria que no es el sector eléctrico, y en el que hay mucho que hacer en términos de ahorro y eficiencia. Transferir parte de ese 80% al sector eléctrico, a través de la movilidad de pasajeros y mercancías, la implantación del vehículo eléctrico, la liberalización del ferrocarril, etc.; es decir, aumentar la «electrificación inteligente» del país debería ser una prioridad política. De esta forma se mitigaría el problema de «exceso de capacidad» existente, lo que permitiría abordar de forma dialogada una reducción de los costes reconocidos, sin perjudicar la rentabilidad de los generadores y distribuidores.

7

OTROS EXCESOS Y DESPILFARROS

Este capítulo recoge una serie de excesos que, aunque no tienen la trascendencia económica de los señalados en los capítulos anteriores, también han contribuido al aumento de la deuda pública y privada en nuestro país. En todos ellos se han dedicado recursos obtenidos del ahorro nacional o del ahorro exterior a financiar proyectos de dudosa rentabilidad o que se han traducido en un exceso de capacidad instalada, provocando dificultades de financiación de muchos de ellos, que en algunos casos han tenido que ser rescatados por el sector público, con el consiguiente coste para los contribuyentes. En casi todos ellos se repite el mismo patrón de los excesos narrados anteriormente: se derivan de una planificación a medio y largo plazo realizada bajo el supuesto de que las tasas de crecimiento de la economía, y por tanto de la demanda, observadas en los años de la falsa bonanza. Se iban a mantener. Parte de esos proyectos son inversiones públicas. Otros son inversiones privadas en sectores regulados o sujetos a concesiones administrativas. Todos ellos parten de la base de que un aumento en el stock de capital público o privado se traduce en una mejora del PIB real y del empleo a medio y largo plazo. Siendo cierto este principio general, debe estar sujeto a dos matizaciones: la primera, que la inversión, además de ser irreversible, genera un gasto corriente recurrente, tanto de funcionamiento como de mantenimiento. La segunda, que si hay una restricción financiera y se recurre al endeudamiento, los costes financieros asociados al mismo deben ser incorporados en el análisis del coste-beneficio.

Las decisiones a las que hace referencia este capítulo no han correspondido solamente al Gobierno central. De hecho, en muchos casos esos excesos correspondieron a decisiones protagonizadas por las Comunidades Autónomas y los ayuntamientos, cuyos boyantes ingresos consideraron permanentes, o al sector no financiero privado, que cometió errores de proyección de las tasas de crecimiento futuras, y, una vez más, al sector financiero, que fue corresponsable de dichos excesos por financiarlos.

¿Cómo evitar que se vuelva a repetir algo así en el futuro? Para los proyectos públicos o los privados sujetos a regulación o a un régimen de concesión, se debería reforzar el papel de la Agencia de Evaluación de Políticas Públicas, un compromiso del programa electoral socialista de 2004 que no se puso en marcha hasta 2007 y que desde entonces ha tenido un papel prácticamente nulo. Reforzar la Agencia[1] significa dotarla de independencia y estabilidad, vinculándola al Parlamento y no al Ejecutivo, dotarla de más medios y asignando más competencias, no sólo *ex post*, sino también *ex ante*, incluyendo la emisión de informes vinculantes previos a la aprobación de grandes proyectos de inversión pública o de proyectos privados sujetos a concesiones.

Repasemos a continuación algunos de estos excesos, descritos de forma sucinta y sin ánimo de ser exhaustivo.

Infraestructuras inútiles

Los excesos en infraestructuras y obras públicas cometidos es un tema del que se ha hablado ampliamente en los últimos tiempos y todos tenemos en mente unos cuantos ejemplos de despilfarro

1. En la actualidad la Agencia de Evaluación y Calidad depende del Ministerio de Hacienda y Administraciones Públicas.

en obras públicas a menudo innecesarias, a veces completamente megalómanas, e incluso se diría que cómicas si no fuera por las tristes consecuencias económicas que acarrean y que terminan recayendo sobre la población.

Lo patente y ridículo de muchos de estos excesos y su frecuente relación con casos de corrupción ha favorecido que aspectos relativos a los mismos se hayan tratado más ampliamente en diferentes medios de comunicación; es pues un terreno sobre el que tampoco me parece necesario que yo me extienda demasiado aquí.

Muchos de estos excesos es bien sabido que son atribuibles a administraciones locales, aunque yo prefiero centrarme más en aquellos cuyas responsabilidades atañen más al Estado. De todos estos despilfarros son casos paradigmáticos los de los aeropuertos que nacen, se reproducen y se amplían por España como si todo el mundo se lanzara a volar por todo el país de lado a lado, o el de la red de AVE, las radiales ruinosas, los pabellones multiuso cerrados, los centros culturales vacíos, entre otros muchos.

Lo primero que tenemos que hacer al hablar de despilfarros, es distinguir las infraestructuras públicas hechas con el dinero del contribuyente, y aquellas inversiones privadas que luego resultan fallidas, y que terminan siendo rescatadas con dinero público. Este último es el caso, muy significativo, de todas esas carreteras radiales en torno a la ciudad de Madrid.

Pero con estas radiales privadas hay que ser justos. Y de nuevo autocríticos. Y es que solían venir (por lo menos algunas de ellas) con el aval de economistas o de ciertos estudios que parecían recomendar su emprendimiento, asegurando que tales infraestructuras iban a descongestionar el tráfico, mejorar la productividad y redundar efectivamente en un servicio público con rentabilidad económica (la derivada de su propia gestión privada) y social (porque también iban a descongestionar las autovías o carreteras alternativas públicas y gratuitas, mejorando la productividad del conjunto de la sociedad). Al final, si resultan fallidas, se plantea el debate de si el sector público debe rescatarlas, hasta qué punto deben asumirse públicamente los errores de planificación privados, y lo cierto es que las casuísticas pueden ser diversas, pero en rigor no se trata de despilfarros públicos.

En esta categoría también debemos incluir las infraestructuras energéticas que se hicieron por iniciativa privada ante las expectativas de un crecimiento de demanda eléctrica que finalmente no se produjo; muy al contrario, se desplomó.

Aeropuertos vacíos y deficitarios

Dando paso ya, aunque sea brevemente, a los despilfarros rigurosamente públicos, no podemos dejar de hacer mención a algunos casos representativos que están en la mente de todo el mundo.

En lo que se refiere a los aeropuertos, aunque en la mayoría de los casos las decisiones han correspondido a las autoridades autonómicas, no pueden ignorarse en un libro que trata de los excesos de la economía española en la época de la falsa bonanza.

Dentro de los aeropuertos problemáticos, los más famosos y sobre los que se han hecho todo tipo de parodias son los aeropuertos vacíos. A saber, el de Castellón, el de Ciudad Real y el de Corvera (Murcia).

Pero éstos no son los únicos que presentan problemas. La Unión Europea ha estimado en 100.000 pasajeros anuales la «masa crítica» mínima para que un aeropuerto empiece a ser rentable. Por debajo de este valor, resultan inviables y es mejor cerrarlos, a no ser que cumplan una función social justificada, como puede ser comunicar un territorio de otra forma inaccesible. Dentro de este apartado se podrían considerar los aeropuertos de todas las islas, que no tienen disponibles las opciones alternativas de carretera o ferrocarril.

En la tabla 7.1 se presenta la lista de 13 aeropuertos que no llegan a los 100.000 pasajeros anuales, todos ellos pertenecientes a la estatal AENA, excepto el de Lleida, que pertenece a la Generalitat de Cataluña, y los tres vacíos mencionados anteriormente, que son responsabilidad autonómica.

Tabla 7.1. Aeropuertos que no llegan a los 100.000 pasajeros anuales

	Mantenimiento anual*	Deuda*	Pasajeros (ene-nov. 14)
Badajoz	3,2	33,15	36.934
Lleida	N.D.	N.D.	25.800
León	5,35	120,41	21.709
Burgos	3,33	82,33	20.709
Salamanca	5,1	53,61	16.682
Logroño	6,58	78,84	11.272
Vitoria	12,23	152,55	6.496
Córdoba	4,46	126,75	6.186
Albacete	3,58	33,68	1.311
Huesca	3,37	75,32	259
Ciudad Real	18	N.D.	0
Castellón	4,75	N.D.	0
Murcia	N.D.	N.D.	0

* En millones de euros

Fuente: AENA

A esta lista de aeropuertos excesivos habría que añadir aquellas ampliaciones que han resultado inútiles, por no tener pasajeros suficientes para rentabilizar la inversión llevada a cabo. Entre ellas, las ampliaciones de los aeropuertos de Fuerteventura, Córdoba y San Javier (Murcia).

Aves sin pasajeros

Un caso que me resulta especialmente ilustrativo es el de la red de AVE. Me lamento ahora enormemente de no haber seguido con la línea escéptica que adopté en este terreno inicialmente, hace varios años, antes de que se produjera el particular *boom* por la construcción de líneas de AVE. Recuerdo que, cuando estaba yo trabajando para el BBVA (aproximadamente en el año 2000), asistió al Consejo editorial del diario *Expansión*, del que yo formaba parte, un grupo de expertos que trabajaba para el Ministerio de Fomento, a darnos una charla sobre el plan de alta velocidad para España. Nos mostraron una gráfica comparativa entre las líneas en Francia y los planes para España.

A mí me resultaba muy chocante el saturado de líneas en España y lo poco que había en Francia. Realmente... ¿éramos tan ricos? Al plantear esa pregunta, inmediatamente se me acusó de aguafiestas, de no entender nada, de que no parecía querer ver lo valioso de la apuesta estratégica por el ferrocarril.

En un informe reciente de FEDEA[2] se analizan los costes y beneficios sociales y financieros de las líneas de alta velocidad actualmente operativas en España. El análisis confirma y extiende los resultados y las conclusiones de evaluaciones anteriores: todas las líneas de alta velocidad existentes en España presentan una rentabilidad social o financiera negativa y, por lo tanto, no deberían haberse construido.

De acuerdo con las previsiones centrales de los autores, en términos financieros la línea que transporta más viajeros, Madrid-Barcelona, recuperará a largo plazo el 46% de los costes de inversión. En la línea Madrid-Andalucía esta cifra desciende hasta el 11% y en la Madrid-Levante no se alcanza ni el 10%. En el caso de Madrid-norte de España, los ingresos esperados no cubren ni los costes variables.

Si la comparación se realiza en términos de costes y beneficios sociales (con independencia de que éstos se traduzcan o no en costes o ingresos para RENFE y ADIF), los resultados son también negativos. La línea que mejores resultados presenta es la Madrid-Barcelona, cuyos beneficios sociales compensarán en el largo plazo el 80% del coste social de la inversión. En el caso de la Madrid-Andalucía el 45%; Madrid-Levante el 43%, y finalmente, Madrid-norte de España el 19%.

2. Véase el informe «Las infraestructuras en España: AVE y aeropuertos» de Ginés de Rus (Universidad de las Palmas de Gran Canaria), FEDEA, 26 de marzo de 2015.

La conclusión es inequívoca: estrictamente hablando, ninguna línea debería haberse construido. A pesar de ello, puesto que las líneas ya existen y la mayor parte de ellas cubren sus costes variables, resulta razonable seguir operándolas. La excepción es la línea que une Madrid con el norte de España (que por ahora llega hasta Valladolid pero que también da servicio a otras ciudades) cuyos ingresos de explotación son insuficientes para cubrir los costes variables, una situación extremadamente delicada porque se pierde toda la inversión realizada y además resulta necesaria una inyección constante de dinero público para mantenerla abierta.

En cualquier caso, debemos reconocer, de forma autocrítica, que el plan del PP lo heredamos y lo potenciamos. Se quería conectar nada menos que todas las capitales de provincia con tren de alta velocidad. Yo ya sugerí que en vez de tanta línea de alta velocidad para viajeros, más nos convendría reforzar el transporte por ferrocarril de mercancías. «Las mercancías no votan», fue la gran frase lapidaria que escuché para zanjar el debate.

«Las mercancías no votan.» Una frase tristemente representativa de las dificultades que existen entre economía y política, del terrible divorcio entre una y otra, y de cómo con frecuencia hemos dejado de tomar las decisiones correctas por fines electorales.

De todas las opciones políticas en España, sólo ha habido una que ha tenido la valentía de plantear abiertamente este debate. Así, el asesor económico de Ciudadanos, Luis Garicano, ha manifestado públicamente: «Detendremos el plan de inversiones en el AVE para dedicarlas a innovación, puesto que se hipoteca el futuro con un gasto suntuario».

Puertos sin barcos

El auge de la globalización y la deslocalización de la producción en países lejanos a los centros de consumo han hecho que el transporte de mercancías se convierta en un eje fundamental de la competitividad industrial. Las empresas multinacionales, como las del automóvil, siderúrgicas, refino, químicas, etc. deciden su localización no sólo en base a los costes laborales o energéticos, sino también a cuestiones logísticas. El transporte marítimo abarca nada menos que el 90% del transporte internacional de mercancías. En España representa el 68% del tráfico internacional de bienes[3] y un 13% del tráfico interior de mercancías.

La gestión de los puertos de interés general responde a un modelo en el que las Comunidades Autónomas son el proveedor de la infraestructura y del suelo portuario, que son de dominio público y que, además, regulan la prestación de los diferentes servicios, que son ofrecidos por operadores privados en régimen de concesión, por el que pagan unas tasas, algunas fijas y otras variables.

El sistema portuario español está integrado por 46 puertos de interés general, gestionados por 28 autoridades portuarias. De ellos, más de la mitad se encuentra en el Mediterráneo, que compiten con los puertos del sur de Francia, Italia y norte de África. Un tercio de los puertos se halla en el norte, y compiten con los grandes puertos europeos, que son Róterdam y Hamburgo.

Desde 1992 hasta la víspera de la crisis, en 2008, el tráfico portuario creció a un ritmo de un 4,4% anual. Durante ese periodo se otorgaron muchas de las concesiones que existen en la actualidad. Con la crisis, la fuerte caída del comercio mundial (un 13% en 2009) y la caída de la demanda doméstica han provocado dos efectos que se complementan: por un lado, un fuerte exceso de capacidad y, por otro, una mayor competencia internacional, que ha hecho caer los precios y recortado la rentabilidad de las concesiones, lo que se ha traducido en una presión para elevar los

3. Buena parte de los datos de esta sección se obtienen de la Plataforma de Inversores de Puertos de España (PIPE): www.plataformaipe.com

plazos de concesión desde los 30-35 a los 50 años, tal y como ocurre en otros países europeos.

En lo que se refiere a la sobrecapacidad, PIPE estima que el grado de ocupación media del sistema portuario es del 36%. Y que sólo hay un puñado de puertos con un grado de utilización superior al 50%: los de Las Palmas, Valencia, Algeciras, Sevilla y Vigo. Pese a este exceso de capacidad, ha continuado el flujo inversor público.[4] Algunos puertos del Cantábrico, como el puerto del Musel en Gijón, que costó 620 millones de euros o el nuevo puerto de la Coruña, que absorbió más de 700 millones, están completamente infrautilizados.

Gráfico 7.1. Evolución del tráfico portuario 2007-2013

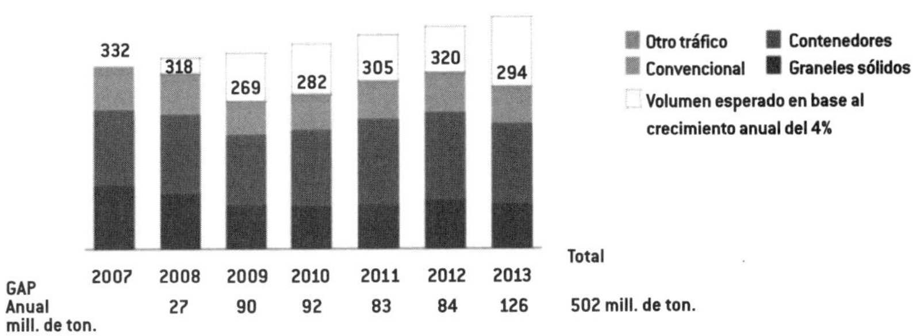

Fuente: Puertos del Estado

Tal y como muestra el gráfico 7.1, a partir de 2008 se produce un retroceso en todos los tráficos, tanto de contenedores como de graneles sólidos y de tráfico convencional. En 2014 todavía no se habían recuperado los niveles de tráfico portuario que había en 2007. Y si se mide en relación a los crecimientos

4. En 2013 y 2014 estaban previstas unas inversiones de 563 y 648 millones de euros, respectivamente.

esperados (un ritmo del 4% anual) el desfase en 2013 fue de 126 millones de toneladas frente a una previsión de 420 (un 30% de *gap*).

El sistema de titularidad estatal, integrado por esos 46 puertos, tiene una deuda acumulada de 2.700 millones de euros, el 90% con bancos. Una deuda que hay que estabilizar.

Un puerto tiene unas limitaciones físicas subyacentes con las que hay que contar. Debido al crecimiento brutal que están experimentando los buques mercantes, obviamente habrá muchos puertos que queden fuera de las grandes ligas, con lo cual hay que estratificar los puertos mediante divisiones. Y tener claro que hay puertos de primera, segunda y tercera y, en función de ello, adecuar las inversiones y la búsqueda de negocio. Muchos puertos deben asumir que, por sus limitaciones nunca podrán ser de «primera categoría mundial». Tendrán que conformarse con ser de tercera categoría, pero pueden ser buenos puertos dentro de esa categoría.

El comportamiento de las AAPP ha sido como el de los reinos de Taifas, luchando entre ellos, especialmente con los vecinos, para arrebatarles un determinado tráfico. Es necesario que Puertos del Estado coordine una estrategia conjunta, con la colaboración activa de las Comunidades Autónomas, que son quienes nombran a los presidentes de las AAPP.

En cualquier caso, el lector se habrá percatado de que el debate no puede ceñirse a «el transporte de mercancías es bueno y el de pasajeros es malo», pues como hemos visto, por una parte, hay líneas de AVE que han podido tener sentido económico y, por otra, hay exceso de inversión en muchos puertos dedicados al tráfico de mercancías. Es un debate mucho más complejo en el que hay que dar cabida a los expertos y diseñar una estrategia nacional coordinada. Lo importante es llevar a cabo proyectos de inversión con unos supuestos realistas sobre los flujos de demanda futura, y dotar el sistema de suficiente flexibilidad en la gestión (ajustar las tasas, los horizontes de concesión, fomentar acuerdos entre puertos) para acomodar choques de demanda imprevistos como los que hemos sufrido. El agrupamiento de los puertos por «fachadas» (Mediterráneo, Cantábrico, Canarias) permitiría que esos puertos sean complementarios y que no compitan entre ellos, evitando que se «roben» tráficos y permitiendo su especialización dentro de una misma fachada. Eso es lo que ocurre con el puerto de Róterdam y el de Ámsterdam: el primero recepciona contenedores y el segundo mercancías a granel y cruceros.

Esta «burbuja portuaria» demuestra la dificultad de llevar a cabo proyectos de inversión a largo plazo utilizando proyecciones de crecimiento de la demanda totalmente irrealistas. Ésta ha sido la tónica, como hemos visto, de muchos sectores de nuestra economía.

Infraestructuras energéticas: ciclos combinados parados

Una central de ciclo combinado es una central eléctrica que genera electricidad a partir de la quema de gas natural. Las centrales de ciclo combinado son menos contaminantes (emisiones de gases de efecto invernadero) que las centrales térmicas de carbón o de fuel, y más flexibles o gestionables que las centrales nucleares (que no pueden apagarse o encenderse en función de la demanda) o que las centrales de energías renovables, cuya disponibilidad (agua, viento, sol) no tiene por qué coincidir con las necesidades de la demanda.

Dada su versatilidad, las centrales de ciclos combinados se han convertido en la verdadera tecnología de respaldo de la energía renovable o nuclear y son las que atienden las puntas de demanda de energía eléctrica cuando la generación renovable es insuficiente.

Es evidente que esta función de «respaldo» no sería tan necesaria si hubiera tecnología de almacenamiento (baterías) en las centrales solares, o si hubiera más interconexiones eléctricas con el continente europeo (la península Ibérica sigue siendo casi una «isla eléctrica», pese a las recientes interconexiones).

Para cumplir esta función de «guardián» de las necesidades del sistema eléctrico las centrales de ciclo combinado deben estar operativas, aunque no entren en funcionamiento. Para ello deben recibir una compensación económica, conocida como «pagos por capacidad». Es como pagar por un sistema de alarma conectado con la policía, aunque no lo uses porque los ladrones deciden no entrar en tu domicilio.

Las decisiones sobre inversión en estas centrales las toman exclusivamente las empresas privadas del sector eléctrico. Su rentabilidad se basa, por una parte, en los ingresos de la generación, en caso de que se utilicen, o en los pagos por capacidad, en caso contrario. Pero, lógicamente, estos pagos por capacidad se reducen o incluso desaparecen si dicha central no entra nunca en funcionamiento o lo hace en muy determinadas ocasiones. En ese caso, las empresas o el Gobierno pueden optar por desmantelarlas o «hibernarlas» (no tenerlas operativas).

En España, en 2013, la potencia instalada de las centrales de ciclo combinado representaba un 25% del total de los 102.000 megavatios de potencia eléctrica instalada.

En un informe reciente de la Comisión de Nacional de los Mercados y la Competencia[5] sobre la planificación de la red de transporte se propone reducir esa potencia instalada de ciclos combinados hasta el 19% del total, lo que supone cerrar varias plantas. El motivo no es sólo el exceso de capacidad que tiene el sistema en su conjunto, sino el hecho de que muchas de estas centrales no han funcionado siquiera al 10% de su capacidad en todo 2014.

¿De dónde viene todo este exceso de centrales de ciclo combinado en nuestro país? Claramente de haber realizado en 2005,

5. Véase el «Informe sobre la Propuesta de Planificación de la Red de Transporte de Energía Eléctrica 2015-2020», del 16 de abril de 2015.

y de forma conjunta, el sector eléctrico, el Gobierno y el regulador (entonces la CNE) una planificación partiendo de la hipótesis de que la demanda de electricidad iba a crecer un 4-5% anual, tal y como había ocurrido en los años de la bonanza. Además, los planes de despliegue de las energías renovables para cumplir con los objetivos de la UE, requerían tener disponible esta tecnología de respaldo. Y, una vez más, la crisis y la consiguiente caída de la demanda eléctrica desbarató todos estos planes realizados en la época de la falsa bonanza.

Dado que las centrales ya están construidas, y que la demanda se terminará recuperando, aunque sea en un futuro lejano, quizá sea mejor la opción de cierre temporal o hibernación, frente al desmantelamiento. Pero cualquier mecanismo de compensación que permita «hibernar» algunas de estas centrales recaería sobre el sistema eléctrico, es decir, sobre los consumidores y, por tanto, empeoraría la competitividad del sector industrial o de servicios.

¿Fue el Castor un exceso?

En la lista de estas infraestructuras energéticas que ahora se toman como despilfarros, está el caso del almacén de gas Castor, que se confunde con una infraestructura pública cuando en realidad no lo es; se trata de una infraestructura privada, financiada por una empresa extranjera (canadiense), aunque actuó en España en un sector regulado y la construcción correspondía a una empresa española. Si al final deriva en un coste para el consumidor (que no para el contribuyente, como se tiende a confundir) por su renuncia a ponerlo en práctica, es porque ha habido una decisión administrativa de no llevarlo a cabo, aunque la planta nunca llegó a estar operativa.

En este libro no me han dolido prendas a la hora de hacer autocrítica. Pero en el caso del Castor no puedo hacerla. Por varios motivos. En primer lugar, porque yo no tomé ninguna decisión sustancial sobre dicho almacén, dado que su decreto de concesión fue tramitado por el anterior equipo del Ministerio de Industria, que en buena parte heredé y mantuve. En segundo lugar, porque no considero el Castor una infraestructura inútil. Los almacenes de gas cumplen una función que es positiva para el consumidor y que, por tanto, no gusta a quienes tienen el monopolio, o casi, del sector. Esta función es la de almacenar gas en periodos en que no hay mucha demanda, y usar esos excedentes acumulados en las épocas del año que se registran los picos de demanda, y así permitir enfriar los precios. Es decir, suaviza los precios que pagan los consumidores. A ello hay que añadir que, si en algún momento llega a haber problemas de suministro de gas, en caso de un conflicto internacional y dada nuestra dependencia energética de este combustible fósil, se puede hacer uso del gas acumulado, algo que beneficiará mucho a los consumidores de los países que efectivamente dispongan de dichos almacenes, y todo lo contrario a los que no los tengan. Como cifras indicativas hay que decir que en Estados Unidos hay 385 almacenamientos de este tipo, en Alemania 42, en Francia 15, en Italia 10 y en España... 2.

La operación del proyecto Castor no fue ni una infraestructura inútil ni un despilfarro ni un derroche en sí mismo, aunque efectivamente no se hizo bien porque, entre otras cosas, no se eligió bien el emplazamiento. Esa decisión se tomó en 2007 y yo no tuve nada que ver con ella, aunque lógicamente alguien se equivocó al elegir la ubicación. Pero me parece una obviedad que es necesario que haya almacenes de gas en España, y de hecho, inevitablemente los habrá, aunque ahora es algo que está fuera de la agenda porque la débil demanda de gas como consecuencia de la crisis económica los hace a corto plazo innecesarios, por no cumplir la función beneficiosa para el consumidor a la que me refería antes.

Exceso de billetes

Hay un tema muy particular de España y que llama mucho la atención, aunque no se suele hablar demasiado de él y me parece que resulta muy oportuno citarlo en este capítulo. Me refiero al de la cantidad de billetes de gran valor que circulan por nuestro país.

Esto es así porque nuestro país se ha caracterizado siempre por el elevado peso que cuenta la economía sumergida, algo que tristemente también guarda estrecha relación con buena parte de los excesos recogidos en este libro.

Éste es un exceso más: la enorme cantidad de billetes de 200 euros y 500 euros que hay en circulación en España en comparación con otros países europeos. Por ejemplo, en lo referente a los billetes de 50 euros, España tiene en circulación entre el 10 y el 15% de los billetes en circulación, lo cual es lo razonable porque ése es el peso aproximado de nuestra economía en la zona euro. Sin embargo, en lo referente a los billetes de 500 euros, España llegó a tener (precisamente justo antes del estallido de la crisis) hasta el 27% del total en la zona euro. En dinero: 57.000 millones de euros. Recordemos que el rescate internacional de nuestro sistema financiero no llegó a los 40.000 millones de euros, es decir, que sólo en billetes de 500 euros circulando podríamos haber pagado ese rescate, con el mero hecho de que toda la gente depositara en los bancos sus billetes de 500. Una barbaridad. Con la crisis este nivel descendería algo, lo cual es señal de que en esos tiempos se tuvo que tirar también de este dinero en buena medida «sumergido», para suplir la escasez de liquidez que había en la economia (por las restricciones de crédito, fundamentalmente, y la caída de la renta disponible de las familias). Pero, con todo, seguimos con un nivel de efectivo muy por encima de lo que nos corresponde como economía desarrollada en su sistema de pagos y fuertemente bancarizada.

Gráfico 7.1. Porcentaje de billetes en circulación en España sobre eurozona

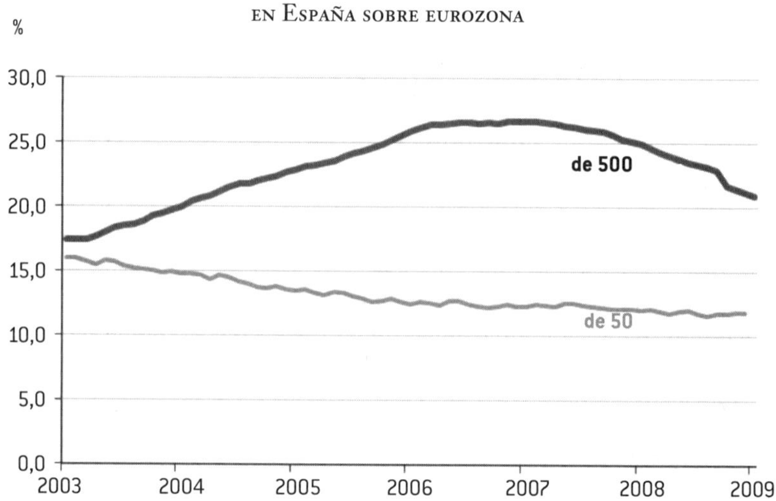

Fuente: Banco de España

Gráfico 7.2. Valor billetes de 500 en circulación en España (en millones de euros)

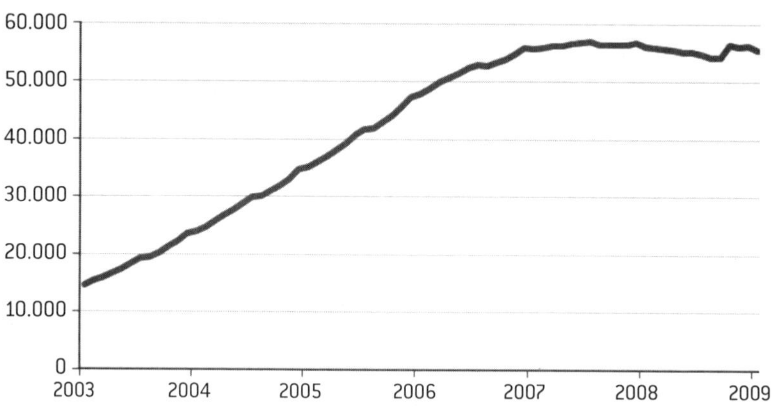

Fuente: Banco de España

Esta realidad plantea para el debate la implantación de distintas medidas que ya se han puesto sobre la mesa, como la prohibición de estos billetes o una regularización de los mismos (es decir, utilizando el término maldito, una «amnistía»). Soy consciente de que aunque esta regularización no sería equiparable a la «amnistía» fiscal de Montoro de 2012 pues no es lo mismo regularizar dinero que has sacado del país, que regularizar el dinero que tienes circulando en metálico, resulta una opción políticamente difícil de aprobar o incluso de plantear.

TDT: CANALES POR UN TUBO

El espectro radioeléctrico es al sector de las Tecnologías de la Información y Comunicación (TIC) como el suelo al sector inmobiliario. Se trata de un bien escaso y regulado y que puede servir para muchas actividades distintas: radio, televisión, comunicaciones, voz y datos. Cuando las radios y televisiones eran analógicas, sus frecuencias ocupaban una gran cantidad de ese bien escaso.

Con la digitalización se da un salto en la buena dirección. Además, España fue uno de los países pioneros en la UE. Y fue un paso adelante, no sólo porque la Televisión Digital Terrestre (TDT) es de mayor calidad, ofrece posibilidad de subtítulos, de cambio de idioma, de servicios de pago, etc. Sino también porque consume menos espectro radioeléctrico y el sobrante se puede dedicar a nuevos servicios de comunicación de voz y datos (3G, 4G) que mejoran el bienestar de los consumidores y la productividad de las empresas, que pueden utilizar y ofrecer servicios digitales a partir de estas tecnologías.

En el proceso de digitalización se hicieron bien las cosas. La antenización tuvo lugar sin apenas coste para el consumidor, la cobertura llegó a toda la población, incluso en zonas rurales remotas, el apagón analógico iniciado en Soria en 2008, se realizó sin que los usuarios tuvieran interrupción o merma de los canales analógicos que recibían y la aprobación de TDT de pago terminó con varias décadas de un monopolio de facto de la televisión de pago. Finalmente, la subasta del dividendo digital fue un nuevo salto en la optimización del espectro, que supuso ingresos de 1.200 millones de euros para el Tesoro y que pagaron las operadoras de telefonía.

Pero, al igual que en el sector inmobiliario, el crediticio, el de las infraestructuras o el energético, también en este sector hubo excesos. Salvando las distancias con lo ocurrido en el sector inmobiliario, el modelo televisivo español también ha vivido un fenómeno de «burbuja digital», que estalla asimismo de forma virulenta con el *crash* económico acaecido en el mundo, y en España en particular, a partir del año 2008.

Como en el caso de la energía, el crédito, o las infraestructuras, el exceso no viene de un mal diseño hecho por gente incompetente o con mala voluntad. Viene del sentimiento colectivo de que la situación económica española, sus tasas de crecimiento exhibidas desde 1999, iban a perdurar «para siempre».[6] Viene de creerse que el modelo económico español era sostenible, que vivíamos un milagro económico sin visos de agotamiento. En definitiva, se trata de un caso más de la «falsa bonanza» que hemos vivido, y que no era más que un conjunto de excesos que finalmente se mostraron insostenibles.

En el caso de la TDT, el estallido de la crisis en 2008 coincide con una etapa de puesta en marcha de la más importante remodelación legislativa en materia audiovisual de los últimos veinte años. El diseño de la Ley General de la Comunicación Audiovisual (LGCA) se hizo para otro entorno económico y con otras expectativas de futuro. La ley entró en vigor en marzo de 2010, después de más de tres años de intensas negociaciones del Gobierno con los diferentes actores afectados. Al

6. En 2007, la inversión publicitaria en televisión en España alcanzó su récord histórico, 3.500 millones de euros. Con la crisis los ingresos por publicidad cayeron cerca de un 50%, hasta los 1.900 millones de 2013.

final, con el ánimo de contentar en parte a todos, se aprobaron un conjunto de medidas con sensibles incongruencias. Y para colmo, la tragedia económica afectó de manera decisiva a la nueva legislación, que quedó totalmente desfasada. Pero ¿qué pasó hasta entonces?

En 1999, el Gobierno de Aznar decide adelantarse por una vez a Europa tecnológicamente e introduce en España la TDT, Televisión Digital Terrestre, inexistente en casi todo el mundo. Se dedica una parte del espectro a este sistema de distribución. El fenómeno de compresión del espacio requerido para la transmisión de una señal televisiva supuso toda una revolución. Antes cada canal iba asignado a una frecuencia específica. Con la TDT, cada frecuencia pasa a poder incluir varias señales audiovisuales. Desde ese momento se empieza a utilizar el término «múltiplex». Hace referencia a estas nuevas frecuencias en las que caben simultáneamente varios canales televisivos y radiofónicos, si así se desea.

El modelo creado a partir de 1999 tiene tres frentes. Por un lado, se concede licencia de emisión a la plataforma de pago Quiero TV (tres múltiplex y medio) de efímera vida. En segundo lugar, se otorgan autorizaciones a los operadores existentes públicos y privados para emitir simultáneamente sus emisiones en analógico y en la incipiente TDT. En tercer lugar, se abre por primera vez el mercado de la televisión privada desde 1989 y se conceden dos nuevas licencias que van a parar a Net TV (impulsada por Prensa Española, editora del diario *ABC*) y a Veo TV (surgida de la colaboración del Grupo Recoletos y de Unidad Editorial, propietaria del diario *El Mundo*) para poder emitir exclusivamente en TDT. Se prevé el apagado analógico a largo plazo, para 2012. El fracaso de Quiero TV, el desinterés de los operadores analógicos en facilitar la entrada de competidores y la falta de recursos y de experiencia en el terreno televisivo de las nuevas cadenas acaban por convertir la TDT en una tecnología casi clandestina.

Todo cambia con la llegada del PSOE al poder en 2004. En

2005, el Gobierno impulsa un nuevo Plan Técnico Nacional de la TDT que introduce importantes novedades en el sector. El aspecto más polémico es la apertura del mercado en abierto a dos nuevos operadores. Por un lado, se permite al Grupo Prisa reconvertir su licencia de 1989 de canal codificado a abierto. Así nace Cuatro en 1995. Por otra parte, se concede una nueva licencia en TDT con capacidad para distribuirse en analógico simultáneamente a un grupo liderado por diversos productores de televisión con Globomedia y Mediapro al frente. Nace La Sexta en 2006. Además, se otorgan nuevos canales de TDT para todos los operadores. Se autorizan dos nuevas cadenas para las privadas concedidas en 1989 (Antena 3, Tele5 y Canal+) y uno más para los de segunda generación, Veo y Net TV. A La Sexta se le adjudica también una segunda señal para operar en televisión de pago.

Antena 3 es el grupo que toma con mayor interés el nuevo modelo multicanal y lanza Nova y Neox. Tele5 apenas presta interés al cambio de ciclo. TVE lanza Teledeporte, 24 horas y Clan TV. Prisa empieza a emitir en abierto 40TV y CNN+.

Otro cambio relevante es el de adelantar el apagón analógico, a completarse en el año 2010. Se establece que los seis adjudicatarios privados dispondrían de un múltiplex cada uno con posibilidad de incluir cuatro canales de televisión por cada operador. TVE contaría con dos múltiplex y las autonómicas con uno o dos, dependiendo de la decisión de cada comunidad.

Con esta regulación se permitía en España la subsistencia de 24 canales privados con cobertura nacional. A esta cantidad, se unen las emisiones de TVE, que pasa a producir cinco señales. Además, se añaden los canales autonómicos y los locales.

Tabla 7.2. Los 29 canales nacionales del modelo 2010

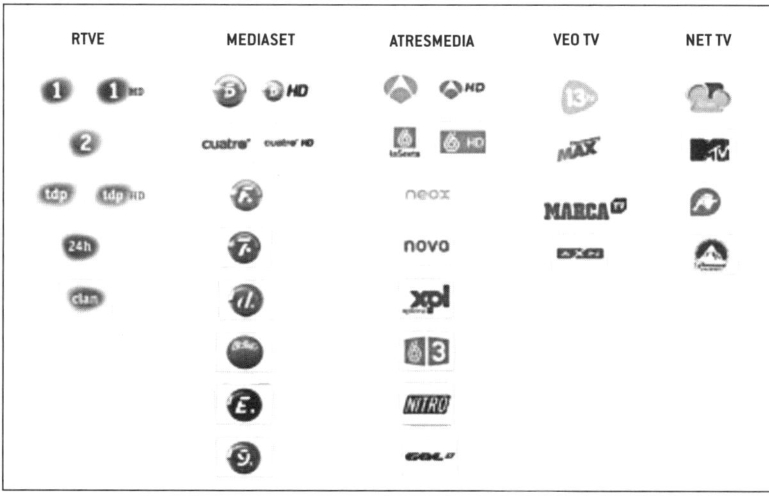

Fuente: UTECA

Se trataba en total de alrededor de 35 posibilidades diferentes y gratuitas para el espectador. Sin duda, un exceso y un modelo que se revelaría insostenible cuando la crisis mermó los ingresos publicitarios. Hubo voces de alerta sobre la sostenibilidad del modelo. Entre ellas recuerdo perfectamente la de José Miguel Contreras, consejero delegado de La Sexta, quien alertaba de que el número de canales en abierto era excesivo y que una posible solución a ese exceso era reservar espacio para la alta definición. Se trataba de seguir el modelo de Estados Unidos. Allí cuando se incorporó la TDT, los operadores decidieron no aumentar el número de señales en abierto para revalorizar sus propios canales. Cuanto menor es la oferta en la televisión generalista es evidente que más valor adquiere cada una de las licencias.

Sin embargo, la posición de Contreras resultó minoritaria dentro de UTECA, la Unión de Televisiones Comerciales Asociadas, y finalmente el Parlamento optó por un modelo con el mencionado exceso de canales y una HD sui géneris, modelo que saltó por los aires con la crisis económica y la caída de los ingresos publicitarios.

El Gobierno socialista tuvo que aprobar posteriormente un cambio legislativo que posibilitaba las fusiones, bajo ciertas condiciones que garantizaban la pluralidad y la competencia, para asegurar la viabilidad financiera del sector audiovisual.

Pese a los años transcurridos, el modelo audiovisual aún no ha quedado completamente definido.

Los excesos de los economistas

La reprimenda sobre «las mercancías no votan» mencionada en este capítulo ilustra de forma descarnada la falta de comunicación, a veces incluso el desprecio mutuo, existente entre los políticos y los economistas. A menudo, esa falta de comunicación es producto de la actitud de los propios políticos, centrados en estrategias y tácticas electorales; pero a menudo es también fruto de la actitud de los propios economistas, que no se libran tampoco de haber cometido en todo este recorrido hacia el desastre, sus particulares excesos. Y no es sorprendente que los políticos también se hayan sentido, a su manera, engañados o maltratados por éstos.

Sobre estos excesos de los economistas me parece interesante dedicar un cierto espacio al final de este capítulo. Porque dentro de los excesos no puede eludirse la responsabilidad que han tenido asimismo los economistas, gremio en el que, obviamente, me incluyo. Los economistas no han hecho bien su trabajo, hay que admitirlo, y aunque también es cierto que están en general muy poco valorados, es evidente que han cometido sus errores y adolecen de una falta de autocrítica.

En realidad, no es la falta de capacidad para ver venir la crisis el peor de sus (nuestros) errores. Es grave, sí, pero es que era muy difícil preverlo, se juntaron demasiados factores como para que fuera realmente posible anticipar lo que se nos veía encima.

Pero con lo que sí contaban era con información suficiente de todos los desequilibrios macroeconómicos que existían, y que si bien no tenían por qué ser suficientes para que los economistas fueran capaces de anticipar la crisis, sí lanzaban suficientes señales de alerta a las que debía haberse atendido. Muchos economistas también se instalaron en el mantra de que todo iba muy bien y ellos mismos reforzaron la idea de la falsa bonanza entre la opinión pública.

El mayor error de los economistas no fue por tanto no haber previsto la crisis, lo cual siendo grave puede ser disculpable, sino el no haber podido, o querido, poner el énfasis pertinente en desequilibrios macroeconómicos que estaban a la vista.

Más en detalle, no está de más recordar toda una lista de perlas que los economistas fueron lanzando a lo largo de todos esos años, y que con los ojos de ahora, y habiendo atravesado la crisis que hemos sufrido, se pueden valorar con justicia como, por lo menos, desafortunadas. Paso a enumerar algunas.

- «Con la nueva economía, los ciclos se han terminado»: aunque sería injusto achacar a todos los economistas españoles este exceso, sí conviene recordar que, con el cambio de siglo, una parte de la profesión, capitaneada por el entonces Secretario de Estado de Economía, Cristóbal Montoro, y el Instituto de Estudios Económicos, vinculado a la CEOE, defendía esta idea[7] del cambio de paradigma económico como resultado de la conjunción de la globalización, las nuevas tecnologías y «las reformas estructurales emprendidas por el Gobierno de Aznar» (sic).
- «La austeridad fiscal siempre paga»: partiendo de la base de que el ahorro es bueno, con la austeridad fiscal se reduce la deuda pública. Todo el mundo parece que daba por hecho esta idea, pero la crisis nos ha demostrado que la

7. Véase por ejemplo «La estabilidad es dinámica», Instituto de Estudios Económicos, 2001.

austeridad a veces no funciona. En función de los multiplicadores fiscales, tanto del gasto como de los impuestos, una política de recorte de gasto o de aumento de los impuestos puede hacer deprimir el PIB nominal y elevar el ratio de deuda pública.

- «La deuda pública es mala, la deuda privada es buena»: ya he comentado esta cuestión antes en este libro. Se parte de la idea de que la deuda privada es una decisión óptima de las empresas que buscan una rentabilidad a largo plazo aprovechándose de unas condiciones favorables de financiación a corto, y por lo tanto, endeudándose conseguirán retornos futuros que serán positivos para las empresas y, a la larga, para el conjunto de la economía y la sociedad. Por su parte, la deuda pública es nociva puesto que a la larga significa más impuestos y la vulnerabilidad de un país.

  Esta idea sigue estando muy presente a nivel internacional. Recientemente en una reunión de economistas a la que asistí, para analizar la situación de América Latina se volvía a incidir en que el endeudamiento privado allí no era ningún problema, y que lo único digno de atención y vigilancia era el endeudamiento público. Creo que nuestra experiencia ha demostrado la gravedad de un exceso de endeudamiento privado que luego se ha transformado en público, y he dedicado unas cuantas páginas a ilustrarlo.
- «El gasto público corriente es malo y la inversión pública es buena»: esta frase se justifica porque el gasto corriente sólo tiene efectos a corto plazo, apenas dura un ejercicio, mientras que la inversión pública, al afectar al capital productivo, público y privado, tiene efectos recurrentes, a largo plazo. Pero ya hemos argumentado en este capítulo que los proyectos de inversión llevan aparejados gastos corrientes, de funcionamiento y de mantenimiento, que pueden limitar su rentabilidad a medio y largo plazo. Y si, además, llevan consigo importantes costes financieros, pueden resultar un negocio ruinoso.

- «El déficit por cuenta corriente es irrelevante en el marco de una unión monetaria»: otra cuestión de la que hablé desde el principio junto a nuestro problema de endeudamiento privado, puesto que ha representado nuestro otro gran exceso macroeconómico que creó el caldo de cultivo para convertirnos en víctimas propicias de la crisis económica. Recordemos el informe «One money, one market» que ya cité en su momento, y que se sitúa en la base del pensamiento de buena parte de los economistas que defendimos la moneda única.
- «La desregulación financiera es buena»: se pensaba que había un exceso de regulación financiera heredado de la Gran Depresión del 29, y se decidieron eliminar los muchos mecanismos de regulación apostando por la «autorregulación». Todo ello con mucha innovación financiera, puesto que esta innovación se suponía que optimizaba la gestión del riesgo y la rentabilidad a largo plazo. Al final, el caso es que se produjo una completa desregulación y muchísima innovación, hasta el punto de que nos enfrentamos a productos que nadie comprendía realmente y que han terminado resultando un desastre.
- «Los bancos centrales deben ser independientes y tener el objetivo primordial de control de la inflación»: esto en realidad no era más que una justificación del diseño que se pretendía del Banco Central Europeo y, ya se ha visto, ha resultado ser otro desastre. Un banco central no puede tener como único objetivo la inflación de consumo, y que sea independiente, es decir, mantenerlo al margen de las decisiones de la sociedad democrática, se justifica para anclar las expectativas de inflación, dada la neutralidad del dinero a largo plazo. El modelo teórico era correcto[8] se convenció a los políticos de que eso era bueno y se actuó en conse-

8. Véase, por ejemplo, A. Alesina y V. Grilli: «The European Central Bank: reshaping monetary politics in Europe», Cambridge University Press, 1992.

cuencia en Europa. Pero, por vigilar solamente la inflación de consumo (IPC), ignoraron la inflación de activos, las burbujas inmobiliaria, bursátil y de crédito, y los riesgos sobre la estabilidad financiera del sistema, que saltó por los aires con el pinchazo de dichas burbujas.

- «La fijación del tipo de cambio, al introducir disciplina en la política económica, ayuda al crecimiento a largo plazo»: creo que hemos comprobado muchos casos en que esta afirmación, totalmente ideológica, se ha demostrado rotundamente falsa. En Argentina, la convertibilidad se asoció a una entrada de capitales en el país, y se olvidaron las reformas y la disciplina fiscal, hasta que el régimen cambiario estalló por los aires. Con el SME en España ocurrió algo parecido en 1989, tal y como vimos en el capítulo 2 de este libro. Y con la introducción del euro en 1999 lo hemos vuelto a ver, no sólo en España, sino en otros países como Grecia, Portugal o Irlanda. Los flujos de capital y las consiguientes burbujas inmobiliarias y financieras se convirtieron en un elixir relajante que enmascararon la realidad estructural de las cuentas públicas y desincentiva las reformas, dado que la economía aparentemente «iba bien». Todas las economías periféricas del euro han crecido menos en los quince años de historia de la moneda única que en los quince años anteriores. Y algunas de ellas, como Grecia y Portugal, no han crecido en absoluto. Por tanto, el tipo de cambio fijo, per se, no incentiva ni las reformas estructurales ni ejerce un papel disciplinador de la política fiscal. De ahí que se necesiten mecanismos que contribuyan a esos ajustes en las épocas de bonanza, mecanismos de los que no contamos en la zona euro, en la que los Estados miembros han perdido su autonomía monetaria.
- «La mejor política industrial es la que no existe»: en España ahora no se sabe quién adoptó esta desafortunada frase del gran economista Gary Becker. Se dice que fue un ministro socialista de Industria de los años ochenta o noventa.

Pero la frase se ha demostrado un despropósito para Europa en general y para España en particular. De hecho, uno de nuestros grandes retos es precisamente emprender una buena política de reindustralización, entendida desde una perspectiva moderna, pero esto es algo sobre lo que volveré en el capítulo final de este libro.

- «Los bancos españoles son los más solventes del mundo»: semejante sentencia, solemne y categórica, se repitió antes y durante la crisis. No excepcionalmente, se decía por los economistas y se asumía tanto por instituciones públicas como privadas. La afirmación, visto lo visto, habla por sí misma de lo afortunados que estuvieron quienes lo proclamaban. Sobre todo por parte del Banco de España, el organismo regulador y supervisor en sus «informes de estabilidad financiera».
- «No hay burbuja inmobiliaria»: mucho he comentado ya esta cuestión en el capítulo 4, y se me va a permitir, sólo en este caso, aprovechar para echarme alguna flor, que compense la autocrítica de otros capítulos, puesto que, como ya he documentado, ésta sí fue una cuestión de la que yo había alertando anticipadamente. En el capítulo siguiente recuerdo y enumero algunas de estas manifestaciones negando la burbuja inmobiliaria.

A todos estos excesos habría que añadir aspectos más específicos como, por ejemplo, el hecho de que a ningún economista se le ocurriera implantar la dación en pago como vía de limitación del exceso de crédito.

El resultado es que los economistas no pueden precisamente sentirse orgullosos del papel que desempeñaron en los años previos a la crisis. No basta con escribir libros criticando lo que se hizo mal y lo que hay que hacer, sino que también es necesario este ejercicio de autocrítica, en el que quiero figurar yo mismo en primera persona.

No es una cuestión tampoco de caer en populismos ni ofrecer

recetas mágicas alternativas; y aunque abogo por enterrar ya de una vez el llamado Consenso de Washington, creo que se le debe ofrecer un entierro digno, reconociendo sus efectos positivos en determinadas economías, sobre todo de América Latina. Pero hay que pasar página, porque muchos de los excesos que acabo de enumerar proceden de su ideario. Yo me mantengo dentro de la ortodoxia económica, y del respeto a la economía de mercado. Tampoco quiero que alguien se confunda en este sentido. Pero estoy convencido de que sólo a partir de esta autocrítica y del reconocimiento de nuestros propios excesos, seremos capaces de aportar mejoras futuras, menos dogmatismos, al conocimiento sobre el funcionamiento de la economía y ganar la credibilidad perdida ante los políticos y ante buena parte de la sociedad.

8

OTROS QUE NO VIERON LLEGAR LA CRISIS

Reconozco que yo no vi llegar la crisis.

Podría tratar de justificarme y recordar que desde finales de 2006 yo ya no estaba en la Oficina Económica del Presidente y que todo el año 2007 lo dediqué a la campaña municipal de Madrid (es decir, a revisar las necesidades de escuelas infantiles, de polideportivos, de transporte y movilidad, de infraestructuras, así como a abordar la organización administrativa y la deuda de mi querida ciudad, tan caótica y tan desigual). Pero no lo voy a hacer.

Recientemente, al comentar con un amigo economista la secuencia de libros que se han escrito sobre la crisis, le decía, medio en broma, medio en serio, que «todos queremos ser el economista al que Zapatero no hizo caso». Yo no voy a jugar a ese juego. Debo asumir y asumo el error de no haber visto venir la crisis, y de no haber anticipado, ni mucho menos, la magnitud de la misma.

Algo que, por otro lado, le ocurrió a muchísima más gente, economistas y no economistas; tanta gente que ahora parece que la previeron con antelación. Y que supuestamente emitieron las correspondientes señales de alerta sobre la crisis que Zapatero y su entorno ignoraron. Pero en realidad tampoco ellos se enteraron en su momento. Porque igual que reconozco que yo no vi llegar la crisis ni su magnitud, lo cierto es que tampoco fui de los últimos, ni mucho menos, en darme cuenta. Ni tampoco creo que hubiera señales de alerta y, mucho menos, que éstas fueran ignoradas.

Para empezar, existe cierta duda, digamos conceptual, acerca de cuál fue el momento en que estalló esta crisis. Según el NBER,[1] la recesión en España comenzó en el tercer trimestre de 2008. Muchos afirman que ya era visible desde el año 2007, pero nadie la documentó en ese momento. Porque aunque es cierto que las turbulencias financieras en Estados Unidos fueron visibles y un motivo de tensión en los mercados a partir del verano de ese año, no ocurrió lo mismo con su impacto sobre España. También había habido turbulencias con el pinchazo de la burbuja tecnológica del Nasdaq, que vimos en el capítulo 4. Pero no tuvieron efectos sobre el crecimiento y empleo de España.

¿Y en el año 2008? Ahora todo el mundo da por hecho que era obvio que estábamos en crisis ese año. Pero eso no deja de ser una percepción a posteriori. De hecho, la mayoría de los expertos y profesionales no previó la recesión incluso ya bien entrado el año 2008 (por lo menos durante los primeros seis meses). Y, aunque hoy resulte desagradable recordarlo, se puede demostrar ese despiste colectivo acudiendo a las publicaciones, a las hemerotecas y, más allá de los dichos, a los hechos, a las actuaciones que diferentes agentes llevaron a cabo en aquellos tiempos que muestran que, lejos de atisbar lo que se nos venía encima, había una despreocupación generalizada. Eso es lo que abordaré en este capítulo. Como decía antes, es una tarea desagradable. Pero es algo justo y necesario, si queremos evitar que una situación así se repita, además de dotarnos de mecanismos de alerta temprana. Porque, si todos la vimos venir, ¿para qué querríamos fortalecer esos mecanismos de alerta?

Desde luego que de nuevo me pongo el primero de la lista. Ignoré, en público y en privado, los efectos que la crisis financiera norteamericana podría tener sobre nosotros. Me apunté a la

1. National Bureau of Economic Research de Estados Unidos.

tesis imperante (repito, era la tesis imperante) que decía que a España esto le iba a afectar muy poco. Y era así, o se creía que era así, debido básicamente a tres motivos.

- Primero, porque al ser un país que tenía déficit por cuenta corriente, España no compraba deuda extranjera, muy al contrario, era un país emisor, y, por tanto, no se contagiaba. Quienes corrían el riesgo de contagiarse eran aquellos que compraban y habían comprado la «basura norteamericana», y ése no era nuestro caso. Algo bueno tenía que tener el déficit por cuenta corriente, y es que nos había protegido del contagio de los complejos productos financieros contaminados por las hipotecas *subprime* norteamericanas.[2] Todo lo contrario de lo que en teoría les ocurriría a los países con superávit exterior y que, por tanto, habrían invertido en esos productos: Alemania, China, Japón, los países del Golfo, etc.
- Segundo, España partía de un superávit fiscal y tenía uno de los ratios de deuda pública sobre PIB más bajos de la OCDE, treinta puntos por debajo del ratio con el que entramos en el euro, como ya explicamos en el capítulo 1 de este libro. El Gobierno de Zapatero había sido el único en la historia de nuestra democracia en conseguir este superávit fiscal, y lo había prolongado a lo largo de tres años seguidos. Pese a este hito, Zapatero nunca ha recibido ningún reconocimiento. Ni entonces ni ahora. Sirva de deprimente ejemplo que, en un interesante y concienzudo libro sobre la crisis financiera en España,[3] el excelente periodista y buen amigo John Müller afirma que «no ha habido en la España moderna un Gobierno menos respetuoso con los Presupuestos Generales del Estado que el de Zapa-

2. Esta tesis también la comparte Pedro Solbes en su libro *Recuerdos*, Deusto, Barcelona, 2013.

3. John Müller, *Leones contra dioses*, Península, Barcelona, 2015.

tero». Ni los superávits alcanzados, ni siquiera los 67.000 millones de euros que dejó a finales de 2011 en el Fondo de Reserva de la Seguridad Social, con el que se han pagado buena parte de las pensiones de los últimos años,[4] han ayudado a mitigar esta terrible e injusta percepción sobre Zapatero. Probablemente a ello contribuyó el Plan E. Pese a que no se ha evaluado de forma sosegada, no hay duda de que una parte de éste fue destinada a proyectos de dudosa rentabilidad, aunque eso fue responsabilidad de los ayuntamientos destinatarios del dinero, más que del Gobierno central. Otra parte del Plan E sirvió para salvar la industria del automóvil y para reforzar el I+D+i en nuestro país. Y cuantitativamente el Plan E apenas supuso un punto del PIB, frente a los casi 65 puntos de aumento del ratio de deuda pública desde que comenzó la crisis. A esta percepción de Gobierno «manirroto» probablemente contribuyeron algunas decisiones de aumento de gasto como el «cheque bebé», en 2007, que supuso unos 1.000 millones de euros en cada uno de los tres años en que estuvo vigente. Mucho más impacto presupuestario tuvo la subida lineal del 3 % del salario de los funcionarios pactada por el ministro de Administraciones Públicas en la Mesa de la Función Pública para 2007 en vísperas de la crisis. El 2 % correspondía a sus retribuciones y el otro 1 % era la consecuencia de incorporar el complemento específico a las pagas extraordinarias. A esa subida se podían acumular las que cada administración negociara con los sindicatos.

- Y tercero, algunos estábamos convencidos de que el bloqueo del mercado interbancario europeo, que había comenzado en agosto de 2007, era consecuencia de la incertidumbre sobre la solvencia de algunos bancos europeos expuestos a los productos derivados de los créditos basura

4. En diciembre de 2014 dicho fondo se había reducido hasta los 42.000 millones, un 38% menos de lo que había dejado Zapatero tres años antes.

norteamericanos. Pero el BCE iba a proporcionar suficiente liquidez para evitar el bloqueo del sistema financiero. Es decir, básicamente se trataba de un problema de liquidez, no de solvencia. Contábamos con un sistema financiero muy saneado, una falacia que todos los analistas y economistas compramos porque los responsables de la supervisión, que son los encargados de conocer la situación real de los riesgos del sistema, así nos lo vendieron. Más adelante retomaremos este punto, que es crucial.

¿Hubo alerta temprana?

No hubo alerta temprana de la crisis. Una forma de demostrar esta proposición es por «reducción al absurdo».[5] Supongamos que hubiera habido alerta temprana. Hoy nos encontraríamos con multitud de evidencias, escritas o audiovisuales, demostrando esas advertencias premonitorias en las fechas inmediatamente previas al estallido de la crisis. Y, por supuesto, me refiero a documentos, informes, presentaciones o notas. No a chismorreos en cenáculos ni a cotilleos en las largas sobremesas madrileñas. Porque, como decía mi buen amigo y colaborador David Taguas, «lo que no está escrito no existe».

Precisamente en el prólogo del que resultó ser el último libro de David Taguas,[6] César Molinas afirma:

> En 2003 Miguel Sebastián abandonó el BBVA y se convirtió en el principal asesor económico de Zapatero, mientras que David Taguas siguió en el Servicio de Estudios del banco. La inesperada victoria de los socialistas en marzo de 2004 cambió las cosas, reforzando la posición de David, que siguió trabajando duro, dotando al

5. En matemáticas, la falsedad de una proposición se demuestra por contradicción o reducción al absurdo suponiendo de partida que es verdadera, y llegando posteriormente a una contradicción.

6. David Taguas, *Cuatro bodas y un funeral*, Deusto, Barcelona, 2014.

> BBVA de nuevas y modernas herramientas analíticas como el modelo BBVA-ARIES para la UEM, en el que participó Carlos Ballabriga. Un célebre informe suyo de 2006 pronosticaba una fuerte desaceleración de la economía española en 2008, siendo ésta la única predicción razonada que conozco que acertó en el pronóstico.

En mi búsqueda, ocho años después, de posibles alertas tempranas sobre el frenazo de la economía española de 2008, esta referencia parecía la más nítida. El problema es que no existe tal «célebre informe» o, al menos, yo no lo he encontrado.

Más adelante en ese mismo prólogo, César Molinas insiste en la misma línea:

> A finales de julio de 2007 David me llamó por teléfono para preguntarme qué me parecía el deterioro que se estaba observando en el mercado secundario de derivados sobre hipotecas *subprime*. Cuando le transmití mi preocupación, me dijo que él tampoco lo veía claro y que iba a convocar a un grupo de especialistas en Moncloa para discutir la situación. En este grupo, cuya existencia no trascendió mientras estuvo en funcionamiento, había gente de mucha responsabilidad en el control de riesgos de las principales instituciones de crédito españolas y también varios economistas financieros. El grupo se reunió todos los lunes a última hora de la tarde desde la última semana de agosto de 2007 hasta el cese de David como jefe de la Oficina en abril de 2008. De cada reunión salía una nota para el presidente del Gobierno con las conclusiones de la discusión, que era entregada a la mañana siguiente. Puedo afirmar que ya en septiembre de 2007 el tono de las notas era de grandísima preocupación y alarma y que en ellas se sugerían diversas medidas para amortiguar el golpe que el grupo veía como muy probable. Si el Gobierno reaccionó tarde y mal frente a la crisis no fue por falta de información, que creo que era una de las mejores del mundo en aquella época, sino por falta de voluntad política. Con las consecuencias por todos conocidas.

Pese a no ocupar ningún cargo en esa época, personalmente asistí a varias de esas reuniones, por invitación de David Taguas.

Las reuniones eran muy técnicas, sobre productos financieros estructurados, con discusiones de ingeniería financiera muy sofisticada. Y básicamente ceñidas al mercado norteamericano. Sólo en alguna ocasión se discutió sobre si debía permitir el Banco de España el descuento de las cédulas hipotecarias en las subastas del BCE. Nada especialmente inquietante. Le dije a David que iba a dejar de asistir, porque tenía poco que aportar a las mismas. Pero, desde luego, no lo hubiera hecho si en ellas se hubiera hablado de la economía española o de una amenaza inminente sobre la misma. He repasado mi correo electrónico de esas fechas. Al no ocupar ningún cargo institucional o profesional en esos momentos, toda mi correspondencia está en mi correo personal, que mantengo. No he descubierto ningún informe alarmante sobre la economía española en ese periodo.

Sirva como ejemplo que el 23 de octubre de 2007 yo ya había dejado de asistir a esas reuniones. Pero, ese mismo día, recibí en mi correo personal una nota de la Oficina Económica comentando la EPA del tercer trimestre cuyo resumen decía:

> En resumen, el mercado de trabajo sigue mostrando dinamismo en el tercer trimestre de 2007 alcanzando los 20.510.000 ocupados, un máximo histórico. La tasa de desempleo se sitúa en el 8%. Con estos datos de ocupación de la EPA, se estima que el crecimiento del PIB pueda situarse en el 3,8% en el tercer trimestre de 2007.

Un máximo histórico del empleo, un crecimiento del PIB cercano al 4%. Y nosotros, todos, tan confiados...

Previsiones compartidas

El caso es que todos pecamos de ingenuidad o, si se quiere, de exceso de confianza. Y cuando digo todos, es todos. Porque creo que es razonable, equilibrado y que se hace un servicio a futuras generaciones, si se va más allá de los responsables «oficiales», es decir, del equipo económico del Gobierno o, mejor dicho, de Zapatero.

En esta sección intento repasar cuál era el ambiente sobre la situación económica de España en los primeros seis meses de 2008, que estuvieron en parte dominados por la campaña electoral de marzo y por el inicio de la nueva legislatura. Empecemos, por tanto, por los partidos políticos.

Aunque yo estaba de vuelta en la universidad tras la derrota electoral en las municipales de Madrid y no participé directamente en el diseño de la estrategia de campaña ni en el programa electoral de 2008, tampoco la critiqué ni me pareció una mala estrategia.

En lo que se refiere al programa socialista, sí me sorprendió, por las incertidumbres que había en el escenario internacional y por los escasos avances conseguidos en los temas estructurales, el tono algo triunfalista de dicho documento, que no tenía nada que ver con el de 2004, cuyo diagnóstico realista sobre el modelo productivo seguía, desgraciadamente, vigente. De hecho, como hemos visto en los primeros capítulos, los ratios de endeudamiento privado, de déficit exterior y de *boom* inmobiliario estaban en niveles máximos al empezar 2008, que es cuando se discutió ese programa.[7]

En el primer epígrafe de la parte económica del programa de 2008, titulado «Hacia el pleno empleo», se fijaban los siguientes objetivos para la siguiente legislatura:

- Crear 2 millones de nuevos empleos.
- Aumentar la tasa de empleo[8] media por encima del 70%.
- Reducir la tasa de desempleo hasta situarla alrededor del 7%.
- Reducir la tasa de temporalidad hasta el 25%.

7. La Conferencia Política tuvo lugar el 1 y 2 de marzo de 2008.

8. La tasa de empleo es el cociente entre los ocupados y la población en edad de trabajar. Actualmente se sitúa en el 57%, según la EPA del primer trimestre de 2015.

Para descargo del Partido Socialista, el programa electoral del PP para las elecciones generales de 2008, bajo el lema «Las ideas claras», no le iba a la zaga. Dentro de sus secciones dedicadas a la economía dedicaban dos grandes epígrafes:

- «Hacer de España una de las 5 economías más avanzadas del mundo», incluyendo «un Plan de Alta Velocidad que conecte todas las capitales de provincia» (entiendo que excluían las islas).
- «Alcanzar el pleno empleo», en la que se concretaba la creación de 2,2 millones de empleos, una tasa de empleo media del 78% y una tasa de paro del 6,5%. Es decir, parodiando la película de los hermanos Marx, en el programa popular se replicaba el programa socialista «más dos huevos duros».

Es decir, el ambiente previo a las elecciones de 2008 no era ni mucho menos el de un país al borde de una crisis económica, con multitud de advertencias de los más sabios analistas que ya sabían la que se nos venía encima y nos alertaban sobre ella, un día sí y otro también.

Es cierto que el fichaje de Manuel Pizarro como número dos en la lista de candidatos por Madrid al Congreso de los Diputados en enero de 2008 cambió algo el tono de la estrategia del PP, que se centró en augurar que España entraría en una grave crisis si Zapatero era reelegido, a lo que el PSOE contrapuso una campaña optimista frente a «los agoreros cenizos» del PP. Esta dualidad tuvo su cénit en el debate electoral televisado entre Manuel Pizarro y Pedro Solbes, y que claramente ganó este último con la estrategia optimista antes señalada. Y lo cierto es que finalmente la crisis estalló, pero no porque Zapatero fuera reelegido, sino porque se desplomó el sistema financiero internacional del que dependía nuestro crédito. Un desplome cuyo máximo exponente fue la caída de Lehman Brothers en septiembre de ese mismo año.

Pero ¿tardaron tanto Zapatero y su Gobierno en reconocer la crisis?

Como decía al principio lo cierto es que, bien entrado 2008, prácticamente todas las instituciones públicas y privadas participaron de esta supuesta ingenuidad o de esta ceguera. Sin embargo, Zapatero arrastra casi en solitario el sambenito de haber negado la llegada de la crisis, algo que no hizo hasta el verano de 2008. Sin duda tarde, pero no mucho más tarde o a la vez que otros muchos, como luego veremos. Es cierto que cometió el error de negarse a utilizar la palabra «crisis», posiblemente como consecuencia de esa estrategia electoral de apostar por el optimismo. Pero el retraso en reconocerla a la postre resultó más irritante que haberla reconocido a tiempo.

El propio Zapatero, en su libro *El dilema* (Planeta, 2015), narra este episodio de la siguiente manera:

> Debo reconocer que ya en aquellos momentos algunos de mis colaboradores eran partidarios de que usara la palabra «crisis», tal y como hice a partir del 8 de julio de ese año en una entrevista en Antena 3. Sí, fue un error no hacerlo antes, porque en la calle y en los medios ya había empezado a calar un cierto clima de crisis, sensación que se iba a ver confirmada con el *crash* financiero de otoño, a pesar de que éste no fuera en absoluto previsible en la primavera de 2008.

Dentro de su equipo es cierto que hubo algunas discusiones sobre este punto que, sobre todo, se acentuaron antes del verano de 2008. Algunos defendíamos, con los datos que nos llegaban de las empresas, sobre todo de las pymes, y por la sensación de que el crédito se había secado completamente, que la situación era cercana a la recesión. En el equipo económico y en el Banco de España defendían que no había «problema de oferta de crédito sino de demanda», que era la cantinela que defendía la propia banca. ¿Por qué el equipo económico del Ministerio de Economía optó por negar la crisis e incluso salió a descalificar públicamente a los que defendíamos que estábamos al borde de la recesión?[9] Probablemente también porque deseaban mantener la coherencia con esa estrategia de la campaña electoral de 2008, en la que se optó por un tono optimista frente al del PP.

En cualquier caso, y esto es muy importante saberlo, ni la presunta tardanza en reconocer la crisis ni la inicial infravaloración de la gravedad de la misma tuvieron la más mínima implicación sobre las decisiones de política económica. Tal y como narra el propio Zapatero en el libro mencionado, España fue de los países que actuó antes y con más contundencia, siguiendo las directrices del G-20, para hacer frente a la crisis financiera global de 2008. Hasta aquí lo que pasó con el sector público.

¿Y qué decir del sector privado? El mejor resumen de ese consenso privado es el Panel de Previsiones de FUNCAS, que representa a los principales analistas de los servicios de estudios macroeconómicos del sector privado o universitario y que gozan de una merecida reputación. Pese a lo que algunos nos quieren hacer creer ahora, todavía en junio de 2008, tres meses antes de la caída de Lehman Brothers y diez meses después de las turbulencias financieras iniciadas en Estados Unidos, decían que la economía iba a crecer un 2,2% en 2008 y un 1,7% en 2009. Ninguno veía el crecimiento de 2008 por debajo del 1,9% y algunos lo veían por encima del 2,5%. Con respecto a 2009, ninguno lo contemplaba por debajo del 0,9% y algunos lo veían en el 2% o incluso por encima.[10]

Es decir, que hubo muchos otros economistas que no vieron la crisis. En descargo de todo el mundo, debo decir que, por definición, es muy difícil anticipar el pinchazo de una burbuja, porque si fuera fácil, no habría tales burbujas; los agentes implicados se anticiparían al final y no se producirían ni la burbuja ni los

9. Véase por ejemplo el artículo publicado en *Diario crítico* el 1 de enero de 2011: «Pesimismo generalizado: Sebastián más alarmista que Solbes ante la crisis». Disponible en: http://www.diariocritico.com/noticia/85965/noticias/pesimismo-generalizado:-sebastian-mas-alarmista-que-solbes-ante-la-crisis.html

10. El PIB español creció un 1,1% en 2008 y un -3,6% en 2009.

Tabla 8.1. Previsiones del Panel de FUNCAS en junio de 2008

	PIB	
	2008	2009
Análisis Financieros Internacionales (AFI)	2,0	1,7
Banco Bilbao Vizcaya Argentaria (BBVA)	1,9	1,4
Caixa Catalunya	2,3	1,7
Caja Madrid	2,1	1,0
Centro de Predicción Económica (CEPREDE-UAM)	2,4	1,0
Consejo Superior de Cámaras de Comercio	2,0	1,5
Fundación Cajas de Ahorros (FUNCAS)	2,0	0,9
Instituto Complutense de Análisis Económico (ICAE-UCM)	2,7	2,0
Instituto de Crédito Oficial (ICO)	2,3	2,2
Instituto de Estudios Económicos (IEE)	2,3	–
Instituto Flores de Lemus (IFL-UC3M)	2,2	1,7
Intermoney	2,0	1,5
La Caixa	2,5	2,0
Santander	2,1	1,5
CONSENSO (MEDIA)	2,2	1,7

Fuente: FUNCAS

pinchazos. Ver la crisis a toro pasado resulta muy sencillo, pero no tanto en su momento. No se trata de ser ignorante. Como ya vimos en el capítulo 4, Isaac Newton, el reconocido genio de la física y las matemáticas y una de las mentes más brillantes de la historia, tampoco vio venir en 1720 la quiebra de la Compañía de los Mares del Sur y se arruinó en el pinchazo de esa burbuja.

Se antoja complicado tratar a alguien como Newton de «ignorante». Ni de mal informado, pues se trataba de alguien que ocupaba una posición privilegiada en los entornos financieros. Pero como a tantos otros, en tantos lugares, y en distintas épocas, le explotó una burbuja en la cara sin que fuera capaz de darse cuenta.

Además de publicar sus previsiones, el sector privado también opinaba con frecuencia en los medios. Se trataba en muchos de los casos de reconocidos expertos, tanto macroeconomistas como del sector inmobiliario.

Pese a lo que se dice ahora y pese a la dureza con la que se juzga a los responsables políticos que «no hicieron nada para frenar la burbuja», en 2006, 2007 y 2008, se seguía negando la existencia de la burbuja inmobiliaria y su posible pinchazo.

Presentamos aquí una pequeña selección de esas declaraciones, recopiladas por el Foro Ciudadano, divididas por orden cronológico, partiendo del año 2006. Lógicamente, si nos fuéramos más atrás en el tiempo, por ejemplo en el periodo 2003-2005, la lista sería interminable y la longitud de este libro se triplicaría.

2006

Alejandro García Balcones, director general de Halifax Hispania:
Resaltó que «el sector inmobiliario no puede "romperse"», porque «está basado en la tierra y el ladrillo y esto pesa demasiado».
El Economista, 1 de junio de 2006

Juan López Cohard, economista:
Para este empresario, la llamada «burbuja inmobiliaria» no existe. Es un invento.
Diario Sur, 3 de marzo de 2006

Manuel Gandarias, presidente de la Asociación MDI:
«Nunca he creído en el concepto de burbuja inmobiliaria. Cuando se genera una burbuja y ésta estalla, desaparece el valor. No cabe duda que el concepto lo explica por sí solo. La vivienda en España ha generado valor para las familias que no se hace líquido hasta que no se procede a la venta».
www.mastermdi.es

Ricardo Aroca, decano del Colegio de Arquitectos de Madrid:
«Si la hubiera, ya habría explotado hace muchos años».
El Confidencial, 24 de octubre de 2006

2007

José Luis Malo de Molina, director del Servicio de Estudios del Banco de España:
«Nunca hemos hablado de burbuja inmobiliaria, ni esperamos otra cosa que no sea una suave desaceleración».
El Diario Montañés, 14 de diciembre de 2007

Enrique Lacalle, presidente de Barcelona Meeting Point:
«Yo siempre he dicho que no hay burbuja. Al final, si cualquier persona hace un esfuerzo importante en comprar algún tipo de unidad inmobiliaria, te das cuenta que es el activo que te da más satisfacción».
www.noticias.com

José Luis Marcos Muñoz, consejero delegado de Roan Asesoramiento Inmobiliario:
Ironizó sobre la supuesta burbuja inmobiliaria y auguró que las «modernas "casandras"» que profetizan el desplome del mercado no verán cumplidos sus designios.
El Mundo, 18 de mayo de 2007

Gregorio Izquierdo, director del Instituto de Estudios Económicos:
«No creo que se pueda hablar realmente de burbuja inmobiliaria. Lo que ha sucedido es que ha habido en los últimos tiempos una fuerte subida de los precios por una alta demanda, pero en estos momentos el mercado se está normalizando».
www.miarevista.es

Salvador Vila, presidente de la Asociación de Promotores Inmobiliarios y Agentes Urbanizadores de Valencia:
«No podemos decir, en ningún caso, que la llamada burbuja inmobiliaria ha explotado, ni tan siquiera hay que utilizar las palabras crisis o aterrizaje suave. Vivimos un periodo de normalización. Ni los visionarios más catastrofistas pueden hacernos creer que la actividad urbanística está agotada».
www.levante-emv.com

Marisa Molina, directora general de Cohispania:
«No existe burbuja inmobiliaria y nunca ha existido».
burbuja.info, 8 de septiembre de 2007

2008

Enric Reyna, presidente de las promotoras de Cataluña:
«No es burbuja. Una burbuja es algo que cuando estalla no deja nada. Aquí el precio del piso se puede estabilizar o puede bajar, pero siempre queda el piso. Y la burbuja, cuando estalla, no deja nada».
burbuja.info, 9 de febrero de 2008

Javier López, Sacyr Vallehermoso:
Consideró un «disparate» hablar de burbuja inmobiliaria, al considerar que el componente especulativo en los precios del sector es «muy bajo».
www.laopiniondemalaga.es

Paloma Taltavull, directora de Estudios Inmobiliarios de la Universidad de Alicante. Presidenta de la Internacional Real Estate Society (IRES):
«Yo creo que no ha habido una burbuja causante del largo proceso expansivo del mercado de la vivienda español. No sólo nuestros estudios avalan esto sino también los de grandes profesores que explican el fuerte aumento de la demanda básica de viviendas derivado del largo ciclo expansivo de las economías (crecen los empleos y los salarios)».
Diario Información, 25 de abril de 2008

Las instituciones oficiales, lejos de ver una crisis

En la tabla 8.2 se resumen las previsiones para la economía española hecha por los organismos oficiales en abril-mayo de 2008. Las previsiones, en lo sustancial, no discrepan de las de los analistas privados que vimos en la sección anterior.

Tabla 8.2. Previsiones PIB España (%)

	2008	2009
FMI	1,8	1,3
OCDE	1,6	1,1
CE	2,2	1,9
Banco de España	2,4	2,1

En su comparecencia en el Congreso de los Diputados el 24 de junio de 2008, el gobernador del Banco de España afirmaba:

Las perspectivas para la economía española apuntan, en el futuro más inmediato, a una etapa de moderación del crecimiento, en la

> que no obstante existen elementos que deberían permitir amortiguar el impacto de las perturbaciones externas. En particular, nuestro país cuenta en la actualidad con un entorno institucional mucho más proclive a la estabilidad macroeconómica, una sólida posición presupuestaria y unos mercados de factores y servicios que, si bien continúan aquejados de ciertas rigideces, son más flexibles de lo que eran hace década y media. Por último, la solidez del sistema financiero español representa un soporte destacado para mitigar los efectos derivados de la prolongada fase de inestabilidad financiera internacional... Con todo, la materialización del escenario central en el que la desaceleración de la actividad tenga una intensidad y duración moderadas depende no sólo del alcance de las perturbaciones exteriores, sino también del esfuerzo que hagan todas las Administraciones Públicas y los agentes sociales, cada uno en su ámbito de actuación.

Las ideas fuerza de este mensaje eran: que la crisis era externa, que España tenía margen de maniobra, que el sistema financiero era sólido y que la «desaceleración» tendría una duración e intensidad moderadas.

Alguien puede decir que al Banco de España le corresponde esa función prudente de intentar tranquilizar y evitar generar alarmas en la población y en los mercados. Pero, en ese caso, ¿por qué le corresponde esa función tranquilizadora al banco central y no al Gobierno central?

En cualquier caso, no sólo eran las instituciones oficiales. Las principales agencias de calificación de *rating* mantenían la máxima calificación del riesgo soberano de España (véase gráfico 8.1 y tabla explicativa) durante todo el año 2008. Es decir, la calificación AAA, por parte tanto de Standard & Poor's (S&P) como de Fitch-IBCA, y la de Aaa, por parte de Moody's.

Gráfico 8.1. Calificación del riesgo soberano de España

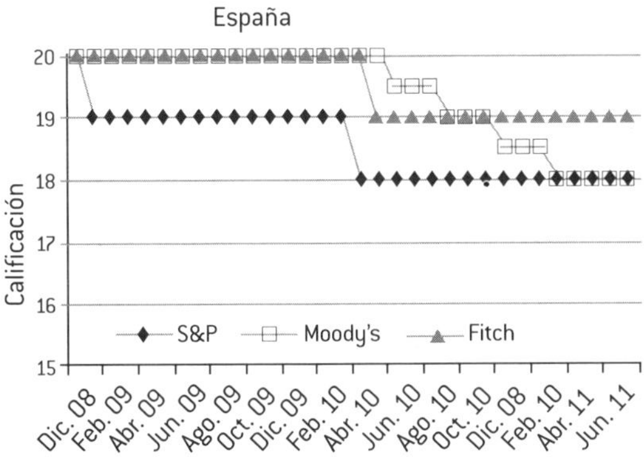

Calificación Moody's	S&P	Fitch	Equivalente numérico
Aaa	AAA	AAA	20
Aa1	AA+	AA+	19
Aa2	AA	AA	18
Aa3	AA-	AA-	17
A1	A+	A+	16
A2	A	A	15
A3	A-	A-	14

Fuente: SxP, Moody's y Fitch/Ibca

De hecho, sólo S&P rebajó su calificación un escalón el 19 de enero de 2009. Es decir, dos meses después de la puesta en marcha del Plan E por el Gobierno de Zapatero en noviembre de 2008. ¿Quién reconoció, antes o después, y actuó, antes o después, contra la crisis?

Y esto por no hablar de Moody's, que no rebajó el *rating* soberano español hasta el 30 de septiembre de 2010, mientras que Fitch lo hizo el 28 de mayo de ese mismo año.

El BCE da la nota

Pero de todas las acciones u opiniones oficiales sobre la percepción de cuál era la situación de la economía, la más llamativa fue, sin duda, la del Banco Central Europeo que, para asombro de todos, decidió subir los tipos de interés de referencia hasta el 4,25%, el 3 de julio de 2008. Lo más asombroso no fue la subida, sino la justificación que se hizo de la misma.

«Hacemos lo que creemos conveniente para anclar los riesgos inflacionistas a medio plazo», aseguró el entonces presidente del BCE, Jean-Claude Trichet. Cuando le preguntaron sobre si la decisión abría la puerta a más subidas, Trichet afirmó que «el BCE no tiene ningún compromiso previo en este sentido», dejando en el aire nuevas subidas si la inflación continuaba desbocada.

Ni una sola palabra sobre riesgos de recesión o problemas de estrangulamiento de crédito. Es cierto que la inflación de la zona euro había repuntado hasta el 4%, el máximo desde la creación de la moneda única. Pero ello había sido por culpa del precio del petróleo y de las materias primas agrícolas. Es decir, se trataba de dos choques de oferta negativos, ante los que se supone que un banco central debe ser cauto a la hora de actuar, pues puede provocar una grave recesión. La actitud del BCE contrasta con la de la Reserva Federal de Estados Unidos, que, para luchar contra el riesgo de recesión en la primera potencia mundial, desde agosto de 2007 había bajado los tipos de interés en siete ocasiones, hasta situarlos en el 2%.

Con la decisión del BCE el euríbor, el tipo de referencia de las hipotecas en España, escaló hasta el 5,4%, un récord desde la creación del euro. Ello ponía en dificultades a las familias españolas, que ya estaban sufriendo pérdidas de poder adquisitivo por la inflación importada, pérdidas de riqueza, por las caídas de los precios inmobiliarios, y pérdidas de renta, por la incipiente destrucción de empleo debido al parón inmobiliario.

El mismo BCE que había protagonizado años de expansión monetaria en la primera década de su existencia (véase el capítulo 3 de este libro), se volvía restrictivo, muy restrictivo, en el peor momento.

Hasta aquí las opiniones escritas, del sector público, del sector privado y de los organismos internacionales. Ninguno vio la crisis, al menos en sus publicaciones. Y prefiero creer eso. Pues si la vieron en privado y publicaron lo contrario en sus documentos públicos, estaríamos ante algo mucho más grave.

Dejemos ya la falacia de que «todos vimos la crisis excepto Zapatero». Basta ya. Reconozcamos todos que nos equivocamos, y que, con ello, en parte contribuimos a que se equivocara Zapatero. Y busquemos mecanismos de alerta temprana, públicos y privados, para evitar que esto se repita en el futuro. Habilitemos observatorios. Encarguemos informes independientes que alerten de los riesgos, fuera de los intereses sectoriales, empresariales o territoriales. Aunque esos riesgos sean a veces insuficientemente fundados. Incluso si pueden crear alarmas innecesarias. Pero demandemos que se trate de una alarma escrita y fundamentada, no sacada de tertulias, sobremesas y chismorreos.

Las empresas no opinan, pero por sus actos las conoceréis

Así pues, ni gobiernos, ni instituciones, ni organismos internacionales, ni economistas están libres del pecado de no anticipar la crisis. Y tampoco, ni mucho menos, el sector empresarial. El sector privado no es que tenga por costumbre manifestar públicamente su opinión sobre la llegada de posibles crisis o recesiones. Eso lo deja para sus servicios de estudios o sus analistas, si los tienen. Pero lo que siempre hace es actuar. Y sus actuaciones dejan entrever si están viendo o no la llegada de un tsunami financiero o de una grave recesión de la economía real. Y uno de los mejores test para comprobar si anticipan turbulencias, es el de las compras, adquisiciones o fusiones de empresas. Cuando las esperan o asignan una probabilidad significativa a que ocurran, prefieren aguardar y aplazar las compras. En el gráfico 8.2, elaborado con los datos del IMAA (Institute of Mergers, Acquisitions and Alliances), se presentan las transacciones empresariales por motivo de fusiones o adquisiciones en el mundo durante el periodo 1985-2014. En efecto, en los periodos de recesión se ralentizan o caen tanto el número de operaciones como el valor de las mismas. Ocurrió en la crisis del Golfo de 1990, en el pinchazo de la burbuja *puntocom* y tras los ataques terroristas del 11 de septiembre de 2011.

Gráfico 8.2. Fusiones y adquisiciones en el mundo: 1985-2014

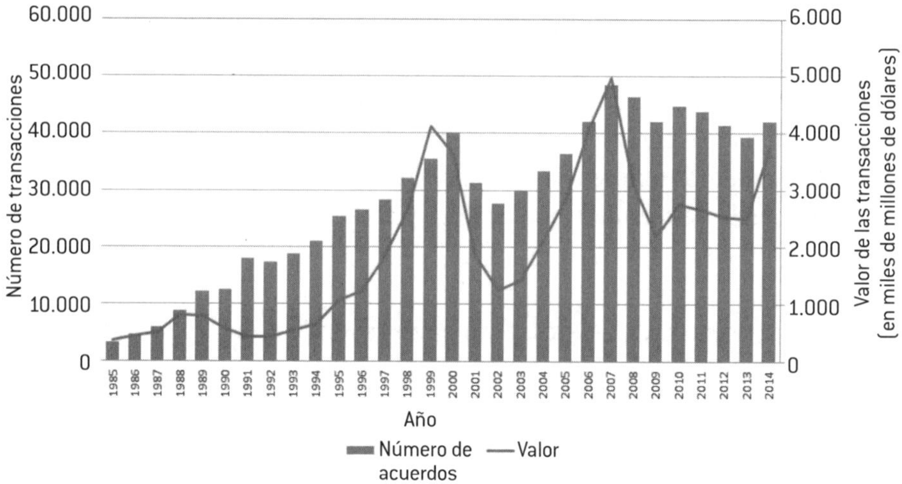

Fuente: IMAA, Institute of Mergers, Acquisitions and Alliances

Y también ocurrió en la reciente Gran Recesión, pero a partir de 2008. En 2007 difícilmente se podría estar ya anticipando una crisis cuando las operaciones de M&A (siglas de «Mergers and Acquisitions», fusiones y adquisiciones) alcanzaron un máximo, tanto en número como en valor. Más adelante comprobaremos que ese gran número de transacciones no sólo tuvo lugar en la primera parte del año, sino también después del verano, cuando presuntamente había «estallado la crisis financiera». Desde luego, si se hubiera previsto en 2007 que estaba al caer una crisis de esa magnitud, el comportamiento del sector privado no hubiera sido éste: frenéticamente comprador. Tampoco ellos vieron la crisis.

Años atrás, en 2000, el BBVA para el que yo trabajaba entonces, se planteaba en Argentina la adquisición del 100% del Banco Francés, del que ya controlaba un 51%, pero con respecto al cual, viendo los beneficios que reportaba, veía con buenos ojos una completa adquisición. En la operación había un riesgo macroeconómico, derivado de la sostenibilidad o no de la convertibilidad[11] argentina, por lo que el Servicio de Estudios del banco, que yo dirigía, fue consultado al respecto. No sin intensas discusiones y fuertes divisiones, el Servicio de Estudios dictaminó en contra, previendo que el tipo de cambio en Argentina iba a saltar por los aires y ello iba a ser un desastre para el sistema financiero. El BBVA no llevó adelante la operación, y es bien sabido ahora que acertó, pues la convertibilidad cayó en 2002 en medio de un corralito y un impago de su deuda pública. Éste es un ejemplo práctico de un desastre económico y financiero que se ve venir (aunque, obviamente, no con una probabilidad del 100%) y que interrumpe una operación de M&A que era apetecible desde un punto de vista microeconómico, pero desaconsejable desde un punto de vista macro.

Es decir, por supuesto que a la hora de llevar a cabo operaciones de esta envergadura, las empresas estudian y prevén su conveniencia teniendo en cuenta las previsiones del entorno macroeconómico y financiero. Son operaciones siempre sujetas a escrutinio y debate y, si se anticipa un derrumbe financiero o una fuerte crisis económica, con grandes devaluaciones o pérdidas en el valor de las empresas, se decide no comprar, aplazar o suspender tales operaciones.

Los datos globales relativos al periodo 2007-2008 nos demuestran que estas previsiones del sector privado fueron más bien en el sentido contrario. Y tras ello, el apoyo y la asunción de riesgo financiero de toda la banca, porque obviamente son operaciones que requieren fuerte financiación. Es decir, cuando hablamos de no anticipar, no nos referimos sólo a los gestores de las empresas implicadas, sino también al sector financiero que las financiaba sin anticipar un riesgo macroeconómico o financiero significativo.

Merece la pena citar algunas de estas importantes operaciones, porque resultan ilustrativas. A partir de un informe para el

11. Desde 1990 el tipo de cambio del peso quedó atado al del dólar estadounidense, en una relación 1 a 1.

Servicio de Investigación del Congreso de Estados Unidos, referido a las principales operaciones de fusiones y adquisiciones en el mundo en 2007, he seleccionado, de entre aquellas que ocurrieron después del verano de 2007, cuando la crisis financiera se supone que era evidente, las 20 más importantes en valor (véase la tabla 8.3). Encontramos casos de diferentes países y de todos los sectores de actividad (financiero, energía, farmacéuticas, construcción, telecomunicaciones, automoción, hostelería, etc.).

Tabla 8.3. PRINCIPALES FUSIONES Y ADQUISICIONES MUNDIALES A FINALES DE 2007

Comprador	Objetivo	Fecha	Valor* (millones de dólares)
RBS, Santander y Fortis	ABN Amro	oct-07	95.500
Transocean	Global Santa Fe	nov-07	48.500
Rio Tinto Group	Alcan	nov-07	38.100
Enel	Endesa	oct-07	31.200
Unicredit	Capitalia	sep-07	30.000
Blackstone	Hilton Hotels	oct-07	26.000
Kohlberg Kravis Roberts	First Data	sep-07	25.600
Goldman Sachs	Alltell Corp.	nov-07	25.000
Bank of America	LaSalle Bank	oct-07	21.000
Wesfarmers	Coles Group	nov-07	18.600
Akzo Nobel	Imperial Chemical	ene-08	16.000
Heidelberg Cement	Hanson PLC	ago-07	15.800
Continental AG	Siemens VDO	dic-07	15.700
Tishman Speyer, Lehman Bos.	Archstone Smith	oct-07	13.500
Len Blavatnik	Lyondell Chemical	dic-07	12.700
Saga	Automobile Association	sep-07	12.400
Blackstone, Kohlberg, Goldman	Biomet	sep-07	11.400
Saudi Basics Industries	GE Plastics	sep-07	11.000

Comprador	Objetivo	Fecha	Valor* (millones de dólares)
Bain, Carlyle, Clayton	Home Depot	sep-07	8.500
Sam Zell	Tribune Co.	dic-07	8.200
		TOTAL	**484.700**

Fuente: elaboración propia a partir de CRS[12]

Sólo las 20 primeras operaciones de una amplia lista sumaban casi medio billón (*trillion* a la americana) de dólares, casi la mitad del PIB español. El total de operaciones excedía los 2 billones (*trillion*). ¿Hubieran arriesgado estas empresas semejante cantidad de recursos si hubieran visto la que se les venía encima? ¿Y las hubieran financiado los bancos que lo hicieron?

Incluso en 2008 continuaron las grandes operaciones de M&A en todo el mundo, tal y como recoge la tabla 8.4. Lógicamente, el número de operaciones disminuye. Muchas se cancelan o se posponen. Y empiezan a aparecer otro tipo de operaciones: las de compras de gangas o fusiones con empresas quebradas, en las que se asumen sus voluminosos stocks de deuda. Esas operaciones, que ocurrieron sobre todo a partir de la caída de Lehman Brothers en septiembre de 2008, no aparecen en esta lista.

Tabla 8.4. Principales fusiones y adquisiciones mundiales en 2008

Comprador	Objetivo	Valor (millones de dólares)
Varios accionistas	Phillip Morris	113.000
InBev's	Anheuser-Busch	60.400
Bank of America	Merril Lynch	48.800
Roche	Genentech	43.700
Varios accionistas	Time Warner	42.100

12. John Williamson, Congressional Research Service, Cornell University, febrero de 2008.

Comprador	Objetivo	Valor (millones de dólares)
Verizon Wireless	Alltell Corp.	28.100
Novartis	Alcon	27.700
Mars	Wm Wrigley	23.200
Hewlett Packard	EDS	13.900
Oracle	BEA	8.500

Fuente: Thomson Reuters

Hasta aquí los datos globales. Cuando analizamos los datos del IMAA para España, nos encontramos con un perfil similar al de la tabla anterior, referido al mundo, pero con una importante y significativa diferencia: el máximo de operaciones de M&A no tiene lugar en 2007 sino en 2008. Es decir, con un año de retraso con respecto al perfil temporal de Estados Unidos y de otros países desarrollados. Ello avala la hipótesis de que, por parte del sector empresarial español, la percepción sobre la crisis también llegó con más retraso.

Gráfico 8.3. Fusiones y adquisiciones España: 1991-2013

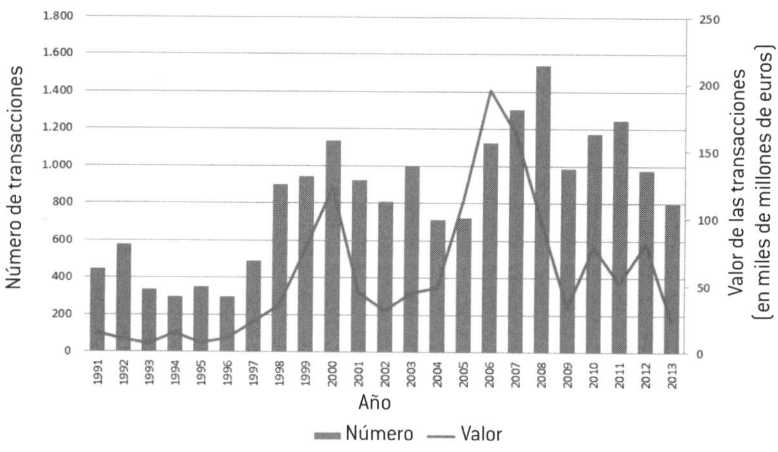

Fuente: IMAA, Institute of Mergers, Acquisitions and Alliances

Incluso en la tabla global destaca una operación de una empresa española: la compra de Endesa por parte de Enel en 2007. ¿Hubieran comprado los italianos la eléctrica española por ese valor de haber anticipado una crisis como la que ocurrió, con caídas acumuladas de la demanda eléctrica de casi un 20% y fuertes cambios regulatorios?

Otras operaciones sonadas fueron la compra de Urbis por parte de Reyal, en 2007, la compra del 20% de Repsol por Sacyr a finales de 2006 o la adquisición de Unión Fenosa por parte de Gas Natural por 16.000 millones de euros.... ¡en julio de 2008!

Pero hay también un caso que me parece paradigmático y que creo que es muy valioso citar, por lo que no puedo menos que hacerlo: el del Grupo Prisa con respecto a Sogecable. Se trataba de un caso bastante similar al del BBVA en Argentina con respecto al Banco Francés. El Grupo Prisa contaba con un porcentaje significativo de Sogecable, que «iba muy bien», y parecía buena idea disfrutar de los beneficios totales, así que decidieron hacer una OPA por el 100% del capital, ofreciendo un buen precio por las acciones al resto de los accionistas, entre los que se encontraba Telefónica. Es significativo que esta operación la planificó el Grupo Prisa, precisamente uno de los grupos de comunicación que han sido más críticos con Zapatero «por no haber sido capaz de prever la crisis y reaccionar a tiempo», en diciembre de 2007, firmándose en febrero de 2008 la sindicación del préstamo (del que participaron algunas de las más importantes entidades bancarias de nuestro país). Por lo visto, los que tan clarividentes parecen haberse mostrado a posteriori sobre la crisis, tampoco debían estar viendo demasiado nítidamente que llegaba un tsunami financiero cuando ya estaba avanzado el año 2008, porque, de lo contrario, nunca hubieran emprendido tal operación.

En definitiva, comprobamos cómo en todo el mundo, y también en España, altos ejecutivos con elevadas responsabilidades ante sus accionistas y empleados llevaron a cabo operaciones que *ex ante* tenían todo el sentido microeconómico, pero que *ex post* resultaron completamente desafortunadas por el cambio de contexto macroeconómico y financiero. Y es que las empresas, como los organismos de control, como las instituciones internacionales, como los analistas económicos, como Zapatero y su Gobierno, o como yo mismo; como la inmensa mayoría, tampoco anticiparon la crisis ni la vieron llegar.

El 15 de septiembre de 2008 cae Lehman Brothers. Yo ya conocía la noticia desde la noche anterior y sabía que ese día iba a ser difícil. Había sido un verano breve y duro, marcado por la tragedia de Spanair, muchos viajes y varios Consejos de Ministros. Cuando me subí al coche oficial, en el que acostumbraba a leer la prensa del día, me sorprendió la portada de *El País* de ese lunes, en su edición nacional:[13] «Una pelea entre Industria y Ciencia daña la imagen exterior de España». A cuatro columnas. Era la noticia más importante de esa primera edición, relegando la caída de Lehman Brothers a segunda noticia del día en esa misma portada.

Sí, todos tardamos en ver la crisis. Unos más que otros. Pero lo que está claro, y todos estaremos de acuerdo, es que ese día señaló el final definitivo de la falsa bonanza.

13. La portada a la que me refiero es la de la edición nacional, que es la que recibía temprano en mi despacho. Posteriormente, en su edición únicamente para Madrid, *El País* cambió la portada, que es la que ahora guardan en sus hemerotecas y la única que está disponible para los usuarios de internet. Disponible en: http://elpais.com/diario/2008/09/15/espana/1221429602_850215.html

EPÍLOGO

LOS RETOS PENDIENTES

He hablado mucho del pasado reciente, de las cosas que nos han sucedido y de por qué nos han sucedido. Creo que es un ejercicio necesario, pero no por una cuestión de afición personal, sino porque esas señales que nos envía el pasado nos permiten encontrar el diagnóstico que nos posibilite construir un futuro mejor. Y, sobre todo, un futuro en el que no caigamos en los mismos errores, o en algunos parecidos. Evitemos que todo lo malo que nos ha sucedido nos vuelva a suceder. Este libro no hubiera tenido sentido sin un afán por mirar hacia delante.

Considero que lo verdaderamente valioso para terminar es, ahora que disponemos ya de la necesaria información y perspectiva sobre lo ocurrido antes de la crisis, centrarse en el presente para, a partir de este presente, proponer ideas y decidir cómo actuar en el futuro, incorporando el aprendizaje de lo que supuso esa falsa bonanza y esta tremenda crisis.

En consecuencia, me corresponde en este epílogo hablar de la situación actual de la economía española. Es un ejercicio interesante porque, además, nos va a servir para recapitular las grandes cuestiones que se han ido desgranando a lo largo de las páginas precedentes. Y es que, como no podía ser de otra manera, pasado, presente y futuro están estrechamente relacionados.

Pero en este caso, hablar del presente significa no tanto analizar la coyuntura en una fecha concreta y que bien podría cambiar en los próximos meses, como profundizar en nuestra realidad haciendo referencia tanto a las debilidades como a las fortalezas estructurales de la economía española. Ese enfoque estructural es clave para, a partir de ahí, decidir cómo abordar las primeras y cómo tratar de potenciar o salvaguardar las segundas y, de este modo, encarar de la mejor forma posible el periodo de expansión, cuando éste se consolide.

Es cierto que buena parte de los retos futuros se centran en reformas estructurales que deberían afectar a los mercados financieros globales y a la zona euro,[1] y que exceden el margen de actuación de la política económica española, aunque vayan a ser determinantes para la misma. El llamado «Informe de los 5 Presidentes»[2] va a ser la hoja de ruta desde 2015 a 2025, en el avance hacia la Unión económica y social, la Unión financiera y la Unión Presupuestaria de la zona euro. Pero ello no quiere decir que no haya nada que hacer a escala doméstica. Por el contrario, se deben abordar los retos estructurales que afectan a nuestra economía, para reforzar nuestra posición en la zona euro y en el contexto internacional.

Eternas debilidades estructurales de la economía española

El primer aspecto realmente digno de mención sobre la actualidad económica española es que la realidad presente nos demuestra que las debilidades estructurales que padece ahora mismo España no son muy distintas a las que ya padecíamos mucho antes de la crisis económica, cuando España se incorporó al euro. De hecho, algunas de estas debilidades ya fueron diagnosticadas en el año 2004, dentro del Programa Económico del PSOE, pero lo cierto es que, por sorprendente que resulte, muchas de ellas ahí siguen; sólo que, por añadidura, con unas cuantas debilidades estructurales más.

1. Una buena referencia sobre este tema es el libro *La gran crisis. Cambios y consecuencias*, de Martin Wolf, Deusto, 2015.

2. Véase el documento «Realizar la Unión Económica y Monetaria europea», de J. C. Juncker, D. Tusk, J. Dijsselbloem, M. Draghi y M. Schulz, Comisión Europea, 2015.

Esto nos sirve también para comprobar que, en efecto, muchas de esas debilidades NO eran consecuencia de la crisis, y que va siendo hora de que las afrontemos de una vez por todas para que nuestro país sea una historia de éxito duradero.

Y es que, sorprendentemente, la economía española se enfrenta a unos retos estructurales o de largo plazo que ya estaban encima de la mesa cuando nos incorporamos al euro, y que no abordamos por la borrachera de entradas de capitales, la expansión de crédito y la facilidad de endeudamiento privado, tanto de familias como de empresas. Si se hubieran hecho esas reformas estructurales en el periodo de expansión, al entrar en el euro, las consecuencias de la crisis financiera global no hubieran sido tan dramáticas como las que nos tocó vivir.

La productividad

En primer lugar es necesario hablar de nuestro endémico problema de productividad, que es la variable más relevante para explicar el crecimiento económico a largo plazo de la renta per cápita de un país.[3] Es difícil medir la productividad. El concepto más fácilmente observable, el cociente entre la producción y el empleo, está sujeto a fuertes oscilaciones cíclicas, por la creación y destrucción de empleo asociada a los *booms* y recesiones, y que poco tienen que ver con el crecimiento a largo plazo de un país. En su lugar se utiliza la «productividad total de los factores» (PTF), que es la cantidad de *output* que puede producirse con una determinada cantidad de factores, capital y trabajo, incluyendo el capital humano. Así pues, cuando la PTF aumenta, la economía puede producir más renta con la misma cantidad de capital físico y de capital humano. Por tanto, la PTF resulta fundamental para explicar el crecimiento a

3. Otras variables estructurales como la participación en el mercado de trabajo, la tasa de paro estructural y la composición demográfica también afectan al nivel de renta de un país, pero no a su tasa de crecimiento de largo plazo.

largo plazo de un país, al recoger básicamente los efectos del progreso tecnológico, entendido éste en un sentido amplio.

En el gráfico E.1 se presenta, con datos anuales de la Comisión Europea, la evolución de la productividad total de los factores para España, Alemania y Estados Unidos. Quizá no haya un gráfico mejor que ése para ilustrar el problema del «modelo productivo» español.

Tomando el valor 100 en 1990, la PTF apenas creció un 5% acumulado en casi dos décadas en España, mientras que en Alemania lo hizo en un 14% y casi el doble, un 27%, en Estados Unidos. Muchas veces se compara a España con Estados Unidos en su comportamiento macroeconómico: déficit por cuenta corriente, deuda privada y burbuja inmobiliaria. Pero ésta es una variable que los distingue radicalmente. Y es una variable fundamental. Explica no sólo el crecimiento a largo plazo de una economía, sino la evolución de los salarios reales, la competitividad exterior y la sostenibilidad del Estado de bienestar. Es la variable macroeconómica clave que debía ser objeto de vigilancia por parte de los responsables de la política económica. Por el contrario, cuando en 2003, en los años del «España va bien», sacábamos a colación

Gráfico E.1. Productividad total de los factores (1990 = 100)

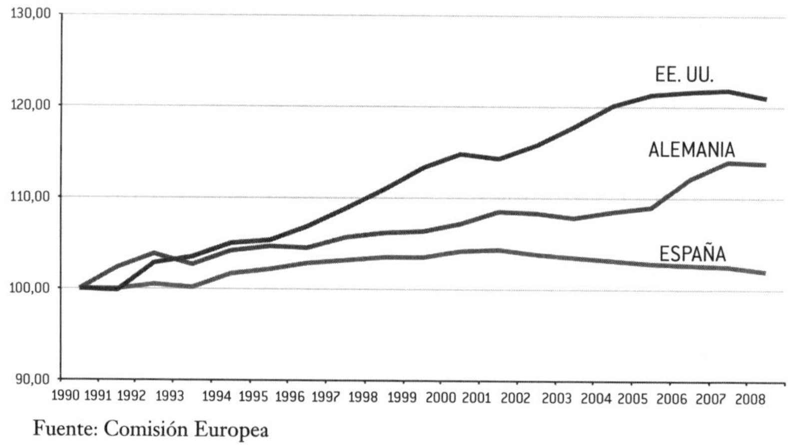

Fuente: Comisión Europea

este argumento, la reacción del entonces vicepresidente y candidato a presidente del Gobierno, Mariano Rajoy, era replicarnos con «Ya estamos con la matraca de la productividad».

El gráfico E.1 también sintetiza como ningún otro la idea que da título a este libro. Lo que ocurrió entre 1998 y 2008 tras nuestra entrada en el euro no fue más que una falsa bonanza. Porque en esa década «milagrosa» la PTF creció... nada. De hecho fue un 1% inferior, en comparación con el 7% de crecimiento acumulado de dicha variable en Alemania y del 9% en Estados Unidos en la misma década.

Si tuviera que elegir solamente dos gráficos para ilustrar el periodo y la idea de la «falsa bonanza» durante 1998-2008, uno sería éste de la PTF. El otro sería el de la deuda privada que vimos en el capítulo 1.

Una forma alternativa de contemplar este mismo problema es observando la baja productividad por hora trabajada. No somos un país en el que se trabaje poco, muy al contrario, somos un país en el que se trabajan más horas que en muchos otros países de nuestro entorno. Sin embargo, nuestra productividad por hora es muy baja. Posiblemente hay muchas cuestiones relativas a nuestro ritmo de vida y horarios que influyen, pero resulta difícil identificar qué es antes, si el huevo o la gallina: si se trabaja mucho porque nuestra productividad es baja, o bien nuestra productividad es baja porque empleamos demasiado tiempo en el trabajo y lo distribuimos muy mal en nuestra jornada.

Con la productividad ganamos todos. Hace compatible el crecimiento de los salarios reales y del empleo. Aumenta las posibilidades de consumo y del ocio. Permite el desarrollo sostenible de las políticas de apoyo a los más vulnerables y a los excluidos. Fortalece el sistema de pensiones y el Estado de bienestar. Favorece la competitividad de nuestras empresas y el abaratamiento de los bienes de consumo para nuestros ciudadanos.

Ningún Gobierno tiene todas las armas en sus manos para garantizar el crecimiento de la productividad. Pero debe impulsar políticas de apoyo a la economía productiva.

El desempleo estructural y la dualidad del mercado de trabajo

El desempleo es el problema económico y social más grave de nuestro país. Si calculáramos la tasa de paro media desde 1977, todo el periodo democrático, ésta se situaría en torno al 16%. El problema es que esa media no ha mejorado desde nuestra incorporación al euro. Por tanto, tenemos una elevada tasa de paro estructural. Pero, además, tenemos una elevada tasa de paro cíclico. En los momentos de *boom*, la tasa de paro se puede situar 9 puntos por debajo de la tasa estructural (7%) y en los momentos de recesión 9 puntos por encima (25%). Estas fuertes oscilaciones del desempleo cíclico se explican por la dualidad del mercado de trabajo. Los ocupados temporales, con un bajo coste de despido, sufren de forma inmediata y masiva los cambios del ciclo económico.

Gráfico E.2. Tasa Temporalidad y de paro en España (1987-2013)

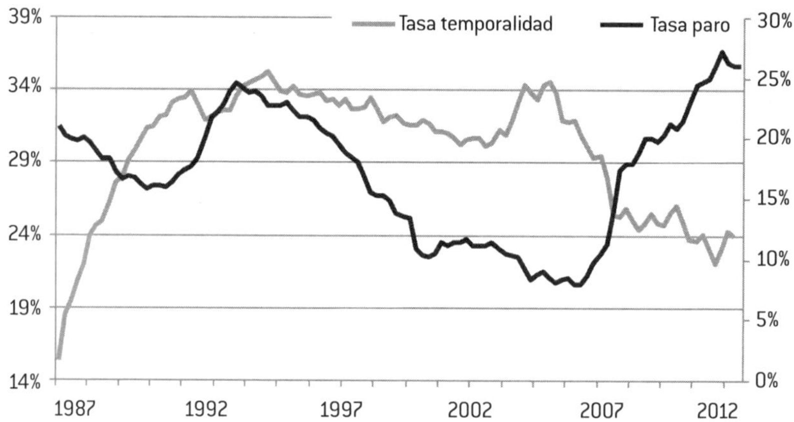

Fuente: INE

En el gráfico E.2 se resumen estos dos problemas estructurales del mercado de trabajo español, que están relacionados entre sí, y que van a necesitar, en algún momento, una nueva reforma laboral: el paro (escala derecha) y la temporalidad (escala izquierda).

Los contratos temporales afectan principalmente a mujeres y jóvenes. Y alimentan también el problema de la productividad, porque suponen un freno a invertir en formación, tanto por parte del empresario como del propio trabajador. La estabilidad en el puesto de trabajo genera confianza, reduce la incertidumbre sobre el futuro, mejora la productividad y el esfuerzo, y estimula el consumo y la demanda agregada.

En la profesión se ha extendido la idea de que un «contrato único» con costes de despido que sean crecientes con la antigüedad del trabajador resolvería el problema de la temporalidad y ayudaría a reducir el paro cíclico y el paro estructural. Este contrato se aplicaría sólo a los nuevos trabajadores y, por tanto, no alteraría las condiciones de los trabajadores que tuvieran empleo en el momento de su aprobación. Pese a ello, las resistencias de los principales partidos políticos requieren reformular la propuesta. En su libro póstumo, David Taguas[4] proponía incluso cambiarle el nombre por «contrato de fomento de la estabilidad laboral».

El envejecimiento demográfico

La cuestión demográfica ha sido señalada desde el capítulo 2 como uno de los desencadenantes del proceso de burbujas denominado «la falsa bonanza». El rejuvenecimiento demográfico endógeno es prácticamente imposible, puesto que seguimos teniendo una tasa de fertilidad muy baja y una (afortunadamente) esperanza de vida muy alta. Y una nueva oleada de inmigración no parece factible, dada la situación de desempleo y el fuerte aumento de la población extranjera de las últimas décadas. Por ello, necesariamente tendremos que aceptar este fenómeno como un hecho.[5]

4. David Taguas, *op. cit.*

5. Un libro, a la vez didáctico y riguroso, que explica los retos del sistema público de pensiones español y sus posibles reformas es *¿Qué será de mi pensión?* de José Ignacio Conde-Ruiz, Península, 2014.

Pero, además, el envejecimiento demográfico supondrá un reto para la sostenibilidad, no sólo por la cuestión de las pensiones en un sistema de reparto, sino también porque incidirá en el gasto sanitario. El envejecimiento demográfico tendrá además otras consecuencias de tipo político: será más difícil plantear y aprobar reformas estructurales que puedan tener costes a corto plazo y ganancias a largo, cuanto mayor sea el porcentaje de personas en edad avanzada en nuestro censo electoral, pues no disfrutarían de las ventajas de esas reformas, pero sí sufrirían los costes de las mismas. En España se necesita un debate nacional sobre el sistema de pensiones y llegar a un gran acuerdo de Estado, a semejanza de los Pactos de la Moncloa, sobre este tema.

El excesivo endeudamiento

De esta cuestión nos ha tocado hablar largo y tendido en las páginas anteriores, pues ha sido uno de los principales desequilibrios macroeconómicos, en su versión de deuda privada. Pero el matiz diferenciador está en que si antes de la crisis se trataba de un endeudamiento fundamentalmente privado, ahora lo es también público. Y esto es algo que sin duda va a lastrar nuestra recuperación y nuestro crecimiento potencial durante al menos diez años, hasta que se culmine todo el desapalancamiento hasta niveles razonables (en torno al 100% del PIB).

Las desigualdades sociales

La lucha contra la desigualdad no es sólo un tema moral o político. La evidencia muestra que también es un tema de eficiencia económica. Toda sociedad que quiera disponer de incentivos para el progreso, la innovación y la creación de riqueza ha de admitir ciertos niveles de desigualdad, pero ésta no puede ser grande ya que en, en ese caso, destruye los fundamentos de los sistemas democráticos y genera impactos económicos negativos.

En un estudio reciente, la OCDE[6] concluye que los países más desiguales crecen menos y resisten peor las crisis. La razón es que una mayor desigualdad económica se traslada rápidamente a una peor formación de los más pobres, lo que supone un desperdicio de potencial productivo para el conjunto de la sociedad.

En España existen varias razones que explican el aumento de la desigualdad. La más importante es el aumento del paro durante la crisis, que afecta en mayor medida a los más débiles, que son los menos formados. Aunque ésta es una desigualdad explicada por factores cíclicos. Pero también hay una desigualdad explicada por factores estructurales. Entre ellas, en primer lugar, la dualidad del mercado de trabajo a la que me he referido antes. En segundo lugar, una razón no achacable específicamente a España, es que los beneficios empresariales han ido llevándose una parte cada vez más importante del valor añadido, a costa de una reducción de la participación de los salarios en la renta nacional En tercer lugar, el progreso tecnológico, que ha incrementado la brecha salarial, con aumentos de las ganancias de los trabajadores más cualificados.

Ante esta situación, los gobiernos deben actuar para intentar amortiguar dicha tendencia, con políticas públicas dirigidas a mejorar la formación, a incentivar la inserción de los más desprotegidos (mujeres y jóvenes) en el mercado laboral o con políticas de gasto que corrijan la desigualdad. Sin embargo, el Gasto Público Social (GPS) en España durante los últimos años no ha contribuido a reducir las desigualdades. Y esto es especialmente grave, porque es casi la única herramienta a corto plazo en manos de los Gobiernos para limitar los efectos de la crisis entre los más

6. Véase «In It Together. Why less inequality benefits all», OECD (2015). El informe señala que un incremento del coeficiente de Gini de 2 puntos entre 1985 y 2005 erosionó en 4,7 puntos porcentuales el crecimiento acumulado de 19 países de la OCDE entre 1990 y 2010. Y, al revés, por cada punto del coeficiente Gini que se reduce la desigualdad, la economía se acelera en 0,8 puntos porcentuales en cada uno de los cinco años siguientes.

débiles. Según un Informe de la OCDE de noviembre de 2014, en España solo el 10% del GPS se destina al quintil de renta más bajo (la quinta parte de la población más pobre) mientras que el quintil de renta más elevado acapara más del 25% del gasto público (Véase el Grafico E.3)

Gráfico E.3: PORCENTAJE DE GASTO SOCIAL DESTINADO A LOS HOGARES DE RENTA MÁS BAJA (ÚLTIMO QUINTIL) Y A LOS HOGARES DE RENTA MÁS ALTA (PRIMER QUINTIL)

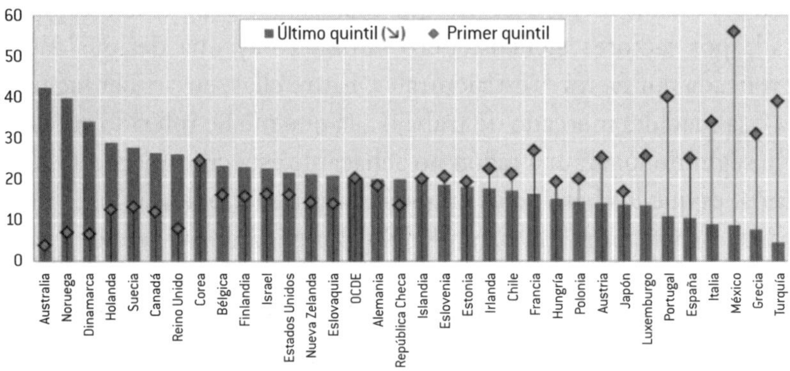

Fuente: OCDE

Ello se explica, en parte, porque, en España, los criterios de elegibilidad de la mayoría de subsidios se conceden a las personas que han contribuido previamente al sistema. En otros países los criterios de distribución del Gasto Público Social (GPS) se centran más en paliar la exclusión social. Ello supone que el GPS en nuestro país se olvida de las personas que trabajan en el sector informal, que son a la vez las que tienen mayor riesgo de exclusión. Esta característica es común a los países del sur de Europa y a algunas economías emergentes, en las que el peso de la economía informal es elevado.

Así, España es el séptimo país de la OCDE que mayor GPS/PIB destina en ayudas sociales que conllevan un pago en efectivo: pensiones y ayudas a población en edad de trabajar (subsidio de paro, bajas laborales, ayudas familiares como las destinadas a impulsar la natalidad) pero, sin embargo, ocupa el lugar 15.º en GPS en servicios sociales (sanidad, ayudas a la población dependiente), que se centran en la población más desfavorecida y excluida. De hecho, los países en donde el GPS tiene mayor carácter redistributivo, centrándose más en los quintiles de población con menor renta (Australia, Países Nórdicos, Canadá, Reino Unido, Nueva Zelanda) son aquellos que tienen un balance más equilibrado entre ayudas vía pago en efectivo y ayudas vía servicios sociales.

El gráfico E.4 confirma la misma tendencia. De él podemos destacar:

- el aumento tendencial de la pobreza y de la desigualdad en la distribución de la renta en España en los últimos años;
- la ampliación de los diferenciales con la UE-15, y
- el notable deterioro de todos los indicadores en España durante 2014 a pesar de los primeros síntomas de recuperación de la economía y el empleo.

Tras Serbia, España es el país de Europa con mayor diferencia de renta entre el 20% de la población más rico y el 20% más pobre. Y es el segundo país con mayor proporción de población en riesgo de pobreza de la UE-15, por detrás de Grecia.

Gráfico E.4: DESIGUALDAD RENTA:
RATIO RENTA 20% MÁS RICO / RENTA 20% MÁS POBRE

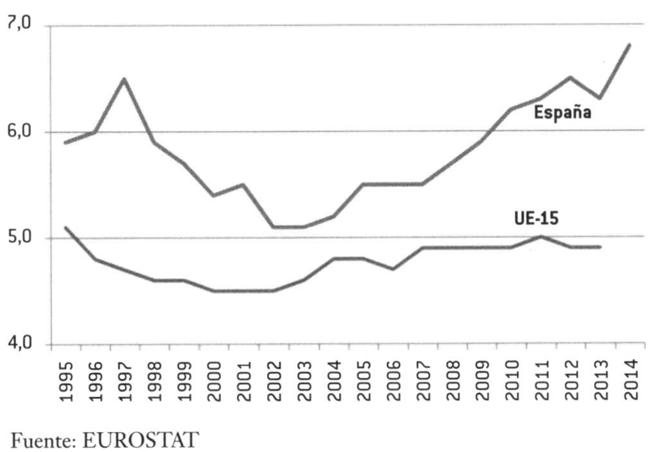

Fuente: EUROSTAT

Las desigualdades territoriales

Las había hace una década, y las sigue habiendo ahora; sólo que ahora hemos de añadir desigualdades sociales mucho más acusadas fruto de las fuertes diferencias de rentas en nuestro país, y del enorme contingente de parados, muchos de ellos sin ningún tipo de renta. Nos enfrentamos a una terrible debilidad estructural que es además fuente de conflicto social y que incide, también, en nuestra productividad.

La falta de calidad institucional

Parece que, muy tristemente, la debilidad institucional está en el origen de todo lo que está ocurriendo en primera línea de la política española.

En primer lugar, por la evidente corrupción, buena parte de ella consecuencia de la burbuja inmobiliaria o del resto de los excesos. Pero también por el altísimo grado de incumplimientos legislativos, la lentitud de la justicia y de las auditorías de las cuentas públicas, la falta de movilidad geográfica y social, la escasa igualdad de oportunidades, la insuficiente meritocracia, el exceso de burocracia, las duplicidades de la Administración... Y la transparencia. En una sociedad que reclama mayor calidad institucional no se debe retroceder en transparencia. No sólo en lo que se refiere a las cuentas públicas, a los procesos de contratación, a las compras públicas, a los concursos de las AAPP, a la asignación del gasto, a las decisiones de inversión. También a que el sector público contribuya a dar información útil a los ciudadanos. Los observatorios y comparadores de precios *online*, como los de las estaciones de gasolina o los de las grandes superficies, que han sido abandonados, son ejemplos de estas buenas prácticas.

El Gobierno del Partido Popular habló mucho de reformas, pero en ese sentido parece que sólo se refiere a bajar los salarios, recortar servicios y subir los impuestos: las verdaderas reformas institucionales que nuestro país demanda no ahora, sino desde hace mucho tiempo, están por abordarse.

Y es que para implementar políticas de crecimiento económico productivo, no basta con tener un buen diseño de políticas: el conjunto del sector público debe tener las capacidades y voluntades adecuadas para implementarlas. La capacidad para desempeñar políticas de crecimiento exitosas está condicionada por diversos factores:

- Una estructura organizativa moderna, que incluya una clara distribución de responsabilidades.
- Una capacidad de decisión, con fijación de objetivos cuantitativos.
- Una capacidad de control de los recursos, más allá de los vaivenes presupuestarios.
- Un esquema de remuneración basado en cumplimiento de objetivos, lo que requiere un buen mecanismo de evaluación de las políticas públicas que sea independiente.
- Una estructura organizativa más horizontal, menos jerarquizada, donde puedan fluir las ideas, se favorezca la movilidad y refuerce la remuneración basada en objetivos.

Además, se necesitan unas capacidades técnicas y operativas. Pero no basta con tener las habilidades técnicas para diseñar unas ciertas políticas. Es necesario poder ponerlas en marcha adecuadamente. Los participantes deben tener la estructura organizativa y los incentivos correctos, y no sólo la cualificación necesaria.

En ese proceso de implementación, a la hora de idear esas políticas se debe garantizar tanto la flexibilidad como la apertura en la participación del sector privado. Sabemos que las políticas económicas necesitan tiempo para surtir efecto, por lo que es importante la coherencia y su mantenimiento en el tiempo.

Una forma de implementar estas políticas es poner en marcha agencias independientes de dimensión nacional, que permitan reforzar esa debilidad institucional. A lo largo de este libro he defendido que esas agencias, que bien no existen o tienen un perfil tan bajo como irrelevante, podrían haber evitado muchos de los excesos que ha sufrido o suplido muchas de las carencias de las que adolece nuestra economía.

En particular, propongo la creación o refuerzo de cuatro agencias clave:

1. La Agencia de Evaluación de Políticas Públicas, reforzada, dependiente del Parlamento y no del Gobierno, que además de realizar auditorías de calidad de las políticas y servicios públicos, con participación de los usuarios, realice informes vinculantes sobre los proyectos de inversión en infraestructuras de transporte, de viajeros y mercancías, y en las infraestructuras energéticas, con el apoyo técnico de la Comisión de los Mercados y la Competencia.
2. La Autoridad Fiscal Independiente, reforzada, vinculada al Parlamento, no al Gobierno, y que valore la posición cíclica y estructural de la política fiscal, el cumplimiento de los Programas de Estabilidad, y evalúe las reformas fiscales llevadas a cabo por el Gobierno central y, en su caso, los gobiernos autonómicos, con dictámenes vinculantes.
3. La Agencia Estatal de Innovación, de nueva creación, dependiente del Parlamento, bajo la que se integren todos los Organismos Públicos de Investigación (OPI), que gestione todos los recursos públicos destinados a I+D+i con criterios científicos y de excelencia, en un entorno de estabilidad y eficiencia
4. La Unidad de Vigilancia de la Estabilidad Macroeconómica, de nueva creación, dependiente del Parlamento, que cuente con el apoyo técnico de los servicios del Banco de España, que elabore informes sobre los posibles

desequilibrios macroeconómicos ignorados en la anterior bonanza: la deuda privada, el déficit por cuenta corriente, la base exportadora, el exceso de crédito, los precios inmobiliarios y los riesgos del sistema financiero.

Un rasgo adicional de las políticas de desarrollo productivo es que su efectividad depende no sólo de las acciones del sector público, sino también de las acciones voluntarias del sector privado. En muchas de estas políticas, por ejemplo en las de I+D+i, el sector público sólo va a tener acceso a una información incompleta. Y buena parte de la información va a residir en el sector privado. Por ello, resulta fundamental la colaboración y la exploración conjunta de los instrumentos necesarios.

Un insuficiente capital humano

Las causas del bajo crecimiento de la productividad en nuestra economía no hay que buscarlas fuera. Sin duda, se deben a una política económica cortoplacista practicada por todos los gobiernos. Si nuestra economía sufre serios déficits en capital físico, en capital humano y en capital tecnológico, es porque no hemos hecho bien los deberes.

Para mejorar nuestro capital humano, lo primero que debemos hacer es apostar por una educación pública de calidad que garantice la igualdad de oportunidades, que facilite el desarrollo profesional de las personas, que promueva la movilidad social y que sea fuente de crecimiento económico.

El reto del capital humano convierte a la inversión en educación en una prioridad nacional. En Suecia casi un 50% de los trabajadores son altamente cualificados y menos de un 5% son no cualificados. En España, como consecuencia en parte de la burbuja inmobiliaria, apenas un 30% de la fuerza laboral es altamente cualificada y un 15% es «no cualificada». Pese a este desafío, el gasto en educación pública ha sufrido un recorte de 5.000

millones de euros desde 2011. Justo lo contrario de lo que se necesitaba.

Son muchas las virtudes económicas de una educación de calidad. No sólo por su relación directa con el crecimiento económico, sino porque potencia la generación de innovaciones técnicas y la asimilación de avances tecnológicos desarrollados en otros países. Las mejoras en la educación siempre significan aumentos en la productividad de una economía.

Tampoco hay que olvidar que, cuanto mejor sea el capital humano, más posibilidades de captación de inversión extranjera directa tendrá nuestra economía y más incentivos tendrán los investigadores para permanecer en el país, poniendo freno a la «fuga de cerebros» que sufrimos en la actualidad.

Mejorar el capital humano supone también eliminar las ineficiencias de nuestro mercado laboral, a las que me refería al principio de este epílogo. Los trabajadores temporales tienen menos posibilidades de adquirir experiencia en una actividad particular. Y tanto ellos como los empresarios tienen menos incentivos a dedicar recursos a su formación. La formación de los trabajadores no sólo se consigue con programas de educación, sino también a través de su experiencia profesional. En este sentido, la formación dual debe ser uno de los ejes del nuevo modelo educativo.

El trabajo a tiempo parcial debe estar dirigido a aquellos estudiantes que quieran compatibilizar su formación con el desarrollo de una actividad remunerada y a las personas, muchas de ellas mujeres, que deseen conciliar su vida familiar y profesional. Pero el trabajo a tiempo parcial no puede ser una herramienta para abaratar el coste del trabajo ni para impedir que las personas puedan tener acceso a una jornada completa con una remuneración digna. Tras la reforma laboral de 2012 se ha incrementado el porcentaje del empleo a tiempo parcial en nuestro país, algo que habíamos defendido los economistas hace tiempo. Pero no se trata del resultado que deseábamos, puesto que no se trata de un empleo a tiempo parcial «voluntario», deseado por el trabajador que se acoge a él, sino de su única opción posible. De hecho, según la OCDE, el 65% de los ocupados por horas en España querrían aumentar su jornada laboral y no pueden, un porcentaje sólo superado por Grecia.

Finalmente, mejorar el capital humano supone también eliminar determinadas prácticas en la gestión de los recursos humanos de las grandes empresas, especialmente las financieras: las prejubilaciones anticipadas que, con un criterio cortoplacista, consiguen a corto plazo reducir los gastos de personal pero suponen renunciar a la experiencia de una fuerza laboral altamente cualificada. El talento nunca sobra y no se puede desperdiciar por esta vía.

Un insuficiente capital tecnológico

Para poder competir en valor añadido, y no sólo en salarios, hace falta invertir en tecnología. Un país que no apuesta por el I+D no apuesta por su futuro. Según los propios datos del Ministerio de Economía y Competitividad, el presupuesto de I+D+i para 2013 (2.266 millones de euros) en términos nominales estuvo por debajo del que hubo en 2005. Eso en términos nominales, puesto que en términos reales o euros constantes, se ha retrocedido a los niveles de 2002. Es decir, se ha aniquilado todo el esfuerzo en I+D+i hecho desde el año 2004. Además, en lo que se refiere a personal, el recorte se ha cebado en los investigadores jóvenes, más baratos de despedir, pero con más proyección futura. Vamos a tener serias dificultades para recuperar toda esa pérdida de joven capital humano investigador.

La apuesta por el sector de las TIC y su papel dinamizador de la economía, no sólo como un sector en sí mismo, sino como un *input* para mejorar la productividad de otros sectores (el comercio, la industria, el turismo, e incluso la agricultura), debe volver a ocupar un puesto relevante en la lista de prioridades. Las telecomunicaciones han ido perdiendo el protagonismo y la fuerza

Gráfico E.5. I+D+i público

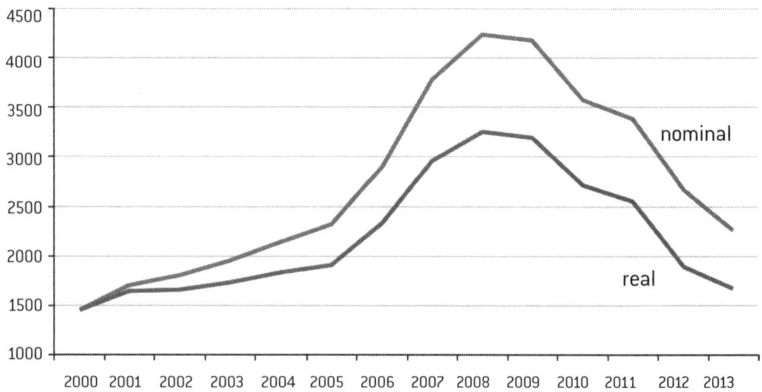

Fuente: Ministerio de Economía y Competitividad

que tuvieron durante las dos legislaturas socialistas a través del impulso del conocido como «Plan Avanza». Se precisa de la puesta en marcha de un nuevo plan que haga frente a las necesidades actuales. Es más importante hacer ver a los ciudadanos y empresas que el Gobierno apuesta por el sector, que incluso el dinero o presupuesto que finalmente se pueda dedicar. Los éxitos del Plan Avanza, que colocaron a España en la media europea en muchos indicadores de uso de las nuevas tecnologías y en otros muy por encima de la media, se han quedado atrás por la ausencia de una política decidida en este campo, que en España mereció el reconocimiento internacional, por ejemplo, con la elección de Barcelona como la sede del Mobile World Congress, gracias al apoyo decidido del Gobierno de Zapatero.

Permítanme que recupere ese ejemplo para, además, poner en valor la colaboración y el acuerdo en economía, más en los tiempos que corren. El Mobile World Congress, que acaba de confirmarse que seguirá celebrándose en Barcelona hasta 2023, es uno de los mejores ejemplos de trabajo conjunto para conseguir un fin común, y en el que participaron el Gobierno central, la Generalitat de Cataluña y el Ayuntamiento de Barcelona, junto con la colaboración de las empresas del sector.

Entorno empresarial competitivo

Una política dirigida al crecimiento sostenido no sólo debe centrarse en el gasto productivo y en la reforma fiscal. También resulta crucial asegurar un buen funcionamiento del entorno competitivo de nuestras empresas. Ello no sólo contribuye a un mayor crecimiento de la competitividad sino también a una reducción del desempleo estructural.

Un entorno más competitivo pasa por profundizar en la liberalización de los sectores con menos competencia. Entre ellos, el de los servicios profesionales y el sector energético, una vez cerrado el déficit tarifario.

Además, se debe dirigir la inversión en infraestructuras a potenciar la internacionalización de nuestras empresas y su competitividad: logística, modalidad múltiple en el transporte de mercancías, mejora en los canales de distribución, también *online*, modernización de los sistemas de pago, etc.

Paralelamente se debe abordar una reforma de las Administraciones Públicas que apuesten por potenciar el mercado único, eliminar trabas administrativas y evitar duplicidades en las administraciones.

Además, para un buen funcionamiento de los mercados se deben presentar soluciones creíbles y basadas en el diálogo, entre ellas:

- Reforzar la independencia de las autoridades responsables de la defensa de la competencia. Independencia no sólo con respecto al Gobierno, sino también respecto a las empresas.
- Posibilitar el control real sobre las ayudas públicas.
- Recuperar los órganos reguladores sectoriales para favorecer la competencia.

Por último, un entorno empresarial no podría desarrollarse correctamente sin un funcionamiento transparente. Por esta razón, considero necesario desarrollar una política de gobierno corporativo que elimine los incentivos perversos de algunos gestores empresariales.

El déficit por cuenta corriente crónico

Fue otro de los aspectos clave cuando señalábamos nuestros males antes del estallido de la crisis, y pese al ajuste coyuntural, el reciente y exiguo superávit que hemos experimentado no ha conseguido afianzarse de manera estructural, y se explica bien por la evolución cíclica de los últimos años, bien por el reciente abaratamiento de los precios de las materias primas. En cuanto vuelva a crecer la economía y se recupere el precio del petróleo, volveremos a las andadas. Esto ocurre en parte por la falta de cultura exportadora, sobre todo en sectores de medio y alto valor añadido. Este déficit por cuenta corriente es crucial, y sigue siendo otro de nuestros más importantes talones de Aquiles (y no sólo la deuda pública en la que tanto se ha insistido). Por lo tanto, uno de nuestros mayores males estructurales es, sin duda, la deuda externa, es decir, la acumulación de déficit por cuenta corriente; una deuda externa que, por cierto, en términos netos alcanza ahora un récord histórico en el 100% del PIB.

Abordar nuestro problema de déficit corriente supone apostar por una internacionalización inteligente, basada en el aumento de nuestro tejido exportador y en el tamaño de nuestras empresas, así como favorecer más la inversión extranjera en nuestro país que la española en el exterior.

Una fuerte dependencia energética

Un dato que además guarda también relación con el punto anterior relativo a nuestro habitual déficit externo: nada menos que todo lo que ingresamos por turismo, que es nuestra gran fortaleza, nos lo gastamos en importaciones de petróleo y gas, porque es un terreno en el que somos completamente dependientes. Resulta bastante significativo. La evolución reciente del precio del petróleo va a abaratar nuestra factura energética, pero será con carácter temporal y lo peor es que nos hará bajar aún más la guardia sobre este gran reto pendiente. Las políticas de ahorro y eficiencia energética, y una mayor electrificación del país, incluyendo la movilidad eléctrica, deben estar en la agenda política de nuestro país.

El tamaño empresarial

Contamos con un número claramente excesivo de pequeñas y micro empresas, que dificultan la innovación, la formación y la internacionalización. El número de empresas activas ha venido disminuyendo continuamente en los últimos tres años. En 2014, la cifra era de 3,11 millones de empresas, 140.000 menos que cuando el Partido Popular llegó al Gobierno. De ellas, menos de un 8% tienen más de cinco asalariados. Y no llega al 2% las que tienen más de veinte trabajadores. Basar la política de empresa en una protección a ultranza de las pymes, penalizando a las que consiguen ganar tamaño, es un error. Queremos ayudar a las pymes a que dejen de serlo, no a que se perpetúen como tales.

La excesiva bancarización

Es decir, la dependencia de la financiación bancaria, un problema europeo y particularmente español y que ha ido a peor. Nos faltan mecanismos de financiación alternativos. El desarrollo del Mercado Alternativo Bursátil (MAB), del Mercado Alternativo de Renta Fija Privada (MARF), de las empresas de capital-riesgo domésticas, de la financiación empresarial *online* (P2P) y del *crowd funding* debe estar en la agenda política.

Un exiguo espíritu emprendedor

Existen muchísimas trabas burocráticas y financieras a la creación de empresas y un nulo reconocimiento al concepto del fracaso empresarial como valor en sí mismo, una idea que tiene su valor y que hay que reivindicar. De los fracasos empresariales también se aprende y sirven para revertir la situación y lograr éxitos.

La pérdida de peso del sector industrial

Este hecho de alguna forma resume, explica y recoge varias de las debilidades estructurales anteriormente descritas. Esta cuestión industrial es clave, y me van a permitir que me extienda un poco aquí, en el epílogo, como una de las vías fundamentales de actuación de cara al futuro. Para España, resulta vital emprender una política industrial o de reindustrialización que aborde la cuestión de raíz, superando esa vieja máxima de que «la mejor política industrial es la que no existe». Durante demasiado tiempo hemos padecido una economía con pies, no de barro, sino «de ladrillo». Transformemos eso de una vez, puesto que existe numerosa evidencia empírica que demuestra la elevada correlación positiva entre la actividad industrial y el nivel de empleo, entre la actividad industrial y las exportaciones, entre la actividad industrial y la innovación y productividad, y entre la actividad industrial y la calidad del empleo. Es decir, cuatro de los problemas nucleares de nuestra economía guardan una estrecha relación con esta política estratégica pendiente para nuestro país.

Es un hecho que la industria española ha ido perdiendo peso progresivamente dentro del PIB, y no especialmente durante la crisis, sino fundamentalmente en los años de presunta bonanza. En 1998 la industria representaba aproximadamente el 20% de nuestro PIB, pero para 2008 este porcentaje había descendido hasta el 16,5%, mientras que hoy en día se sitúa alrededor del

Gráfico E.6. Peso Industria en el PIB (%)

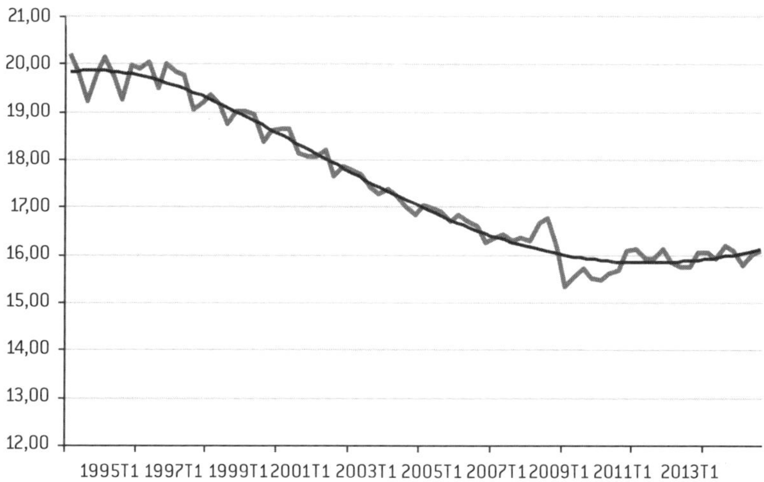

Fuente: INE, Contabilidad Nacional

16%. El gráfico E.6 muestra la evolución del peso del valor añadido industrial sobre el conjunto del PIB.

Pero la pregunta clave es: ¿qué podría hacerse para reindustrializar nuestro país? Básicamente se trata de dos grupos de medidas: por un lado, una serie de medidas horizontales o transversales; y por otro lado, una apuesta decidida por sectores estratégicos.

Las medidas transversales consistirían en políticas de formación, tales como alcanzar el 7% del PIB en inversión en educación, políticas activas de empleo orientadas a la industria, o el impulso a la formación profesional de calidad; innovación, con el impulso a la inversión en I+D+i, pública y privada, a través de empresas tractoras, y poniéndose como meta la recuperación del joven talento emigrado en estos años; internacionalización, a través de beneficios fiscales y avales públicos a los exportadores, y apoyando la penetración en nuevos mercados; financiación, estableciendo mecanismos alternativos a la financiación bancaria y buscando nuevos instrumentos, tanto del BEI como del BCE o del ICO, y potenciando el acceso a los mercados de capitales; compras públicas; y promoción del tamaño empresarial, mediante políticas tanto en el ámbito fiscal como laboral y financiero que permitan favorecer la fusión y transmisión de empresas, favorecer el endeudamiento para comprar empresas en el interior y eliminar la penalización a las empresas que ganen tamaño.

La apuesta por sectores estratégicos es un tema más controvertido. Aquí no se trata de elegir «campeones nacionales» (*picking winners*), sino de apostar por sectores de actividad de alto valor añadido, tales como automoción; aeroespacial; biotecnología; tecnologías sanitarias y farmacéuticas; TICs y contenidos digitales; industria orientada a la protección medioambiental, las energías renovables y la eficiencia energética; o agroalimentación. Resultaría muy valioso el hecho de potenciar *clusters* y coordinar de forma eficiente la inversión en infraestructuras productivas (logística), así como favorecer la eficiencia energética en entornos industriales. En cualquier caso, deben ser las propias empresas industriales que protagonicen la estrategia de reindustrialización. En definitiva, de lo que se trata es de remar todos conjuntamente.

Un sistema fiscal ineficiente, injusto y complejo

Nuestro sistema fiscal es tremendamente complejo e ineficiente: con unos tipos impositivos elevados, recauda poco. Además presenta un enorme grado de incumplimiento y evasión y es muy poco equitativo. Se impone una reforma fiscal en profundidad como la que se planteó en 2004.

Siendo muy esquemáticos, la reforma fiscal debería cumplir con el siguiente decálogo:

1. Debe ser una reforma con un enfoque global. No basta con abordar cada uno de los impuestos por separado, el

IRPF por un lado, el IVA por otro, etc., sino abordarlos conjuntamente.

2. Debe ser una reforma en profundidad, evitando los retoques fiscales (toco un tipo por aquí, una deducción por allá, un tramo más allá...).
3. Si se quiere copiar un modelo, que se copie entero. Evitar los «Frankensteins fiscales» (de Francia pillo el impuesto sobre la riqueza, de Dinamarca copio el IRPF, de Alemania el IVA...).
4. No se pueden perder de vista los tres grandes objetivos de cualquier sistema fiscal: suficiencia, eficiencia y equidad.
5. Para la suficiencia, debería garantizar unos ingresos de en torno a un 40% del PIB. Pero ello requiere grandes esfuerzos en materia de simplicidad.
6. Eficiencia: requiere proteger el ahorro (para que haya inversión y crecimiento). Si no queremos depender del ahorro externo, tendremos que cuidar tanto el ahorro público (déficit) como el ahorro privado. Pero si aumentamos el ahorro público a costa de reducir el ahorro privado, habremos hecho un pan con unas tortas. O no creceremos o volveremos a depender del ahorro exterior. Por tanto, necesitamos las dos cosas: ahorro público y ahorro privado.
7. Equidad. Tres ideas: (a) Tenemos que vigilar la equidad horizontal, no sólo la vertical. Dos personas con la misma renta pero, por ejemplo, diferentes hábitos sobre el ahorro, deben tener el mismo tratamiento fiscal a corto y largo plazo. (b) Tenemos que debatir sobre el verdadero margen que tienen los impuestos para redistribuir la renta. ¿No es mejor la redistribución vía gasto público? Y (c) un sistema progresivo en su conjunto no requiere que todos y cada uno de los impuestos sean progresivos.
8. No gravar el stock, gravar el flujo. Esto es coherente con la idea de proteger el ahorro. El stock, por definición, es el ahorro.
9. Poner el foco en los tipos efectivos (incluyendo las deduc-

ciones), no en los tipos nominales, que es lo que se suele hacer en los debates.

10. Transparencia y aceptación ciudadana. La gente debe entender los impuestos para que tengan menos resistencia a contribuir. Cuanto más sencillos, más entendibles y aceptables. Aquí está la clave de la evasión fiscal.

Ideas para el IRPF

Se van a cumplir (4 de julio) los cuarenta y seis años de la canción de John Lennon *Give peace a chance*. Creo que podemos aplicarla al IRPF: *Give flat tax a chance*. Démosle una oportunidad al tipo único.

Si el tipo único fracasó en 2004 fue por las resistencias a eliminar la deducción por compra de vivienda. Una vez desaparecida dicha deducción (a pesar de los intentos del ministro Montoro por recuperarla), creo que estamos en condiciones de darle una vuelta al tipo único. El tipo único garantiza los tres objetivos de un sistema fiscal:

- Suficiencia: los países con tipo único recaudan más por IRPF.
- Eficiencia: mejora la competitividad exterior, estimula la oferta de trabajo y la actividad profesional, así como la atracción de talento externo, sin las vergüenzas de la «Ley Beckham».
- Equidad: con un mínimo exento suficientemente grande (que incluso podría ser negativo para unos niveles de renta bajos) se garantiza que el tipo medio sea creciente, incluso con el tipo marginal constante. Además, el tipo único conlleva la eliminación de las deducciones, que son claramente regresivas.

Ideas en torno al IVA

Tenemos un desajuste de 3 puntos del PIB en la recaudación por impuestos indirectos. Somos el país 28 sobre 28 de la UE en recaudación por IVA y también el último en recaudación por impuestos medioambientales.

De nuevo, la perspectiva debe ser la eficiencia (ahorro). ¿Quien dijo que defender la imposición sobre el consumo era de derechas y sobre el IRPF de izquierdas? El IVA penaliza el consumo, incentiva el ahorro, mejora la competitividad. Puede ser regresivo, pero los tipos reducidos y superreducidos pueden en parte paliar este problema.

El debate sobre la suficiencia es importante. ¿Por qué Francia recauda casi el triple de IVA que nosotros con los tipos más bajos? Tenemos un problema de cumplimiento, no de tipos. Se debe reducir la lista de gastos deducibles.

Tabla E.1. Ingresos fiscales y puesto en el ranking UE-28 (2012)

	% PIB	Puesto
Impuestos indirectos	10,7	27
IVA	5,5	28
Impuestos especiales	2,2	27
Impuestos directos	10,6	15
IRPF	7,7	12
Sociedades	2,2	18
Cotizaciones sociales	12	13
Empresarios	8,4	7
Autónomos	1,8	8
Trabajadores	1,7	24

Ideas en torno al impuesto sobre sociedades

Se trata de un caso claro de discrepancia entre tipos efectivos y tipos nominales. En los últimos treinta años, todos los países de la OCDE han reducido el tipo general del impuesto sobre sociedades significativamente. España ha sido de los países que menos los ha reducido (5 puntos frente a un promedio de 21 puntos) pero mantiene importantes deducciones, como la de I+D+i y doble imposición de dividendos.

Se deben eliminar todas las deducciones, incluyendo la de «doble imposición de dividendos» (si no la tienen las familias, ¿por qué la han de tener las empresas?) y la de I+D+i. Esta eliminación no es contradictoria con nuestra necesaria apuesta por el I+D. Aquellos países con mayor deducción fiscal por I+D+i en el impuesto sobre sociedades son los que tienen una menor inversión privada en I+D. Y viceversa. El caso de Finlandia es paradigmático, al no tener dicha deducción, que claramente es ineficiente y, pese a ello, invertir mucho en I + D + i.

Para las empresas no financieras se debería eliminar, o al menos limitar, que los intereses de la deuda sean considerados deducibles, algo que ha incentivado un excesivo endeudamiento empresarial. Si acaso, mantener ese carácter deducible sólo para un tipo de interés sobre el capital propio. Asimismo, se debe eliminar la deducción por amortización de fondos de comercio, que ha contribuido al exceso de internacionalización mencionado en el capítulo 5 de este libro. Finalmente, deberían desaparecer los activos fiscales diferidos (DTA, por sus siglas en inglés) de la banca. Y acercar el tipo de impuesto sobre sociedades al tipo único del IRPF, para desincentivar la creación de sociedades ficticias. Acercarlos requiere rebajar el tipo de IRPF, no subir el de sociedades (de nuevo, el enfoque «no despedazar»).

Ideas en torno al impuesto sobre el patrimonio y el impuesto sobre bienes inmuebles

En la medida de lo posible, evitar los impuestos sobre el stock y los impuestos sobre el ahorro. Igual que nos parecería absurdo gravar el capital humano, no está muy lejos el gravar el stock de capital financiero o inmobiliario. El impuesto sobre el patrimonio (IP) sólo existe en dos países de la UE (España y Francia) y en cinco de la OCDE. Dinamarca (1995), Alemania (1997), Finlandia (2006), Luxemburgo (2006) y Suecia (2007) lo han eliminado en los años señalados entre paréntesis. El impuesto es confiscatorio, dado el estrechamiento del *gap* entre los tipos de interés y el tipo efectivo. Además, perjudica el ahorro. Para colmo, su recaudación es mínima (0,1% del PIB). Su único objetivo es tranquilizar las malas conciencias.

Finalmente, viola la equidad horizontal (si dos personas ganan lo mismo pero una ahorra, se ve doblemente gravada por el IP). Más justo sería un «impuesto de no patrimonio», pero imposible de implementar. Su recuperación transitoria en 2011 corre el riesgo de convertirse en permanente: el Gobierno actual ya ha aprobado tres prórrogas (2013-2015).

En el IBI estamos en el puesto 8 de 28. Su margen de elevación es escaso y tiene recorrido a la baja, por ser regresivo.

El impuesto sobre sucesiones y donaciones existe en casi todos los países europeos (excepto Eslovaquia, Polonia y Estonia). Su recaudación en España era muy semejante a la del promedio de la OCDE (0,15% del PIB) hasta los años noventa, en que se sube la presión fiscal por este impuesto, con las consecuencias sobre el ahorro. Su potencia recaudatoria es escasa y su margen de elevación, limitado.

En resumen, tal y como se refleja en la tabla E.2, si España adolece de un problema de ingresos fiscales en relación a sus socios europeos es por un doble motivo.

En primer lugar, su tarifa presenta una gran complejidad, lo que facilita la evasión, por ser más costosa la comprobación e inspección por parte de la Agencia Tributaria. Y, en segundo lugar, porque sus tipos implícitos sobre el consumo son relativamente bajos, mientras que los tipos implícitos sobre el trabajo y sobre el capital están alineados con la media europea e incluso los superan.

Tabla E.2. Tipos de interés implícitos sobre el consumo en España y la Unión Europea

Tipos implícitos	ESPAÑA	UE
Sobre el consumo	14,0%	22,0%
Sobre el trabajo	33,5%	34,2%
Sobre el capital	25,3%	24,4%

Fuente: Comisión Europea (2015)

Creo que merecía la pena, después de enumerar de forma un tanto pesimista tantos males endémicos de nuestra economía, el detenerme un poco para aportar algunas sugerencias de actuación política de cara al futuro, porque, repito, de lo que aquí se está hablando es de planteamientos de un futuro que comienza en nuestro presente más inmediato.

Y ahora, ya, es el momento de acertar. No podemos fallar otra vez.

¿Y ahora qué? Ahora no podemos fallar

Reconozco que no es nada fácil abordar todas esas debilidades estructurales expuestas de manera simultánea. Además, al listado de males crónicos que afectan a la economía española, y que tristemente son independientes de cualquier crisis económica porque siempre parecen estar ahí, hay que añadir aquellos problemas concretos que han irrumpido o se han visto agravados, éstos sí, como consecuencia de los efectos que ha acarreado la grave crisis económica padecida.

En este sentido, por supuesto, en primer lugar está la lamentable realidad del elevadísimo desempleo que padecemos, con consecuencias directas sobre el empobrecimiento de la población, y que está provocando una creciente e hiriente desigualdad social.

Y, además, ahora sí que puede hablarse de un insostenible endeudamiento público: lo que realmente no era un problema en su día, ahora sí que lo es puesto que, como ya he explicado ampliamente a lo largo de este libro, el verdadero problema que residía en la deuda privada, ha terminado convirtiéndose en un problema de deuda pública al haber tenido que asumir el Estado (es decir, todos nosotros) buena parte de las deudas privadas fruto de tantos excesos.

Un paro por encima del 20%, una deuda externa neta del 100% del PIB y una deuda pública también equivalente al 100% son tres stocks que se convierten en nuestros tres grandes lastres para la recuperación. Y los tres empeoraron con el Gobierno de Mariano Rajoy, alcanzando incluso récords históricos. Esto es algo que debería servir de freno a la autocomplacencia y a la arrogancia que muestra el actual Gobierno a medida que se van conociendo unos datos macroeconómicos cada vez mejores.

Así que algo habrá que hacer, por muy complicado que resulte. También debo alertar de que no es posible abordar unas debilidades en detrimento de las otras, algo que solemos hacer con demasiada frecuencia en nuestro país. Por ejemplo, no resulta demasiado inteligente una política que desincentive la tasa de actividad o que favorezca la emigración de capital humano (como ha ocurrido en los últimos años) para reducir la tasa de desempleo. Es cierto que si nuestros parados emigran, el desempleo a corto plazo se reducirá, pero con ello empeorarán el reto demográfico y el de la productividad a largo plazo.

Lo que hay que tener claro es que para poder abordar todos esos retos es imprescindible un mayor crecimiento nominal de la economía. Porque es ciertamente complicado abordarlos con la economía en recesión o saliendo de ella. Pero es ahora cuando debemos marcarnos la agenda para la recuperación, insistiendo en estas reformas, y evitar caer en las complacencias del pasado.

Cuando llegue la nueva época de bonanza (y ojalá llegue lo antes posible, esté quien esté en el Gobierno), será el momento de emprender las acciones pertinentes para corregir esas debilidades y sentar las bases de un futuro económico sostenible y productivo.

Lo malo, y es lo que me hace sentirme bastante pesimista, es que durante las épocas de bonanza los gobiernos no están por la labor de hacer nada. Se trata de un problema de economía política, puesto que buena parte de las medidas a adoptar resultan impopulares y tienen seguramente un coste electoral. Muchas veces los reformistas se acobardan ante una errónea concepción del liberalismo («no hagamos nada»), además del justificado miedo a «liarla» cuando las cosas van (aparentemente) bien («a ver si lo vamos a estropear, ahora que estamos saliendo»).

Este libro ha insistido en que la mayor crítica que se puede hacer al periodo comprendido entre 1998 y 2008 es el haberlo considerado como un periodo de bonanza económica. Y lo que es peor, y en esto hay un componente de autocrítica, el no haber tenido la voluntad política de poner en marcha unas reformas que eran imprescindibles. Nos dejamos llevar por la ola de la falsa bonanza.

Espero, pues, que en breve tengamos como país una segunda oportunidad y abordemos realmente las reformas necesarias. También que nos dotemos de mecanismos que incentiven la adopción de las mismas, aunque algunas puedan resultar impopulares. Y desde luego, unas reformas entendidas no como las ha contemplado el último Gobierno, sino como una vía para abordar las debilidades estructurales mencionadas. De verdad que la mayoría de estas debilidades pueden encontrar su solución, y las que posiblemente no la tienen, como el envejecimiento demográfico, deben exigir que preparemos a la economía para afrontar sus consecuencias. Pero desde luego, es necesario darles respuesta, porque nuestro futuro va en ello.

Y para conseguirlo debemos empezar haciendo un ejercicio colectivo de autocrítica. Nos equivocamos. Todos. Desde la entrada en el euro. Pero no tanto por el hecho de haber entrado en el club de la moneda única como en el modo en el que gestionamos nuestra economía ante aquel reto. Superemos pues la cuestión de señalar con el dedo al otro y acusar, y asumamos entre todos nuestra responsabilidad por ese pasado.

Porque, por supuesto, ésta es una tarea de todos, no sólo del conjunto de las Administraciones Públicas, sino también del sector privado. De hecho, una vía de trabajo debe ser la de potenciar las asociaciones o «partenariados» público-privados.

Por lo demás, debemos aferrarnos, cada uno desde la responsabilidad que le corresponda, a la esperanza de que los gobernantes del futuro no se acomoden, como nos ocurrió entonces, y se pongan los medios necesarios para que los excesos que he ido describiendo a lo largo de estas páginas no vuelvan a repetirse.

Termino ya. Son muchos los retos. No los abordamos en la anterior expansión. Pero debemos ser capaces de ponerlos en la agenda de la próxima recuperación. Sólo así podremos ganar el futuro y volver a ser el país que todos aspiramos ser. Hay que diseñar políticas estructurales para la próxima fase de expansión. Pero no para subirse en la ola de la autocomplacencia, como nos ocurrió en la «falsa bonanza» de finales del siglo pasado y comienzos de éste. Sino para sentar las bases de un futuro económico sostenible, productivo, abierto y que genere recursos para poder atender las múltiples necesidades sociales sin elevar la carga fiscal individual de los españoles.

Queremos y necesitamos un Gobierno valiente, que tenga la voluntad política de abordar esas reformas que conduzcan a una verdadera modernización de España. No queremos ni un Gobierno asentado otra vez en la autocomplacencia del «España va bien» ni un Gobierno que sólo plantee lo fácil, que es repartir la riqueza, olvidándose de lo difícil, que es crearla.

AGRADECIMIENTOS

Al acabar el curso de 2012, aproximadamente en el mes de mayo, cinco meses después de salir del Gobierno, mi compañera de Facultad, Jimena García-Pardo, me transmitió el deseo de sus alumnos de que les diera una charla sobre «la burbuja inmobiliaria y por qué no la pinchamos». Una pregunta que ya era recurrente, y que inicialmente me la había formulado Tano Santos, uno de los primeros (y mejores) alumnos que tuve en la Complutense a finales de los años ochenta. Jimena y yo decidimos juntar a sus alumnos con los míos (compartíamos la asignatura Macroeconomía I, de primer curso de Económicas) y me preparé la charla con datos y argumentos. Me sorprendió la buena acogida que tuvo la conferencia entre los alumnos, que la siguieron con inusitado interés y que generaron una enorme cantidad de preguntas, muchas de índole político. Algunos de los asistentes, incluyendo Jimena, me animaron a escribir sobre el tema, algo a lo que de entrada me resistía.

A los pocos meses, en septiembre, aparecí en el programa *Salvados*, de La Sexta, que dirige Jordi Évole, con el mismo tema de la burbuja inmobiliaria. El programa, pese a que su formato no es fácil para el entrevistado, tuvo bastante resonancia, y se incrementó la demanda para que escribiera sobre ese tema. Habían quedado muchas cosas en el tintero, y eso fue un aliciente para decidirme a escribir, aunque nunca pensé en publicarlo.

Así surgió el capítulo 4 de este libro, sobre la burbuja inmobiliaria y las dificultades, o casi imposibilidad, de pincharla. Pero estaba claro que el tema inmobiliario sólo era una parte de la falsa bonanza que vivió nuestro país tras su incorporación al euro en 1999 y cuyos excesos pagamos con la crisis de 2008. Y había que contarlo todo. Eso me generaba mayores resistencias, si cabe, pues yo no quería escribir sobre la crisis, ni mucho menos sobre mi gestión en el Ministerio de Industria, Turismo y Comercio.

A través de mi amigo José Carlos Díez, entré en contacto con Thinking Heads, una agencia española que intermedia conocimiento, debate y reflexión y que provee de servicios editoriales para las empresas. En la primera entrevista que tuve con su fundador, Daniel Romero-Abreu, ya me habló de la necesidad de escribir un libro. Yo me resistía a escribir sobre la crisis y sus posibles salidas, pues ya existía en el mercado, o estaban a punto de ver la luz, una serie de libros sobre el tema que, al estar escritos por economistas que no habían tenido responsabilidad de Gobierno, gozaban de mucha mayor credibilidad de la que podía yo aportar. Mi idea era escribir sobre el periodo anterior a la crisis. Sobre cómo se había llegado hasta ahí y cómo evitar que se repita algo parecido.

Daniel me puso en contacto con Luis García Martín y, al contarle el proyecto, lo asumió con entusiasmo, desde luego mucho mayor que el que yo tenía. Le enseñé lo que había escrito sobre la burbuja inmobiliaria. El había visto el programa de *Salvados*, y decidió tirarse (y tirarme) a la piscina. Sin Luis no hubiera sido posible este libro. Su capacidad para animarme cada vez que decidía postergarlo o incluso tirar la toalla, ha sido decisiva. Como también lo fue la labor de empuje de Gonzalo García Chascó, con el que mantuve muchas conversaciones para ordenar mis ideas sobre el libro.

En los agradecimientos no puede faltar mi editor, Ramon Perelló, del Grupo Planeta, que ha combinado a la perfección una labor de «paciente impulsor» en las fases iniciales a «duro negociador» en los plazos finales. Sin su empeño este libro no hubiera visto la luz, al menos en la fecha en que lo hace. En la última fase de elaboración técnica del libro, también tengo que agradecer la paciencia y profesionalidad de Ana Camallonga, de Península.

En lo que se refiere a los contenidos, he tenido la suerte de poder compartir algunas de las partes del libro con amigos que saben mucho más que yo de los diversos y variados temas que se abordan en el mismo. Así, pude recibir valiosos comentarios sobre el capítulo 3, el exceso de crédito, de mis excompañeros de BBVA, Luis Bastida, Carmelo Tajadura y Paloma Becerril. De mis exalumnos Jorge Meliveo y Jorge Abad, sobre el capítulo 4 de la burbuja inmobiliaria. Jorge Abad me ayudó también, de forma generosa, con los datos de algunos de los muchos gráficos del libro. Dos grandes profesionales del mundo empresarial, como son Pedro Azagra y Carmelo Tajadura, me hicieron llegar sus comentarios e información adicional del polémico capítulo 5, sobre el exceso de internacionalización. Mis excompañeros de la Secretaria de Estado de Energía, Manuel García y Antonio Hernández, sobre el capítulo de los excesos energéticos. José Miguel Contreras, Nacho Conde y Emilio Rodríguez Sánchez aportaron información sobre el capítulo de «otros excesos», en lo que se refiere a la TDT, al AVE y el exceso de capacidad portuaria, respectivamente. El capítulo octavo, «Otros que no vieron la crisis», recibió sugerencias de Jimena García-Pardo, Carlos Ballabriga y Javier Valles. Y el epílogo, sobre los retos pendientes, de las valiosas aportaciones de Ángel Estrada, Carlos Ocaña y Manuel Díaz.

Pocas personas han leído el libro completo. Ellos tienen mucho mérito y me han servido de gran apoyo, pues siempre sus críticas han sido generosas y decisivas. Me refiero a Carlos Ocaña (alias *Cocana*), a Paloma Becerril, a María Sagrario Gómez-Sánchez, a Soledad Nuñez, a Javier Vallés y muy especialmente a Juan Martínez Capdevila, sin cuyo apoyo constante, sus ánimos para seguir adelante y su tenaz crítica este libro sería bastante peor. En cualquier caso, todos los errores y defectos me corresponden a mí. A ellos sólo el agradecimiento y mi amistad.

Hay una persona que no ha podido leer ni leerá este libro. Se trata de David Taguas, fallecido repentinamente en febrero de 2014, tras publicar su libro *Cuatro bodas y un funeral*. Le he tenido muy presente al escribir estas páginas. Y le echado mucho de menos, pues su crítica y su rigor hubieran sido muy importantes para mí y para la calidad del libro, como lo fueron siempre a lo largo de los muchos años que compartimos profesión y amistad.

Finalmente, por la importancia que han tenido en mi vida, tanto personal como profesional y política, quiero agradecer también la participación en este libro, aunque sea de forma indirecta, de dos importantes líderes de nuestro país: Pedro Sánchez Castejón y José Luis Rodríguez Zapatero. A Pedro, por animarme a que lo escribiera. Y a Zapatero, por no desanimarme a que lo hiciera. A él está dedicado este libro.